U0463892

思想政治理论课教学案例
专业故事

SIXIANG ZHENGZHI LILUNKE JIAOXUE ANLI
ZHUANYE GUSHI

王彬彬　　刘安凤　　魏泳安 ◎主编

四川大学出版社
SICHUAN UNIVERSITY PRESS

图书在版编目（CIP）数据

思想政治理论课教学案例．专业故事 / 王彬彬，刘
安凤，魏泳安主编． — 成都：四川大学出版社，2023.8
ISBN 978-7-5690-6271-7

Ⅰ．①思… Ⅱ．①王… ②刘… ③魏… Ⅲ．①高等学
校－思想政治教育－教案（教育）－中国 Ⅳ．① G641

中国国家版本馆 CIP 数据核字（2023）第 146427 号

书　　名：思想政治理论课教学案例·专业故事
　　　　　Sixiang Zhengzhi Lilunke Jiaoxue Anli·Zhuanye Gushi
主　　编：王彬彬　刘安凤　魏泳安

选题策划：宋彦博
责任编辑：宋彦博
责任校对：李　梅
装帧设计：墨创文化
责任印制：王　炜

出版发行：四川大学出版社有限责任公司
　　　　　地址：成都市一环路南一段 24 号（610065）
　　　　　电话：（028）85408311（发行部）、85400276（总编室）
　　　　　电子邮箱：scupress@vip.163.com
　　　　　网址：https://press.scu.edu.cn
印前制作：四川胜翔数码印务设计有限公司
印刷装订：四川煤田地质制图印务有限责任公司

成品尺寸：170mm×240mm
印　　张：24
字　　数：429 千字

版　　次：2023 年 11 月 第 1 版
印　　次：2023 年 11 月 第 1 次印刷
定　　价：75.00 元

本社图书如有印装质量问题，请联系发行部调换

扫码获取数字资源

四川大学出版社
微信公众号

总　　序

　　思想政治理论课（以下简称思政课）是落实立德树人根本任务的关键课程，发挥着不可替代的作用。讲好思政课，"要放在世界百年未有之大变局、党和国家事业发展全局中来看待，要从坚持和发展中国特色社会主义、建设社会主义现代化强国、实现中华民族伟大复兴的高度来对待"①。习近平总书记强调，新时代思政课改革创新必须坚持"八个统一"，不断提高思想性、理论性和亲和力、针对性。"讲理论要接地气，要让马克思讲中国话，让大专家讲家常话，让基本原理变成生动道理，让根本方法变成管用办法，将总体上的'漫灌'和因人而异的'滴灌'结合起来。"② 思政课"会讲故事、讲好故事十分重要"③。

　　讲好故事，是落实"八个统一"的重要着力点。思政课讲好故事，融案例教学、情境教学、探究教学、问题链教学等教学方法于一体，在故事选择与教材内容衔接上可以做到政治性和学理性相统一，在故事价值导向与知识体系建构上可以做到价值性和知识性相统一，在故事问题链设计与思维训练上可以做到建设性和批判性相统一，在故事讲述与理论学习上可以做到理论性和实践性相统一，在故事叙事与多维解读上可以做到统一性和多样性相统一，在故事呈现与故事延展上可以做到主导性和主体性相统一，在故事升华与理论解析上可以做到灌输性和启发性相统一，在故事情境设置与互动参与上可以做到显性教育和隐性教育相统一。思政课中讲好故事，把思政小课堂同社会大课堂结合起

---

　　① 习近平：《思政课是落实立德树人根本任务的关键课程》，《求是》，2020 年第 17 期。
　　② 中共中央文献研究室：《习近平关于社会主义文化建设论述摘编》，中央文献出版社，2017 年，第 100 页。
　　③ 习近平：《思政课是落实立德树人根本任务的关键课程》，《求是》，2020 年第 17 期。

来，能够打通理论与实践，打通历史与现实，打通感性与理性，打通教材与教学，打通教师与学生，使理论接地气，使基本原理变成生动道理，增强思政课的吸引力、感染力，提高抬头率、点头率，提高认同感、获得感，有效促进思政课动起来、活起来、实起来、强起来。

四川大学高度重视思政课讲好故事，学校党委 2019 年制定实施的《四川大学贯彻落实习近平总书记在学校思想政治理论课教师座谈会上重要讲话精神工作方案》（川大委〔2019〕29 号）规定"讲好思想政治理论课中国故事、红色故事、川大故事、专业故事'四个故事'"，《四川大学"新时代思想政治理论课创优行动"工作方案》（川大委〔2019〕68 号）明确要求"讲好'四个故事'，打造案例教材"。

结合思政课课程体系和教学内容，要突出讲好"四个故事"。要讲好中国故事，重点要讲好中华民族的故事、中国共产党的故事、中华人民共和国的故事、中国特色社会主义的故事、改革开放的故事，特别是要讲好新时代的故事，引导学生深刻理解中国共产党为什么能、马克思主义为什么行、中国特色社会主义为什么好，坚定"四个自信"。要讲好红色故事，重点要讲好中国共产党领导中国人民争取民族独立、人民解放和实现国家富强、人民幸福的故事，重点讲好中国共产党的故事、中国革命的故事、英雄和烈士的故事，帮助学生了解党史、国史、国情，深刻领会历史和人民选择马克思主义、选择中国共产党、选择社会主义道路、选择改革开放的必然性，让红色基因代代相传，确保红色江山永不变色。要讲好川大故事，重点要讲好四川大学在 120 多年办学历程中始终与国家和民族同呼吸共命运的故事，以及川大人胸怀天下、科技报国、教育强国、追求卓越的故事，帮助学生筑牢理想信念之基，培育和践行社会主义核心价值观，传承四川大学优良传统，弘扬四川大学精神，厚植大学生家国情怀，激发使命担当。要讲好专业故事，重点要讲好学生所学专业在建立和发展中的标志性故事、代表性人物故事以及本专业为国奉献、为民服务的故事，激发学生学好思政课的兴趣，增强学生学习动力，促进思政课程与课程思政融合发展、同频共振，促进大学生积极成长为担当民族复兴大任的时代新人。

讲好"四个故事"，前提在于生动讲述。习近平总书记说，"大思政课"要善用之，"拿着一个文件在那儿宣读，没有生命、干巴巴的，谁都不爱听，我也不爱听"①。处于拔节孕穗期的大学生，好奇心和求知欲强，对思想政治理论的学习并不排斥，但对照本宣科、古板说教、一味灌输则会敬而远之。思政课要让大学生真心喜爱、终身受益，就要善于讲故事，精心设计故事讲述方式，采取情景模拟、角色扮演、设置悬念等方式，把故事讲得生动形象、跌宕起伏，能够吸引人、打动人、感染人，引起学生学习兴趣，点燃学生学习热情，激发学生求知欲望，增强思政课的亲和力和感染力。

讲好"四个故事"，关键在于以事说理。思政课的根本任务在于立德树人。讲故事仅仅是手段，学理论、悟思想、强思维、增德行、厚情怀、提素养才是目的。要善于以小见大、以事说理，把"身边事"变成"天下事"，把"小故事"升华为"大道理"，引导学生思考故事蕴含的道理和原理，探求故事揭示的思想和理论，把生动的叙事话语转化为抽象的学术话语，让故事有内容更有内涵，让抽象的理论变得具象，让有深度的理论有温度，增强思政课的吸引力和说服力。

讲好"四个故事"，要领在于以理析事。毛泽东同志说："对于马克思主义的理论，要能够精通它、应用它，精通的目的全在于应用。"② 理论来自实践，理论正确与否需要接受实践检验并在实践中得到丰富发展，理论只有紧密联系实际，才能发挥对实践的指导作用。实践性是马克思主义理论区别于其他理论的显著特征。通过故事推导、演化出思想政治理论，实现从感性到理性，从特殊到一般，使枯燥的理论学习变得有情有义、有滋有味。而要掌握理论，还需要运用所学理论解释故事、说明故事、拓展故事，提升理论的立体感、画面感，增强思政课的解释力和感召力。

四川大学马克思主义学院将讲好"四个故事"作为新时代思政课改革创新的重要抓手，设立重点教改专项，组织院内精干力量，精选、精炼、精讲每一个故事，通过故事点评引介理论，通过问题连接故事与理论，用故事诠释、演绎理论，用理论解释、说明故事，并编写成案例教材（学生读本）。经过两年多的努力，"四个故事"系列成果终于陆续出版。同时，《中国智慧：故事中的新思想》则是贯彻落实习近平总书记强调的"特别是要讲好新时代的故事"的

---

① 霍小光等：《从人民中汲取磅礴力量——习近平总书记同出席 2020 年全国两会人大代表、政协委员共商国是纪实》，http://www.gov.cn/xinwen/2020-05/29/content_5515809.htm。
② 《毛泽东选集》第 3 卷，人民出版社，1991 年，第 813 页。

讲话精神而编写的教学参考指导用书。本系列成果既是四川大学马克思主义学院思政课改革创新的重要成果，也是实现思政课高质量发展的新的出发点。

思政课改革创新，我们永远在路上。

丛书编委会

2021 年 6 月

前　　言

2019 年 3 月 18 日，习近平总书记在学校思想政治理论课教师座谈会上提出："会讲故事、讲好故事十分重要，思政课就要讲好中华民族的故事、中国共产党的故事、中华人民共和国的故事、中国特色社会主义的故事、改革开放的故事，特别是要讲好新时代的故事。讲故事，不仅老师讲，而且要组织学生自己讲。"四川大学高度重视思政课讲好故事，学校党委于 2019 年制定实施的《四川大学贯彻落实习近平总书记在学校思想政治理论课教师座谈会上重要讲话精神工作方案》（川大委〔2019〕29 号）规定"讲好思想政治理论课中国故事、红色故事、川大故事、专业故事'四个故事'"，《四川大学"新时代思想政治理论课创优行动"工作方案》（川大委〔2019〕68 号）明确要求讲好"四个故事"，打造"案例教材"。

本书是为讲好"四个故事"中的"专业故事"而打造的案例教材。为认真学习贯彻习近平总书记在学校思想政治理论课教师座谈会上的重要讲话精神，全面落实立德树人根本任务，不断提升思政课教学水平和育人质量，四川大学马克思主义学院面向全校开展了"专业思政故事"征集工作，收到了来自各个学院、各个专业师生的投稿 70 余篇，在此基础上不断筛选和打磨，历时两年多形成了这本《思想政治理论课教学案例·专业故事》。本书作为大学生学习马克思主义基本原理的案例教材，通过讲述各专业在建立和发展过程中的标志性、代表性人物以及他们为国奉献、服务人民的感人故事，挖掘其中蕴含的马克思主义基本原理，让马克思主义基本原理的学习与学生的专业学习能够有机融合，从而激发学生学习兴趣，推动思政课程和课程思政同向同行、同频共振，增强学生"四个自信"。

本书是推进思政课与专业课有机融合的积极探索。长期以来，思政课程与专业课程之间存在"两张皮"的问题，即在传统的教学观念中，思政课程关注学生的思想意识、情感态度与价值观，其他课程则主要关注学生的专业素养，这一观念导致人们对于思政课和专业课的关系形成思维定式。尽管专业的细分是现代学科发展的必然结果，但课程之间的隔阂在很大程度上不利于思政课程入脑入心，从而影响了人才培养质量。2018 年 11 月，教育部高等教育司明确提出"加快建设发展新工科、新医科、新农科、新文科"，强调学科交叉融合，在一定程度上改变了这一情况，但改变的程度仍有待进一步加深。本书即在学科融合目标指引下的进一步尝试，其目的是既把思政教育课堂置于专业课程教育教学过程中，拓宽学生接受思政教育的空间，又在思政课程的内容中适当穿插专业教育内容，增强思政教育的亲和力、针对性。

本书是落实思政课"讲故事，不仅老师讲，而且要组织学生自己讲"的大胆探索。本书由四川大学的师生共同撰写，他们站在不同学科背景下，对各自研究领域、所学专业中的代表性故事加以重新思考和审视，挖掘其中蕴含的马克思主义基本原理，以求帮助学生发现思政课程之美。每门课程都有自己独特的美，思政课程的美在于对真理的探寻，对意义和价值的追求。这些美也蕴含在每一个学科之中。当所有课程的内在本质——促进民族、国家、社会的繁荣发展与人类的进步——成为共识后，各类课程也就实现了有机统一，由此必然会产生"1+1>2"的协同效应。一方面，在基础课程和专业课程的教学实践中，应深度挖掘思政育人价值和精神内涵，并在各教学环节潜移默化地实现对学生的价值引导；另一方面，教师在教学过程中应充分体现学生的主体地位，进而充分调动起学生的学习积极性，强化思政教育与专业课程的有效衔接，提升课程思政的教育实效。

本书是全面落实立德树人根本任务、以学为中心的创新探索。讲好思政课程，既要老师乐教，也要学生乐学。如何调动学生学习思政课程的热情和兴趣？这就需要我们以学生为中心，站在学生的角度思考他们在大学阶段的主要任务是什么以及他们最看重的是什么。在专业化的教育体系下，学生将专业知识的学习放在首要位置，对思政课作为落实立德树人根本任务关键课程的重要性认识不足。因此，教师在教学理念和思维上，要摒弃传统的以教为中心的思维惯性。教师作为课堂教学的设计者，要从学习成效出发，聚焦学生职业能力的获得，坚持立德树人根本使命，构建价值引领、能力培养、知识传授三位一体的教学目标。要将思政课程与课程思政有机结合，挖掘各专业发展中的思政教育内容、故事、理论，促进思政课程与专业课程同向而行、同频共振，构建起全程全员全方位育人新格局。

本书分为三个部分，由文理工医各个专业共计 42 篇专业思政故事构成，每一篇思政故事都包括"故事呈现""故事讨论""原理分析""教学建议""学习思考"等部分。为了让不同专业的读者学有所获，为使用本案例教材的教师提供切实帮助，本书在"教学建议"部分尝试进行了富有创新性的探索，以期通过多种方式实现教学目标。一是强调因材施教。大学思政课的学生来自文理工医各个学科，学科背景不同的学生知识基础也不同，对他们来说，思政课不能只是"顶天"的宏大叙事，更需要"立地"的具体事实。二是深入挖掘专业课程的思政元素，结合专业发展的筚路蓝缕、专业领域的辉煌成就、专业英模的感人事迹、专业前沿的重大问题，融情于理，润物无声。三是化劣势为优势，使多元化的知识背景不仅不是思政课教学的障碍，反而成为把思政课讲出专业味的"催化剂"，使学生更有兴趣去讲他们所学专业中的故事。

本书为四川大学立项建设教材，其编写与出版得到了四川大学各学院师生、四川大学教务处、四川大学出版社的大力支持。书中的专业故事历经了多轮征集和修改。对书中所涉文献资料，我们一一进行了核对、标注，但限于时间和精力，疏漏之处在所难免，敬请广大读者批评指正，以帮助我们进一步修改完善。

编者

2023 年 6 月

目　录

第一编

马克思主义哲学

屠呦呦与青蒿素的不解之缘*
——理论创新与实践创新

宋　莉

2015 年 12 月 11 日，在瑞典斯德哥尔摩音乐厅，身着一袭紫色礼服的屠呦呦手捧 2015 年诺贝尔生理学或医学奖证书、奖章，全场起立，掌声雷动。这是中国科学家因为在中国本土进行的科学研究而首次获得诺贝尔科学奖，也是中国医学界迄今为止获得的最高奖项。屠呦呦开创性地从中草药中分离出青蒿素，应用于疟疾治疗。2001 年，青蒿素被世界卫生组织推广到全球，成为治疗疟疾的首选药，拯救了无数的疟疾患者！

青蒿在中国是一种普通的植物。屠呦呦受古医书的启发，研究发现青蒿中含有一种能够杀死疟原虫的物质——青蒿素，而疟原虫正是致使人们感染疟疾的罪魁祸首。现代科学与古代经验的结合，产生了造福人类的成果。青蒿素因治疗有效、价格低廉被推广到国内外，震撼了全世界。

临危受命，面向国家重大需求

屠呦呦是新中国培养的第一代药学家。20 世纪中期，正逢越南战争爆发，当时战场上最可惧的不是枪弹，而是不起眼的飞蚊。在越南潮湿的气候下，双方士兵中有很大一部分被携带疟疾的飞蚊叮咬，之后就染上疟疾，并逐渐丧失

---

　　* 故事来源：饶毅，张大庆，黎润红，等. 呦呦有蒿：屠呦呦与青蒿素［M］. 北京：中国科学技术出版社，2015.

行动能力，甚至死亡。当时，我国的疟疾防控工作也已十分紧急。1967年，应越南政府的请求，以及国内本身的需要，一个重大的研究项目（代号"523"）正式立项。1969年年初，北京中医研究院中药研究所商榷多次，认为时年39岁的实习研究员屠呦呦有学习中西医的学业背景，决定让她挂帅"523"小组。

受古医书启发，取得重大突破

在找寻抗疟药物期间，屠呦呦翻阅大量中医药典籍，拜访多位民间老中医，以期从中国传统医药中获得灵感。对能获得的中药信息，她都逐字逐句抄录。在汇集了包括植物、动物、矿物等2000余种内服、外用方药的基础上，课题组编写了以640种中药为主的《疟疾单秘验方集》。这些信息的收集和分析奠定了青蒿素发现的基础。

屠呦呦和同事们进一步对收集到的中草药有效成分进行筛选提取，并开展动物实验，希望从中找出能够有效抗疟的药物成分。课题组筛选了100余种中药的水提物和醇提物样品200余个，但效果并不理想。最后，他们筛选出了雌黄、青蒿、乌头、乌梅、鳖甲等重点药物。其中，对青蒿中有效成分的提取，成为亟待攻克的重大难题。

屠呦呦埋首古代医书，翻到东晋时期的一本《肘后备急方》时发现一句话："青蒿一握，以水二升渍，绞取汁，尽服之。"她突然想到：难道是高温影响了青蒿中的有效成分？因中药大多煎煮，这里写的却是"绞"。于是，屠呦呦提出用沸点只有34.6℃的乙醚提取青蒿，她的这一灵光乍现成了当时发现青蒿粗提物有效性的关键。1971年10月4日，在经历了190次失败后，屠呦呦团队终于迎来激动人心的时刻：191号青蒿乙醚中性提取物样品对疟原虫的抑制率达到100%！

1972年3月，屠呦呦在南京召开的"523"项目工作会议上报告了这一结果，获得大家注意。会议总结时，组织者建议"尽快测定出化学结构，并继续进行合成的研究"。其后，屠呦呦课题组的工作便集中于青蒿素的研究。1974年2月，在中医研究院召开的青蒿专题研究座谈会上，屠呦呦提出了青蒿素Ⅱ的分子式。

勇敢实验，创制新药

有了重大发现后，必须通过实验及临床试验进行验证。实验中多种化学溶媒对身体危害大，而当时条件有限，实验人员除了戴个纱布口罩，便再没有其他防护措施。实验人员在实验中头晕眼胀、鼻子出血是再常见不过的事情，屠呦呦自己甚至得了中毒性肝炎。在临床试验中，有些动物表现出了毒副反应，但谁也不知道这是动物本身的问题还是药物的问题。进行人体试验已势在必行，此时屠呦呦字字铿锵："我是组长，我有责任第一个试药。"

屠呦呦坚信课题组找到的抗疟药物对人体无害，要求在自己身上试验。接下来几天，医生对她试药观察，逐渐加大剂量，经持续跟踪观察，确认心肌、肝脏没有出现任何问题，这才真正开始用于临床试验。

1978 年，"523" 项目科研成果鉴定会最终认定青蒿素研制成功；1985 年，双氢青蒿素开发研究正式启动；1992 年，双氢青蒿素从实验室走到制药厂，"中国神药"科泰新出现。

造福全人类

"我最大的梦想就是用古老的中医药，促进人类健康，让全世界的人们都能分享到它的好处。自己一辈子想的，就是老老实实把科研做好，把课题做好，希望把青蒿素的研究做得更深入，开发出更多药物来，造福更多人，这也是我自己的兴趣所在。"被授予"共和国勋章"后，中国中医科学院终身研究员兼首席研究员屠呦呦这样说。

她希望，随着研究的深入和研究方法的升级，能诞生更多的新药。"我寄希望于年轻的一代，祝愿他们超越我们，为人类创造一个更加美好的明天。"

故事 讨论

1. 从屠呦呦发现青蒿素的故事中，你得到什么启示？你如何理解"中国式创新"？

2. 党的二十大报告指出，"必须坚持科技是第一生产力、人才是第一资源、创新是第一动力"，"完善科技创新体系"。由于我国科技发展起步较晚，科技创新水平与发达国家相比还有差距，科技对经济社会发展的支撑能力还有欠缺，尤其在航空发动机、半导体芯片等前沿制造业方面与发达国家差距较大。你认为怎样才能更好地推动一个国家的科技创新？

 原理分析

屠呦呦的故事体现了以下马克思主义基本原理。

第一，体现了认识世界和改造世界的辩证关系。认识世界和改造世界是人类创造历史的两种基本活动。认识世界的任务不仅在于解释世界，更在于为改造世界提供理论指导，实现主观与客观、认识与实践的统一。坚持这种统一，归根到底要将认识世界和改造世界密切结合起来。屠呦呦自从接过了研究抗疟药物的重担，她就阅遍群书，走访众多名中医，找到近两千个方药，再进一步筛选出六百余个方药，编写成了一本《疟疾单秘验方集》。这是认识世界客观规律的一个过程。经过不断试验，屠呦呦团队成功研究出新药。最终，青蒿素被世界卫生组织推广到全球，成为治疗疟疾的首选药，拯救了无数疟疾患者，实现了认识世界与改造世界的统一。

第二，体现了理论创新和实践创新的良性互动。创新是破除与客观事物进程不相符合的旧观点、旧理论、旧模式、旧做法，在继承历史发展成果的基础上，发现和运用事物的新联系、新属性、新规律。故事中屠呦呦对青蒿素的创新性研究就是发现了青蒿素的新属性，建立了其与疟疾的新联系。这一过程既体现了理论创新，也体现了实践创新。她不是关起门来创新，而是既继承了我国传统文化，从古代医书当中得到启发，也吸收了当今自然科学研究的成果，找到了提取青蒿素的有效办法，是一种研究方法上的创新。

第三，体现了改造客观世界和改造主观世界的辩证关系。只有认真改造主观世界，才能更好地改造客观世界；只有在改造客观世界的实践中，才能深入改造主观世界。二者相辅相成，相互促进，缺一不可。与"受好奇心驱使的自由探索"不同，屠呦呦的科研之路更侧重于"需求导向"——满足国家和人民的需要，因此，屠呦呦需要对自己以往的认知、情感、意志进行改造，即改造自己的主观世界，从而更好地改造客观世界。

第四，体现了认识世界和改造世界的过程是从必然走向自由的过程。对客观事物的正确认识，最主要的是对客观事物运动发展规律性、必然性的正确认识。一旦认识了必然、把握了规律，就能对事物做出正确的判断，确定合理的行动计划，从而达到自己的目的。屠呦呦的创新——青蒿素的发现，代表了"中国式创新"的范本。需求导向、原创优势、体制优势，让"摆脱重大疾病威胁"的"初心"，得到了"发现青蒿素"的"始终"。在青蒿素的发现过程中，从基础研究的突破到理论研究的创新，再到临床应用推广，需求导向贯穿始终，体现了客观事物运动发展规律。无论是基础研究，还是应用科学，只有适应发展规律，才能形成创新链条，才能迅速完成成果转化，才能提升创新效率。

 **教学建议**

本案例适用于《马克思主义基本原理》第二章"实践与认识及其发展规律"第三节"认识世界和改造世界"的教学。

讲授重点：通过案例，让学生理解人类认识世界和改造世界的过程是一个包含创新的发展过程。要从理论和实践两方面让学生深刻认识理论创新和实践创新的内在联系，深刻理解在理论创新和实践创新的良性互动中实现创新发展的规律性。

实践探索：请学生分析各自所学专业中最新的理论创新和实践创新是如何相互影响的，引导学生正确把握二者的关系，在尊重规律的基础上发挥人的主观能动性，从而培养学生的创新精神。

学习思考

1. 青蒿素的发现先后经历了基础研究的突破、理论研究的创新以及临床应用推广，你从中得到什么启示？你如何理解理论创新和实践创新的关系？

2. 你认为创新对于一个国家、一个社会有着什么样的重要意义？

[1] 中共中央马克思恩格斯列宁斯大林著作编译局. 马克思恩格斯全集：第1卷 ［M］. 北京：人民出版社，1958：168—170.

[2] 卞晨光. 屠呦呦获诺贝尔奖 ［N］. 光明日报，2015—10—06 (1).

[3] 习近平. 高举中国特色社会主义伟大旗帜 为全面建设社会主义现代化国家而团结奋斗——在中国共产党第二十次全国代表大会上的报告 ［M］. 北京：人民出版社，2022.

延伸阅读：

饶毅，张大庆，黎润红，等. 呦呦有蒿：屠呦呦与青蒿素 ［M］. 北京：中国科学技术出版社，2015.

中国第一次妇女参政运动[*]
——社会存在与社会意识

陈梅芳

走向历史前台

自两次鸦片战争、中日甲午战争、八国联军侵华战争后，中国已经彻底地沦为了半殖民地半封建社会。正值民族危难之际，中国有识之士纷纷寻求救国救民的道路，中国妇女在此背景下浮出了历史的地表。一方面，西方的自由、民主、平等、人权等资产阶级的启蒙思想启蒙了部分中国有识之士，他们在追求中国的解放道路中也追求中国妇女的解放。另一方面，首先觉悟的中国妇女通过兴办报纸杂志、兴办女子教育等方式宣传妇女解放、男女平等等启蒙思想，以期唤起中国妇女反抗封建专制和封建礼教的压迫和束缚，争取自身的各项社会权利。同时，部分中国妇女直接参与到民主革命中，成为革命的中坚力量，展示了中国妇女的智慧、力量和革命精神。

在辛亥革命爆发前后，中国妇女与男子一起投身反封建专制的民主革命，以各种方式展开反清斗争，包括暗中联络、策划起义、组织军事团体、参与起义、救治前线伤员、开展募捐、参加暗杀活动等。在此过程中，中国妇女界涌现出以秋瑾为代表的中国妇女解放运动先驱，以及刘青霞、尹锐志、尹维峻等革命家，她们在争取民主革命和妇女解放中做出了重要贡献。孙中山对此评价

＊ 故事来源：党德信. 民国初年中国女子参政运动记事 [J]. 中华儿女，2012 (3)：92—95.

道："此次革命，女界亦与有功。"辛亥革命胜利后，在筹建政权的过程中，民主共和观念日益深入人心，中国妇女参政热情逐渐高涨，她们高举"天赋人权""男女平等""妇女参政"的旗帜，以妇女参政团体为依托，在中华民国建立后掀起了中国第一次妇女参政运动。

中国第一份妇女报刊《女学报》

成立参政团体

1911年11月，中国同盟会会员、中国社会党主要成员林宗素在上海依托中国社会党成立"女子参政同志会"，该团体以"普及女子政治学识，养成政治能力，以期得完全参政权"为宗旨，是近代中国第一个女子参政团体。1912年1月5日，林宗素便以女子参政同志会代表的身份面见临时大总统孙中山，要求新成立的中华民国临时政府承认女子具有完全参政权。孙中山与林宗素谈话时表示："将来必予女子以完全参政权，惟女子须急求法政学知识，了解平等自由之真理。"同时，她们上书南京临时参议院，要求在制定"临时约法"时，规定女子的参政权。受此影响，一批女子参政团体相继诞生，如吴木兰组织的"女子同盟会"，沈佩贞组织的"男女平权维持会"，张默君与伍廷芳夫人联合发起的"神州女界共和协济社"，等等。

为壮大争取参政权的力量，1912 年 4 月 8 日，唐群英、张汉英、王昌国等人在南京联络林宗素的"女子参政同志会"及"女子后援会""女子尚武会""女子同盟会""女国民会"等女界团体，联合组成"女子参政同盟会"，唐群英任会长。该会有成员两百余人，以实现在宪法中明文规定男女一律平等，女子享有选举权和被选举权为宗旨，是当时最大的一个女子参政团体。该会提出十一条政纲：实行男女权力平等；实行普及女子教育；改良家庭习惯；禁止买卖奴婢；实行一夫一妻制度；禁止无故离婚；提倡女子实业，实行慈善；实行强迫放脚；改良女子装饰；禁止强迫卖娼。她们向临时参议院和临时大总统孙中山提出请愿书，"要求中央政府给还女子参政权"。"女子参政同盟会"是民国初年女子参政权运动中最有生气的一个组织，它不仅在当时产生了较广泛的影响，而且为尔后的妇女运动提供了有益的经验。

女子参政同盟会徽章

争取参政权利

尽管一大批女子参政团队在辛亥革命后相继成立，为争取女子参政权利奔走呼号，但是女子参政诉求在当时却遭到了激烈的反对。林宗素与孙中山在1912 年 1 月 5 日的谈话公开后，中华民国联合会对女子参政提出质疑，并希望孙中山慎重表态；孙中山在回复时表示这"不过个人闲谈"。1912 年 2 月 26 日，唐群英、张默君、张汉英、王昌国、吴芝瑛、张群英、沈佩贞等 60 余人又以中华民国女界代表的名义，向南京临时参议院递交《中华民国女界代表上参议院书》，指出："神州光复，专制变为共和，政治革命既举于前，社会革命将踵于后，欲弥社会革命之惨祸，必先求社会之平等；欲求社会之平等，必先求男女之平权；欲求男女之平权，必先予女子参政权""于宪法正文之内，订明无论男女一律平等，均有选举权及被选举权。或不须订明，即请于本国人民一语，申明包括男女而言。另以正式公文宣布，以为女子有参政权之证据。"

但两天后，《民立报》记者"空海"发表文章，提出了"对女子参政之怀疑"，他认为女子参政"何以异于教牝鸡之司晨，而强男子以生子乎！"反对论者认为：女子的知识和能力低，生理结构也劣于男子，不宜参政；女子参政，则家庭生活没人维持，必将给整个社会带来混乱；甚至有人认为，女子参政，阻碍了社会进化。女子参政论者据理驳斥，认为女子参政为人类进化必至阶段；知识不是先天的，而是后天所得，既然"男子可以教之使有知识，女子独欠知识而不能得此知识乎？"妇女走出家庭从事实业和教育的早已有之，并未造成不良影响，以此可反证"女子之经营国事更不致妨碍家庭生活"，这些偏见都是传统封建的妇女观。

南京临时政府中的多数人，也承袭了歧视妇女的传统观念，无视妇女的正当要求。1912 年 3 月 11 日，经临时参议院议决、由孙中山以临时大总统的名义公布了具有宪法性质的《中华民国临时约法》（简称《临时约法》），其中规定："中华民国人民一律平等，无种族、阶级、宗教之区别。"唐群英等人对《临时约法》中男女性别问题的模糊提法大失所望、十分愤慨。3 月 18 日，唐群英等人又以中华民国女子参政会的名义再次上书孙中山，提出强烈抗议，指出《约法草案》在男女平等上没有明确，修改后的《临时约法》更有狭隘之嫌，"无种族、阶级、宗教之区别"的表述证明社会上有这类不平等现象，但若真有不平等，此列举又不全面。她们要求修改《临时约法》，使女子参政权得到宪法的确认。3 月 18 日、19 日，南京临时参议院两次讨论女子参政权案审查报告，结论是："本审查会一再讨论，多数认为吾国女子参政亦应有之权利，惟兹事体重大，非可仓卒速定，应俟国会成立再行解决，以昭慎重。"这实际上是对女子要求参政权请愿的推托和否决。

3月19日，唐群英与张汉英、沈佩贞等20余人以"武装的状态"闯入临时参议院的议事厅，要求对女子参政权问题进行审议。议长林森表示"事体重大，应候国会成立再行解决"。3月20日，唐群英等20余人到临时参议院求见议长林森，要求旁听议会。遭到拒绝后，唐群英等人非常气愤，沈明范等砸碎议院玻璃窗，将上前制止的警卫推倒在地，然后一拥而入，强行旁听。有些议员直言反对女子参政，王昌国、沈佩贞等认为他们出言不逊，与之激烈辩论，会场一度混乱，唐群英等坚持几个小时才散去。同日，唐群英、蔡惠代表请愿女子，向临时大总统孙中山递上第三封请愿书，请求提议于参议院，词甚激昂。孙中山在接见女子参政同盟会代表时婉言劝诫："此事未有一经提议即能通过者，倘能坚忍耐劳至再三，将来或能达此目的。幸毋为无意识之暴举，受人指摘；否则，殊非本总统赞成女子参政权之始意。"

3月21日，请愿女子增至60余人，她们举行示威，欲冲入参议院，斗争有进一步扩大之势。议长电请孙中山派来近卫军士200人救援，故未能进入，便转而到总统府谒见孙中山，请求援助。孙中山允为代向参议院斡旋。3月23日，唐群英等再次上书临时大总统孙中山："求其将女子与男子列为一律平等，并明白规定于临时约法之中。""今参议院不独不为积极的规定，反而积极的取消，……女界岂能缄默！"她们要求在"尤种族、阶级、宗教之区别"之间，添进"男女"两字以昭公允，并请求孙中山将此议咨送参议院。后经孙中山出面调停，允许向参议院"提议增修"约法条文，风潮始告暂息。但《临时约法》中的条款始终未得到修改。4月12日，女子参政同盟会致电各省都督等，称"民国初奠，百度维新，宣布政纲，宜昭公允。南京参议院派充之议员，规定《临时约法》，剥夺女权，群英等迭次上书要求改附条件，诸议员纯以专制手段欺我同胞……所有南京参议院所布之《临时约法》，我女界绝不承认。特此申明。"

南京临时政府仅存3个月，被袁世凯篡去政权之后，《临时约法》遂被破坏。当唐群英等人在南京要求参政权请愿失败而准备随参议院北上的时候，袁世凯致电国务总理唐绍仪，认为女子参政权问题"可否遽行于中华民国，自应听候参议员全体核议，该女子等不得有强制行为"，并阻止请愿女子进京活动，要求"准其举定代表一二人来京，不得令其全体北上，以免种种窒碍"。5月，唐群英不顾袁世凯阻挠，与王昌国、沈佩贞等一齐北上，继续要求参议院承认女子参政权："应请贵院于国会选举法条文内申明，民国人民，无论男女若干岁，得有选举权及被选举权，或即不申明男女，但以人民二字概括之，以泯畸重畸轻之迹，庶与约法人民平等之条文相符，而共和之真精神亦于是乎在"。8月10日，袁世凯的北京临时政府公布《中华民国国会组织法》《参议院议员选举法》《众议院议员选举法》，关于国会议员资格问题，仍然只是规定男子有选举权与被选举权，基本延续了南京临时参议院对女子参政的态度与倾向。唐群英与张寿松以"女子联合会"名义上书参议院，要求补订《女子选举法》，给予女子选举权和被选举权。参议院收到女子请愿书后，交请愿委员会审查，然后提交大会讨论。11月6日，参议院议决女子选举权案。首先由王鑫润代表请愿委员会提出审查报告，认为兹事体大，应请大会公决。随后有十余名议员表示反对，双方争论激烈。最后由议长宣布就此案应否继续进行表决，结果赞成者仅6人，相对于出席此次会议的66名议员来说，可谓绝对的少数。此案终被打消。

请愿案再次被参议院否决，激起了请愿女子无比的愤怒。她们纷纷谴责参议院议员是"民国的妖孽，女界的蟊贼"。12月9日，唐群英、沈佩贞等前往参议院，求见议长吴景濂，吴景濂勉强接谈，片刻便借故离开。女士们为此愤怒不已，声色俱厉地斥责反对女子有参政权的议员："议员亦女子所生，当民军起义时代，女子充任秘密侦探，组织炸弹队，种种危险，女子等牺牲生命财产，与男子同功，何以革命成功，竟弃女子于不顾？女子亦组织中华民国之重要分子，二万万女同胞，当然与男子立于平等之地位。凡反对女子参政权者，将来必有最后之对待方法。即袁大总统不赞成女子有参政权，亦必不承认袁为大总统。三日后当再来参议院，为最后之解决。将来中华民国之民法，凡关于女子之能力，若不采用德国制，女子等必用武力解决此问题。"但直到1914年5月1日，袁世凯政府公布的《中华民国约法》仍规定："中华民国人民，无种族、阶级、宗教之区别，法律上均为平等。"这与《中华民国临时约法》的相关条款基本相同，对性别问题仍是模糊不清，中国第一次妇女参政运动宣告失败。

中国妇女从浮出历史地表、参与民主革命到争取参政权利，经历了翻天覆地的历史性转变，被裹着小脚、困在家庭中的中国妇女已经知道她们应该去社会的大天地里展现自己的价值和力量，争取自己的自由和权利。虽然这还仅是一小部分知识女性的抗争，虽然中国第一次妇女参政运动以失败告终，但这无疑为今后中国妇女争取自己的解放和发展吹响了号角。

故事 讨论

1. 中国第一次妇女参政运动是一场在中国资产阶级妇女主导下开展起来的运动，她们在反封建的民主革命斗争中做出了巨大贡献，但是她们为之付出血汗的新政权并没有赋予她们参政的权利。请大家想一想：为什么中国第一次妇女参政运动会失败呢？

2. 参与了民主革命的中国妇女，认为凭借自己在革命中展现的能力和价值，应当得到了社会的认同，也因此应当与男子一样享有参政权，但是绝大多数参议员却投了反对票。请大家想一想：为什么当时中国的大多数男性都会反对中国妇女参政呢？

原理 分析

社会存在决定社会意识。社会存在是社会意识的客观来源，社会存在中占主导地位的是生产方式，即生产力和生产关系的总和，它是决定社会意识内容的根本因素。鸦片战争以来，中国社会逐渐进入半殖民地半封建社会。半封建是指它在形式上仍是封建统治和自然经济占主导，但资本主义生产方式也不断地发展壮大。半殖民地则表明国家主权遭破坏，列强干涉中国内政，中央机构半殖民地化；从经济角度看，中国日益卷入资本主义世界市场，经济日益殖民地化。这一社会物质生活过程及其条件，决定了中国旧有的封建传统的意识形态依然存在，但是要求自由、民主、平等、人权等资产阶级的意识形态也不可避免地产生。反映在性别观念上，传统封建生产方式下生发的性别观，包括男主外女主内、妇女没有继承权、妇女不得干政等观念，依然在社会中占统治地位，同时资本主义生产方式的萌芽也决定了社会中已经存在性别平等、妇女权利、妇女解放等观念。

社会意识是社会存在的反映，是社会物质生活过程及其条件的主观反映。当时中国的生产方式以封建生产方式为主，资本主义生产方式已经萌芽并在不断壮大。对这一社会存在的反映，在性别观念上就表现为传统封建性别观和现代资产阶级性别观的杂糅，这就决定了当时的中华民国政府中虽然有一部分男性愿意赋予妇女参政权，但大多数男性仍拒绝女子参政。于是，中华民国政府最终也没有给予中国妇女参政权利，注定了中国妇女的第一次参政运动以失败告终。

社会意识具有相对独立性。社会意识从根本上受社会存在决定，但同时它具有自身的发展形式和发展规律，有相对独立性。受西方启蒙思想影响的中国有识之士，在民族危亡之际，在解救中国的同时也开始从封建社会中解救中国妇女，追求男女平等和妇女的社会权利。社会中虽然只有少部分人具有了妇女解放、妇女权利、男女平等等观念，但是这些观念一经产生，就具有相对的独立性，就会在社会中被广泛传播，甚至被广泛接受。所以，即便中国第一次妇女参政运动失败了，但是中国人民争取男女平等、妇女解放、妇女权利的斗争会在已经产生的新的妇女观引导下继续开展下去。事实上，马克思主义妇女观传入中国，与中国妇女的实际相结合后，就形成了中国化马克思主义妇女观。在此引领下，中国共产党领导中国妇女进行了一场惊艳全球的中国妇女解放运动，以惊人的速度把中国妇女从封建束缚中解放出来，使其成为中国新民主主义革命和社会主义建设的真正主人。

教学建议

本案例适用于《马克思主义基本原理》第三章"人类社会及其发展规律"第一节"人类社会的存在与发展"的教学。

讲授重点：通过案例，让学生在具体案例中理解社会存在和社会意识之间的辩证统一关系。

实践探索：今天，在马克思主义妇女观的指导下，性别平等观念在我国已经深入人心，中国妇女在社会的各个领域已经展现出自己的社会价值和个人价值。但从中国妇女参政的情况来看，目前的中国妇女参政还存在一些不足，如女性参政比例明显低于男性，我们应该在马克思主义妇女观的指导下，继续在此领域努力探索，更好地实现男女平等。

 **学习思考**

1. 中国第一次妇女参政运动可谓一波三折，最后以失败收场，其失败的原因有哪些？这些原因的内在关系是什么？

2. 在男女平等观念深入人心的今天，中国妇女在参政道路上还遇到了哪些困难？造成这些困难的原因是什么？

 **参 考 文 献**

[1] 党德信. 民国初年中国女子参政运动记事 [J]. 中华儿女，2012 (3)：92—95.

[2] 吴淑珍. 中国妇女参政运动的历史考察 [J]. 中山大学学报（哲学社会科学版），1990
(2)：77—84.

[3] 倪婷. 中国第一次妇女参政运动及其影响 [J]. 中国妇运，2017 (2)：46—48.

延伸阅读：

1. 李文. 70年中国妇女参政的发展与进步 [J]. 中国妇运，2019 (10)：
42—44.

2. 刘伯红. 国际妇女参政的实践及其对中国妇女参政的影响 [J]. 国家行政学院学报，2015 (2)：48—52.

3. 范语晨. 持续提升基层妇女参政比例与性别平等意识 [N]. 中国妇女报，2022—05—25 (1).

八方支援：迅速汇聚的力量*
——马克思主义政党的作用、群众史观

陈梅芳

2008年5月12日14时28分，汶川发生里氏8.0级特大地震。在灾难发生后的第一时间，党和政府、社会和民众迅速汇聚成无穷的力量，共赴国难。党和国家声音的及时传递、灾区民众的坚强自救互救，社会力量的快速集结，国际社会的真诚援助，支撑中华民族走过残垣，战胜灾难，在劫难中浴火重生。这迅速汇聚的力量让世人看到了一个"以民为本"的党和政府，一个充满正能量的团结社会，一支本领过硬的人民之师，一种人间有爱的国际人道主义精神，这迅速汇聚的力量为世人谱写了一曲彰显了耀眼人性光辉的生命赞歌。

5·12汶川特大地震纪念表盘

* 故事来源：袁北星. 汶川地震考量政府应急机制［N］. 温州日报，2008-06-09（4）.

党和国家声音的及时传递

汶川特大地震发生后，党中央、国务院迅即开展地震应急处置工作。在地震发生后不到 10 分钟，国家有关部门迅速通过新华社向社会发布了消息，并及时发布了各地的震感信息，使公众很快知道了事情的真相，避免了恐慌发生。时任中共中央总书记、国家主席胡锦涛在震后迅速作出重要指示，要求尽快抢救伤员，保证灾区人民生命安全，并在当晚主持召开中共中央政治局常委紧急会议，研究部署抗震救灾工作。会议强调灾情就是命令，时间就是生命。会议要求要立即组织人民解放军、武警部队、民兵预备役和医疗卫生人员，尽快赶赴灾区，全力抢救受伤人员；要千方百计向灾区运送食品、饮用水、药品和帐篷、防寒衣被等救灾物资，确保灾区群众有饭吃、有衣穿、有干净水喝、有临时住处；要迅速组织力量，抓紧抢修受损的设施和设备，尽快恢复灾区的通路、通电、通信和供水……为加强对抗震救灾工作的领导，中央决定成立抗震救灾总指挥部，由时任国务院总理温家宝任总指挥，时任国务院副总理李克强、回良玉任副总指挥，全面负责抗震救灾工作。

温家宝于地震当天 16 时 40 分搭乘专机赶赴四川震区，20 时 30 分左右抵达都江堰市，成立了国务院抗震救灾指挥部，设立 8 个抗震救灾工作组。随后几天，温家宝辗转重灾区视察灾情，到了都江堰、德阳、绵竹、广元、汶川、映秀、北川、青川等地，一路泥泞、颠簸、危险。每到一处，总理真切的关怀、坚定的决心鼓励着灾区人民和救援人员鼓足勇气、战胜灾难："乡亲们，这场灾害确实太大，地震可以移动山，可以堵塞河流，但是动摇不了我们人民的意志。只要我们大家在灾难面前团结一致，互相帮助，共同艰苦奋斗，就一定能够战胜这场灾害。""人民生命财产高于一切，现在还有很多人掩埋在废墟中，时间最为宝贵，时间就是生命，要争分夺秒，尽最大努力，抢救埋压在废墟下的群众的生命。""你们的亲人就是我们的亲人，你们的孩子就是我们的孩子。""房子裂了、塌了，我们还可以再修。只要人在，我们就一定能够渡过难关，战胜这场重大自然灾害。""我知道消息后第一时间就赶来了，人命关天，我的心情和大家一样难过。只要有一线希望，我们就要尽全部力量救人，废墟下哪怕还有一个人，我们都要抢救到底。""政府要管你们的生活，你们在这里就像在自己家里一样。这是一场灾难，你们幸存下来了，就要好好活下去。好吗？"……这一句句肺腑之言给灾民和救护人员以极大的鼓舞、支持和信心。

在党中央和国务院的坚强领导下，中央各部委和地方各级党委政府立即启动预案、调配资源。国家减灾委员会立即启动二级响应，随后升级为一级响应。军队也第一时间启动应急预案，并做好先期准备和随后的快速介入。19时50分左右，国家地震灾害紧急救援队和国家地震灾害现场作战队从北京飞赴汶川灾区；24时左右，近2万名解放军和武警官兵到达灾区开展救援工作。在黄金救援72小时中，涉及海军陆战队、空降兵等20余个兵种的10余万人投入抗震救灾……国家领导、武警和消防战士、公安干警、各兵种部队、各救援队、医疗队等，均在第一时间到达地震灾区，快速及时的行动使无数受灾群众得以脱险。中央财政在第一时间紧急下拨了8.6亿元救灾款。民政部门连夜调集了6万顶帐篷和5万床棉被发往灾区。截至2008年6月5日12时，各级政府共投入抗震救灾资金231.84亿元，其中中央财政投入186.89亿元，地方财政投入44.95亿元。党中央和国务院急人民群众之所急，解人民群众之所难，把党和政府的关怀送到每一个受灾群众中去，使得灾害影响降低到最低点，得到了全社会乃至国际社会的高度赞扬。

2008年5月16日上午，在抗震救灾的艰难时刻，胡锦涛乘机亲自赶往灾区，慰问灾区群众，看望奋战在抗震救灾第一线的部队官兵、公安民警和医护人员，指导抗震救灾工作。我们的国家主席与国务院总理汇合在救灾前线，双手紧紧握在一起的那一刻，给予了灾区人民和救灾人员无穷的信心、无限的勇气和斗志。

党和政府在灾区人民的生命财产受到威胁的紧急时刻，把救灾的决心、信心及时传达，用快速救灾的实际行动给灾区人民以巨大鼓舞。在党和政府的正确指导下，全国人民发扬一方有难八方支援的团结精神，迅速集结，投入到一场与死神争夺生命的战斗中。

灾区民众的坚强自救互救

灾区民众是地震事件的第一响应人，自救互救是地震救援中受困人员获救的主要方式，是大地震发生后最先开始的基本救助形式。地震时被压埋的人员绝大多数是靠自救和互救而存活。

地震发生后，灾区民众自发行动，在地震现场的瓦砾废墟上，在随时可能失去自己生命的威胁和失去亲人的痛苦中，顽强自救互救，用微薄的力量与死神抗争，体现出生命的尊严，体现着中华民族自强不息的可贵精神，用坚韧和大爱书写了一幕幕感天动地的豪迈故事。

地震发生后，村、学校、企业等单位的领导迅速组织幸存者，为抢救生命与转移基本生活物资赢得宝贵时间。北川漩坪乡党委副书记兼纪委书记贾娅在大地震中失去了父母和4岁的女儿3位亲人，在地震发生后几分钟内，她就与乡干部们开始组织大家抢险救灾。她首先组织人员转移学生。令她最欣慰的是，漩坪乡没有一名学生在地震中遇难。接下来是抢救粮食。2万多斤粮食都是乡干部和民兵们一袋一袋背上人家坪的，这些粮食后来成了聚集在人家坪的漩坪乡受灾群众的救命粮。而贾娅所在乡自救互救的实例只是很多类似事例中的一个。

都江堰市虹口乡，95%的房屋坍塌，对外通道全部中断。虹口人全力自救，许云富、刘安德两位乡干部带着村民马云强和骞锡红，用柴刀劈开一条约10公里长的荆棘丛生的老路，使得3000多名乡亲和游客安全转移。

在汶川地震中，涌现出许多可歌可泣的英雄人物，他们在最危急的关头，用生命拯救生命。这样的英雄很多：用自己的身躯挡住讲台，把4个孩子护在讲台下的谭千秋；救出13个孩子，自己却失去生命的袁文婷；用身体抵住变形的门框，让学生能够逃走的北川中学李佳萍老师；在生命的最后一刻用身体保护着襁褓中的孩子，并在手机上打下"亲爱的宝贝，如果你能活着，一定要记住我爱你"的母亲……

还有许多冒着生命危险，赤手空拳拉出、挖出、背出被困被埋的父老乡亲、亲朋好友，用坚韧的意志和执着的信念唤回了一个个鲜活生命的英雄人物。自己已经受伤，却使劲扒开水泥块救出两个女生的映秀镇小学4年级学生，是10岁的董玉培；四处搜救受伤同学和老师，后体力不支而呼叫救援的映秀小学6年级学生，是11岁的康洁；为救面临窒息的好友谭勇而腰椎骨折的北川中学高一学生，是16岁的唐富文……

还有一些被埋压的群众，如12岁小学生龚辉，北川县的张周凯、李贵川、崔代全，17岁的马志成……他们靠自己坚强的意志和求生的欲望为自己创造了生的机会。

官方统计数据显示，汶川特大地震中救出的总人数约 8.4 万人，其中自救互救约 7 万人，创造了历史上灾害自救互救的奇迹。

社会力量的快速集结

地震的强度有多大，社会团结的力量就有多大。从中央到地方，从政府到民间，都不约而同地集结到抗震救灾的大军中，汇聚成一支不可战胜的社会力量。灾难以残酷的方式考验着中华民族强大的道德力量和中国人民伟大的团结精神。13 亿人风雨同舟、共赴劫难，万众一心，共克难关，中国人民为捍卫生命迸发出了撼天动地的精神力量。

地震后，社会各界在第一时间实现人力物力财力的最大规模集结，为抗震救灾提供了坚实后盾。当晚，成都近千名出租车司机自发开车到都江堰，免费将幸存者抢运到成都各大医院。救援队伍源源不断地开往指挥部……当地的一些宾馆、饭店免费为受灾群众和救援人员提供食宿。全国各大城市采血点开始排起献血长龙，全国各地的企业、社会机构、各类组织以及普通老百姓掀起了向灾区捐钱捐物的热潮，甚至一位拾荒老翁将自己乞讨来的 105 元钱悄悄塞进了募捐箱。震后 3 天，全国接收到的社会各界捐赠款物价值突破 10 亿元；震后 7 天，这一数字突破 100 亿元；震后 10 天，突破 200 亿元；震后 22 天，突破 400 亿元。截至 2008 年 9 月 25 日 12 时，全国共接收国内外社会各界捐赠款物总计 594.68 亿元，实际到账款物总计 594.08 亿元。

超过 27 万名志愿者从全国各地赶来，参与抢救生命、运送伤员、照顾老幼、维持秩序、安置灾民、运送物资等工作。许多民间组织开始筹集灾区需要的各种食品、药品、帐篷、棉被、矿泉水、衣物等急需物资。截至 2008 年 6 月 5 日 12 时，全国共向灾区调运救灾帐篷 82 万顶、被子 470.92 万床、衣物 1186.01 万件、燃油 73.17 万吨、煤炭 153.95 万吨，还有不计其数的食品、矿泉水等等。

国际舆论评价说："一个能够出动十多万救援人员的国家，一个企业和私人捐款达到上百亿的国家，一个因争相献血、自愿抢救伤员而造成交通堵塞的国家，永远不会被打垮。"

国际社会的真诚援助

汶川特大地震的强度、伤亡人数、破坏程度在世界历史上都是罕见的，国际社会向中国政府和人民表达了真诚同情和慰问，并提供了各种形式的支持和援助，发扬了深厚的国际人道主义精神。

地震后，中国政府为了灾区人民的生命财产安全，本着为人民负责的态度，积极寻求国际援助。5 月 15 日上午，中国政府正式向日本政府发出了派遣国际救助队的邀请。16 日上午 9 时 45 分，日本政府派遣的首批 31 名专业救援人员星夜兼程抵达距成都 400 公里的青川县关中镇，开始了地震救灾行动。这是此次地震以来，中国政府接受的第一支外国救援队伍。随后，俄罗斯、韩国、新加坡等国也纷纷派遣专业救援队赶赴地震灾区协助救援。这些国际救援队伍不仅具备在国内外进行地震救灾工作的丰富经验，同时还携带了搜救犬和专业搜救设备。继救援队之后，来自俄罗斯和日本的国际医疗队也先后抵达四川，并前往四川彭川市和德阳市参与救治伤员的工作。

此外，自地震发生以来，截至 2008 年 7 月 18 日，外交部及中国各驻外使领馆、团共收到外国政府、团体和个人等捐资 17.11 亿元人民币。其中，外国政府、国际和地区组织捐资 7.70 亿元人民币，外国驻华外交机构和人员捐资 199.25 万元人民币，外国民间团体、企业、各界人士以及华侨华人、海外留学生和中资机构等捐资 9.39 亿元人民币。

地震无情，人间有爱！国际社会向地震灾区提供的无私援助，增强了中国人民战胜劫难，重建美好家园的决心，中国人民也必将铭记国际友人的慷慨与大爱，担当起在国际社会中应有的责任。

故事讨论

1. 你怎样看待我们的党和政府在 5·12 汶川特大地震抗震救灾中的作用？
2. 你怎样看待人民群众在 5·12 汶川特大地震抗震救灾中的作用？

原理 分析

在 5·12 汶川特大地震抗震救灾的过程中，我们的党和政府始终把灾区民众的利益放在首位，及时传递出党和国家抗震救灾的信心和决心，并以实际行动诠释了中国共产党立党为民、中国人民政府执政为民的人本思想。在地震后，灾区民众以坚强的意志，把亲历地震的恐慌和失去亲朋的悲痛化为与劫难抗争的力量，迅速展开自救互救，抓住了抢救生命和财产的宝贵时机，创造了灾害自救互救的一个又一个奇迹。在党和国家的领导下，社会各界的机构、组织、个人以最快的速度最大规模地集结抗震救灾所需人力物力财力，为抗震救灾的顺利开展提供了强大后盾，体现出中国人民在灾难面前团结一致、同舟共济的民族凝聚力和一方有难八方支援的可贵品质。在这危急时分，国际社会向中国政府和人民表达了真诚同情和慰问，慷慨提供了各种形式的支持和援助，发扬了深厚的国际人道主义精神。在这场波澜壮阔的抗震救灾过程中，中国人民取得的伟大胜利是与以下几个方面分不开的：

一、中国共产党的正确领导是核心

没有中国共产党的正确领导，就没有抗震救灾的伟大胜利。在抗震救灾过程中，党中央始终把人民的生命财产安全放在首位，胡锦涛总书记在短时间内两次主持召开中共中央政治局常委紧急会议，研究部署抗震救灾工作，并立即成立抗震救灾指挥部，向全国发出抗震救灾的指令。在救灾过程中，各条战线上的党员干部积极组织群众以恰当的方式参与救灾，发挥着先锋模范作用。中国共产党在大灾面前临危不惧、运筹帷幄、正确领导、以人为本，使得救灾行动快速、有序、有效地开展，得到了全党全社会的支持拥护，再一次证明了中国共产党在中国的领导地位是不可或缺的。

二、中国政府高效的执政能力是关键

地震发生后，中央政府迅速做出反应，第一时间发布了地震信息，并在抗震救灾过程中始终保持信息公开透明，让全国人民与灾区心连心，并积极合理地参与救灾。温家宝总理在地震发生两小时后亲赴救灾前线指挥救灾，救援部队奔赴前线，争分夺秒驰援灾区。中央各部委与地方政府迅速调动各种救灾物资，确保受灾群众的日常生活和救灾工作的顺利进行，并积极协调政府部门与民间救援组织的协同合作，同时还积极向国际求援。中国政府的一切行动都是为了灾区人民的生命财产安全，这种具有高效执政能力的执政为民的政府得到了民众的认可、世界的喝彩。

三、人民群众的团结一致是基础

在抗震救灾过程中，中国人民发扬了一方有难八方支援的宝贵精神，举国救灾。同时，国际社会也伸出援手，真诚相助。这些来自国内国际的财力物力人力支持成为抗震救灾取得胜利的坚实基础。社会的团结离不开党和政府的正确引导，离不开中国共产党坚定不移地走群众路线。灾难发生后，党和政府依靠一切可以依靠的力量，积极协调政府和民间救灾的协同合作，积极向国际社会求取援助。一切为了群众，一切依靠群众，从群众中来，到群众中去，把党的正确主张变为群众的自觉行动，在这次抗震救灾中得到生动体现。

四、社会主义制度的优越性是根本

"世界上没有其他国家能像我们这样快速地调动、组织、分配全社会的各种资源，集中力量大会战。这就是社会主义优越性之所在。"（张贤亮《废墟上的升华》）只有以公有制经济为主体的社会主义国家，才有能力集中力量办大事，才会取之于民、用之于民，在人民危难时刻不计利益、全力以赴。只有社会主义制度才是以民为本的制度，它坚信人民群众是历史的创造者，只有人民群众才有资格当家作主和享有自己创造的财富，才有真正的人的一切权利。因此，在大灾难中，在人民群众的生命财产安全受到威胁的时刻，党和政府会义无反顾地不放弃、不抛弃哪怕极难到达的偏僻山村、哪怕一个微弱的生命。抗震救灾的胜利再一次表明，只有社会主义制度才是中国人民的唯一选择。

教学建议

本案例适用于《马克思主义基本原理》第三章第三节"人民群众在历史发展中的作用"、第六章第二节"科学社会主义基本原则"的教学。

讲授重点：首先，通过案例帮助学生掌握人民群众是历史的创造者，明确只有走群众路线，一切为了群众，一切依靠群众，从群众中来，到群众中去，充分相信群众、坚决依靠群众、密切联系群众、全心全意为群众服务，充分发挥人民群众的积极性、主动性、创造性，才会取得各项事业的成功。其次，通过案例让学生深刻领会到只有中国共产党才能代表广大人民群众的切身利益，只有中国特色社会主义才能集中力量为广大人民群众办大事，进而使学生更加积极拥护中国共产党的领导，更加坚定中国特色社会主义信念。

实践探索：在抗击新冠肺炎疫情的斗争中，全国人民在中国共产党的领导下团结一致，赢得了一次又一次的胜利。结合5·12汶川特大地震抗震救灾和新冠肺炎疫情防控，在课堂上开展一次主题活动，请学生分享对这两次重大事件的认识。

学习思考

1. 在2008年汶川地震、2010年玉树地震、2013年芦山地震等重大地震灾害中，我们的党和政府都迅速做出应对，带领全国人民集中力量抗震救灾、攻坚克难，最大限度地保障人民的生命和财产安全。请同学们想一想：为什么我们的党和政府能够如此快速地部署抗震救灾的策略和行动？为什么中国能够在短时间内汇聚起如此强大的抗震救灾力量？

2. 在抗震救灾最困难、最艰险的地方，高高飘扬着党的旗帜，共产党员一马当先，带领着群众奋战在抗震救灾的各个战线上。请同学们想一想：在人民群众的生命和财产安全受到威胁的时候，中国共产党发挥了怎样的作用？我们的党和人民群众应该是怎样的一种关系？

参 考 文 献

[1] 新华社记者. 万众一心，托起生命的希望 [N]. 人民日报，2008-05-26 (8).

[2] 陈一鸣，等. 关爱无疆界 善举暖人心 [N]. 人民日报，2008-05-30 (11).

[3] 袁北星. 汶川地震考量政府应急机制 [N]. 温州日报，2008-06-09 (4).

延伸阅读：

1. 胡海利，胡子祥. 抗震救灾精神——党领导人民在废墟上挺起不屈的脊梁 [J]. 党史文汇，2021 (12)：14-19.

2. 张良. 汶川地震168小时 [M]. 南京：凤凰出版社，2013.

医者仁心，用生命守护生命*

——真理与价值原则

雒田梦　唐　丹

故事呈现

疫情突如其来，广大医务工作者同时间赛跑、与病魔较量，筑起一道抗击疫情的"钢铁长城"。

疫情就是命令，白衣就是战袍。从年逾古稀的院士专家到"90后"医生护士，54万名湖北医护人员冲锋在前，4万多名各地医护人员紧跟在后，数百万名医护人员战斗在抗疫第一线。

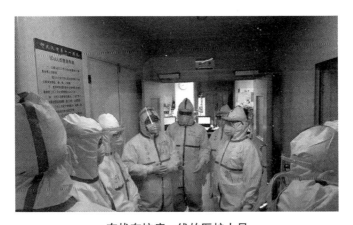

奋战在抗疫一线的医护人员

---

* 故事来源：王永战，宋豪新. 守护患者 共抗疫情（一线抗疫群英谱）——记四川大学华西医院援鄂重症救治医疗队［N］. 人民日报，2020-09-18（6）.

申少铁. 四川派出1463名医务人员支援湖北——争分夺秒 救治患者［N］. 人民日报，2020-03-12（6）.

一切为挽救生命让路，决不放弃一个生命。广大医护人员用生命守护生命，彰显了敬佑生命、救死扶伤、甘于奉献、大爱无疆的崇高精神，成为火线上的中流砥柱。

"接到电话说要去一线，我已经习惯了，就像说走就走的旅行！"

"这点辛苦不算什么，能为抗击疫情做一些贡献，我感到非常荣幸。我是一块砖，哪里需要就往哪里搬！"

"自己并非最美逆行者，奔赴前方，也只是朝着目标进发而已。"

"我们努力的目标是，对湖北病人的干预和治疗能达到华西医院日常工作的水准。不能因为这是一个紧急的事情，就降低标准，病人也许就因为一个细节的疏漏而出问题。"

这些都是四川大学华西医院重症医学科主任康焰医生的话。

2020年2月7日，作为四川省第五批、四川大学华西医院第三批援助湖北医疗队的领队，华西医院重症医学科主任康焰医生出征武汉。这一去，就是整整96天。到武汉的第二天，康焰和华西医院的同事们就接管了武汉大学人民医院东院区两个重症病房。

运用多年来在汶川地震、玉树地震、芦山地震和九寨沟地震等多次大型应急救灾事件中积累的"华西重症经验"，通过改进重症病房分区管理、集中救治等方式，华西医疗队在60天内救治了230余位新冠肺炎重症、危重症患者，显著提高了救治成功率。

分区分级——有针对性分配救治力量

作为重症救治队伍，康焰等人来到武汉大学人民医院东院区后，首先要面对的是如何找出有死亡风险的病人，进行重点治疗。

当时，医疗队接管的两个危重症病区的80张床位里，已入住77名危重病人。按照1名重症病人配置0.8名医生、3名护士的需求，这支131人的医护力量尚缺大约2/3。怎么办？几经思量，康焰提出分区分级，有针对性地分配救治力量。

随后，医疗队把病区细分为红区、黄区和绿区。红区收治危重病人，黄区收治可能从重症转向危重症的病人，绿区收治症状相对较轻的病人。经过分区分级后，对绿区的相对轻症病人，几名医护人员就可以照料。"医护力量集中救治红区病人，把红区的死亡率降下来，整个患者群的病亡率就下来了。"康焰说。

撤离武汉前几天，医疗队队员刘瑶应一位患者请求，在他的白色外套上写下了自己的名字。这名患者入院时病情较重，长时间依靠呼吸机维持生命，经医护人员精心救治后顺利康复。"我要将衣服消毒后永久保存。"这名患者说。

立刻行动——全力以赴改造供氧系统

大年初一，华西医院呼吸与危重症医学科教授罗凤鸣，率首支援鄂医疗队进驻武汉市红十字会医院。"医院没有建设中心供氧站，日常运转中只能满足100多个病人的吸氧需求。"罗凤鸣说。氧压过低、氧量不足，成为当时困扰医疗队开展临床救治工作的头号难题。

不能等！医疗队和院方几经努力，请来刚刚参与雷神山医院建设的工程队，紧急改造供氧系统。9天后，全新建设的供氧站在武汉市红十字会医院全部病区投用，氧气直接输送至各病区，全部患者吸上了足够的氧气。

位于武汉大学人民医院东院区的第二支援鄂医疗队也遇到了氧气不足的问题。因此，医用气体工程师张宏伟加入了2月7日出发的第三支援鄂医疗队。张宏伟通过计算，找出了氧气不够的原因：一是原液氧气化器无法满足现有用氧需求，气化能力不足；二是新冠肺炎患者特殊供氧的病房过于集中，大流量用氧后，供氧管道管径偏小。

"要对医院的供氧中心进行改造。"张宏伟提出建议后，所有人立刻行动起来。2月15日，医院供氧中心改造完成，整个东院病区供氧不足的问题得到解决。

紧急转运——同心协力创造生命奇迹

"16病区有个47岁的新冠肺炎男性患者，2月9日入院后，病情持续加重，需实施气管插管，进行有创呼吸机治疗。我们没有重症医学科医生和收治气管插管患者的条件。"2月20日中午，康焰在武汉大学人民医院工作群里看到这样一条信息。他没有丝毫犹豫，立刻回复："我们 23 病区可以接收。"

武汉大学人民医院 16 病区与 23 病区虽然在同一栋楼里，但是从 7 楼 16 病区转入 14 楼 23 病区，一般转运时间大概要 15 分钟。这段路，对于转运小组和患者来说，是一道"生死线"，因为患者随时可能出现氧合下降、心搏骤停的情况。

为了尽可能降低患者转运的风险，康焰紧急挑选最有救治经验的医生护士组建转运小组。出发前，小组准备好了所有可能需要的抢救药物和器材，并进行了转运预演。然而，到达 16 病区后，他们发现患者氧饱和度不足 50%，随时有心跳骤停的可能。康焰当机立断，要求转运小组在 16 病区实施快速顺序诱导插管，待患者病情稳定后再转入 23 病区。在两名队员的协助下，医生从给药到气管插管一气呵成，仅用 60 秒就完成气管插管。

患者情况逐渐稳定下来，转运小组用了近 20 分钟时间，才带着患者穿过这条"生死线"，成功完成转运。小组队员赖巍说："病人身上带着很多仪器，我们推着病床不能走快，只能缓缓地行进。"经过华西医疗团队的精心救治，这名重症患者成功脱离了危险。

"我们这支队伍中，最多的是重症医学科的医护人员。"康焰介绍，考虑到重症患者多是老年人，团队特意挑选了来自老年医学科、肾内科、心内科的医生。新冠病毒攻击患者的心脏、肝、肾等器官时，多学科团队合作，能找到更好的应对方法。

故事 讨论

1. 习近平总书记指出："疫情无情人有情。""为了保护人民生命安全，我们什么都可以豁得出来！从出生仅 30 多个小时的婴儿到 100 多岁的老人，从在华外国留学生到来华外国人员，每一个生命都得到全力护佑，人的生命、人的价值、人的尊严得到悉心呵护。"在时间紧、人手有限、救治条件有限的情况下，康焰团队救治重症病人、创造生命奇迹的抗疫实践是如何体现真理原则与价值原则的统一的？

2. "接到电话说要去一线，我已习惯了，就像说走就走的旅行！""我是一块砖，哪里需要就往哪里搬！""只要有需要，我就会继续在一线战斗。"这些是康焰面对疫情时说的话。他先后 11 次逆行出征，从他身上你学到了什么精神品质？

 **原理 分析**

新冠肺炎疫情发生以来，受国务院应对新型冠状病毒肺炎疫情联防联控机制医疗救治组委派，四川大学华西医院重症医学科教授、华西天府医院院长康焰已十几次率队出征，前往抗疫一线。两年多来，康焰教授的足迹遍及新疆乌鲁木齐和喀什、山东青岛、河北石家庄、江苏扬州、内蒙古、陕西西安、吉林长春、上海等地。2020 年 3 月，康焰被卫生健康委、人力资源社会保障部、国家中医药局评为"全国卫生健康系统新冠肺炎疫情防控工作先进个人"；2020 年 9 月，被党中央、国务院、中央军委评为"全国抗击新冠肺炎疫情先进个人""全国优秀共产党员"。

康焰教授的故事，可以带给我们以下启示。

其一，准确认识、科学应对新冠病毒，是一种合规律性的要求。武汉大学人民医院东院区两个危重症病区的 80 张床位，已入住 77 名危重病人，而接管的医护力量只有 131 人。对此，康焰提出分区分级，有针对性地分配救治力量。医疗队把病区细分为红区、黄区和绿区。红区收治危重病人，黄区收治可能从重症转向危重症的病人，绿区收治症状相对较轻的病人。经过分区分级后，对绿区的相对轻症病人，几名医护人员就可以照料。医护力量集中救治红区病人，把红区的死亡率降下来，整个患者群的病亡率就下来了。

其二，实践经验在重症救治工作中发挥了重大作用。毛泽东同志曾说，"真理只有一个，而究竟谁发现了真理，不依靠主观的夸张，而依靠客观的实践。"运用多年来在汶川地震、玉树地震、芦山地震和九寨沟地震等多次大型应急救灾事件中积累的"华西重症经验"，通过改进重症病房分区管理、集中救治等方式，华西医疗队在 60 天内救治了 230 余位新冠肺炎重症、危重症患者，显著提高了救治成功率。

其三，价值是客体对个人、群体乃至整个社会的生活和活动所具有的积极意义。价值原则的基础层次是人的生命权、健康权，坚持人民至上、生命至上。习近平总书记指出："无论年龄再大、病情再重我们都绝不放弃。"在救治过程中，医疗队坚持三级查房制度，为每一个病人拟定最恰当的治疗方案；坚持疑难病例讨论，多学科专家深入分析，拟定个体化治疗方案；重视对患者的心理治疗，以缓解心理压力，同时也及时关注医疗队员的心理状况，避免心理焦虑。医者仁心、守护生命、勇往直前，是康焰的真实写照，也是四川大学华西医院医护人员夜以继日奋斗在抗疫一线的医护人员的群像。康焰取得的成绩，既是个人荣誉，也是全国人民团结一心抗击疫情的共同胜利。

其四，真理与价值在实践中的辩证统一关系。人们的实践活动总是受着真理尺度和价值尺度的制约。任何成功的实践都是真理尺度和价值尺度的统一，是合规律性和合目的性的统一。康焰说："救治条件需要因地制宜，如果没有条件，我们就来创造条件。"医疗队紧急转运重症患者，创造生命奇迹的故事，就是在实践中实现真理与价值的统一的生动体现。

教学建议

本案例适用于《马克思主义基本原理》第二章"实践与认识及其发展规律"第二节"真理与价值"的教学。

讲授重点：通过案例，让学生理解真理与价值在实践中的辩证统一关系。一方面，要正确理解真理的概念，认识到真理的客观性、绝对性和相对性，认识到检验真理的唯一标准是实践。另一方面，要把握价值概念及其特征，理解社会主义核心价值观，在具体实践活动中坚持真理原则和价值原则。

实践探索：请学生搜集所学专业领域在抗疫中有突出贡献的人物及其事迹，分析他们是如何将所学理论付诸实践，以此帮助学生树立正确的世界观、人生观和价值观。

学习思考

1. 作为共产党员，康焰教授始终践行"人民至上、生命之上"的承诺，为人民的身体健康保驾护航。中国共产党人为什么要不忘初心、牢记使命？

2. 如何理解社会主义核心价值观？我们为什么要广泛践行社会主义核心价值观？

[1] 王永战，宋豪新. 守护患者 共抗疫情（一线抗疫群英谱）——记四川大学华西医院援鄂重症救治医疗队［N］. 人民日报，2020—09—18（6）.

[2] 申少铁. 四川派出 1463 名医务人员支援湖北——争分夺秒 救治患者［N］. 人民日报，2020—03—12（6）.

[3] 田豆豆，范昊天，吴君. 湖北治愈 3600 多位 80 岁以上新冠肺炎患者——敬佑生命 用心用情［N］. 人民日报，2020—04—14（2）.

[4] 白剑峰，王君平，等. 白衣战士，用生命守护生命（一线抗疫群英谱）——记抗疫中的医务工作者［N］. 人民日报，2020—09—05（4）.

延伸阅读：

1. 李朝全. 抗疫英雄谱［M］. 武汉：崇文书局，2020.

2. 习近平. 在全国抗击新冠肺炎疫情表彰大会上的讲话［M］. 北京：人民出版社，2020.

跨越生命难题，推动气管癌治疗的发展[*]

——物质与意识的辩证关系原理

何丹铃　王彬彬

故事呈现

2022年3月31日，在四川大学华西天府医院肺癌中心，经过周清华[①]教授团队5个小时的努力，一台全球独创、难度堪称"世界级"的"气管大长度切除再吻合手术"顺利完成。患者气管上的肿瘤被完整切除，且心肺功能保留良好。这也是四川大学华西天府医院肺癌中心开科以来，完成的第一例世界级高难度"移心气管重建手术"。患者于4月15日顺利出院，重新开启充满希望的幸福人生。

遭遇病魔，危在旦夕

38岁的教师张岩（化名）是一名初中英语老师，他们家没有肿瘤家族史，他自己也从不吸烟，所以，当他被检查出呼吸道恶性肿瘤的时候，他一度难以置信。他从来没想到自己会遭遇这么凶险的病痛。

张岩是一个热爱教育且对工作认真负责的老师，他不仅承担着班主任工

---

　　* 故事来源：四川大学华西医院新闻中心，http://www.wchscu.cn/technology/63444.html.

　　① 周清华教授，博士生导师、四川省卫生厅学术技术带头人、中国抗癌协会肺癌专委会前任主任委员、中国抗癌协会肿瘤转移专委会主任委员、中国肺癌早诊早治专家组组长、国际肺癌筛查和早诊专家组专家。擅长以肺癌外科手术为主的多学科综合治疗、肺癌侵袭转移的分子机制与信号调节、基于分子标志物的肺癌"分子分型"和"肺癌个体化"治疗，在国际上首次提出和创立了"胸部肿瘤重建外科学"。

作，还要同时负责两个班的英语教学。作为一名从教多年的教师，在一周上20多节课之外，他还经常在放学后为落下功课的学生补课。最初，张岩只是偶尔感觉到嗓子不舒服，有时候会咳出带有少许血丝的痰。作为老师，因为经常说话，他只将这一情况当作平常的咽喉炎看待，没有放在心上。

2021年下半年，张岩嗓子中的不适感迅速加重，开始出现持续性的干咳，并且有时候会感觉呼吸困难，连回家爬楼梯都开始严重气喘。特别是2022年1月，突发的重感冒，加上辛辣食物的刺激，导致张岩在一阵猛烈咳嗽中大口咳血。在慌乱中，张岩在家人的陪同下到当地医院进行检查。当地医院初步判断是"肺结核"，后又做了纤维支气管镜检查，报告显示"胸段气管肿物（肿瘤?）"。于是，医生建议他到更权威的医院做进一步诊断。在这期间，张岩和他的家人都被病魔的阴影笼罩着，看到年仅十岁的活泼可爱的儿子，张岩不禁害怕起来。他是一个有人生追求和规划的人，他不想生命就此止步，也不想让孩子失去爸爸。于是，他多方打听，寻求治疗的希望。

辗转华西，寻求治疗

张岩从朋友那里得知周清华教授是这方面的专家，于是春节一过，他便在家人陪同下来到四川大学华西医院。

到达医院后，张岩接受了一系列病理检查。最终，张岩的诊断结果放在了周清华教授的桌上：气管鳞癌，而且已经发展到晚期。

"必须做手术，而且越快越好，不然肿瘤很快就会堵塞气管，最终因窒息离世。"这是周清华教授给张岩的诊断和建议。然而他也反复对张岩强调："手术难度很大，风险也很大，你能接受吗?"得知诊断结果后，张岩坦言"这很难不让人害怕"，但是最终，他选择相信华西医院，相信周清华教授。他说："周教授能为我做手术，已经是我最好的机会，那还有什么不放心的，这条命就托付给他，放手一搏!"

突破极限，创造奇迹

周清华教授在得到患者的肯定答复后，便开始紧锣密鼓地筹备起来：组织团队、完善术前检查、设计手术方案……

周清华教授谈到，对于气管磷癌来说，内科治疗（一般是指放疗和化疗、免疫治疗）的效果并不理想，所以目前的主要治疗手段是外科手术，即通过切除的方式隔离病灶。但是能不能将肿瘤安全切除，关键在于肿瘤的大小和侵蚀范围，因为这涉及切除的气管长度。人体气管无法再生，现在也没有人工材料可以代替，只能在切掉病变的气管后，再将剩余的气管上下连接，重建呼吸通道。所以，切除的气管长度是有极限的。根据一个人头部姿态的不同，气管会有一定的延展性：低头时，气管几乎全部移入胸内；仰头时，一半以上的气管能伸至颈部。国际上公认的气管切除极限长度为 4 厘米，否则很可能会吻合失败。不幸的是，术前检查发现，张岩的气管侵犯长度已达到 7.5 厘米，大大超过极限长度。这无疑是手术中的一大难关。

纵观国内外，目前能完成具有如此挑战性和高难度手术的，全世界只有周清华教授一人。从 20 世纪 90 年代开始，周清华教授应用他所创的"移心气管重建手术"治疗了数百例晚期气管肿瘤患者。简单来说，"移心气管重建手术"就是向气管下方的心脏"请求支援"。由于心脏和肺的限制，气管是不可以向上提拉的，因此只有将右侧心包、心底部心包全切除，游离下腔静脉、右肺上静脉、右肺下静脉、上腔静脉和心脏，这样才能将心脏大血管游离上移至胸顶部，使气管还能再提上去 7~10 厘米。就这样，经过一番"上拉下提"之后，就可以额外腾挪出一定长度的气管，从而让这台不可能的手术变为可能。

3 月 31 日上午，由周清华教授主刀，在秦昌龙主治医师以及 2 名进修医生、3 名麻醉专家的共同努力下，这台世界级高难度手术仅耗时 5 个小时便顺利完成。手术结束后，接到秦昌龙医生第一时间打来的告知手术"一切顺利"的电话，张岩的妻子瞬间哭出声。她说周清华教授就是他们的救命恩人，并表示了配合后续治疗的信心。

贴心护理，闯术后"难关"

手术的成功，并不意味着治疗的完成，术后护理更是重要的"关卡"。因为气管的吻合还有一个恢复的过程，每一次咳嗽、感染都可能引起生命危险。气管作为连接喉咙与支气管的管道，不仅是空气的通道，而且具有防御、清除异物、调节空气温度和湿度的作用。所以，术后的护理也至关重要。

为了保护吻合口的安全，患者必须长时间维持低头的姿势，以最大限度地减轻各种原因对气管吻合口的牵拉压力。为此，周清华教授团队用了一个不得已而为之的办法：在患者的面颊两旁皮下各自缝一针双 10 号线在锁骨上，中间下颌再缝一针在胸骨上，用三根"弦"来固定头部姿态，尽可能减少使气管发生意外的概率。不仅如此，术后一周内，患者还不能向右侧侧身，因为失去右侧心包包裹的心脏会脱离原位，一旦心脏"掉"出来，就可能立即停跳。

在华西天府医院 ICU、肺癌中心医护人员的精心照料下，张岩终于熬过了术后最危险的阶段。术后 10 天，他开始下地走动，还能跟妻子说上几句话；不过，要想做后仰头的动作，要等到 3 个月以后。4 月 15 日上午，张岩恢复良好，顺利出院。

故事 讨论

1. 列宁曾说："世界不会满足人，人决心以自己的行动来改变世界。"世界公认的气管切除长度以 5 厘米为极限，在面对超越这一极限的病例时，四川大学华西医院的周清华教授为什么能挑战世界的极限，并成功治愈患者？

2. 习近平总书记指出："奋斗不只是响亮的口号，而是要在做好每一件小事、完成每一项任务、履行每一项职责中见精神。"在文献资料稀缺的情况下，周清华教授通过自己的科研探索，在国际上首创了"移心气管重建手术"，从而挽救了一条又一条生命。作为当代青年，你从中获得什么启示？

原理 分析

其一，物质与意识的辩证关系。物质决定意识，意识对物质具有反作用，这种反作用就是意识的能动作用。人的意识活动是具有目的性和计划性的。在面对现实的时候，人并不是消极被动的，而是在充分认识现实的前提下根据自己的目的和计划完成自己的任务。意识活动具有创造性。人的意识不仅通过感觉、知觉等形式反映外部现象，而且运用概念、判断、推理等形式对感性材料进行加工制作和选择构建，因此，人的意识活动是具有创造性的。意识具有指导实践改造客观世界的作用。人体气管无法再生，也尚无人工材料可以代替，所以，气管的切除长度是有极限的。当患者被肿瘤侵犯的气管长达7.5厘米，远超国际公认的极限长度时，周清华教授并没有就此放弃，而是在尊重客观规律的前提下充分发挥了自己的主观能动性。

其二，尊重客观规律是正确发挥主观能动性的前提。人们只有在认识和掌握客观规律的基础上，才能正确认识世界，有效改造世界。对于医学治疗而言，也是如此。作为一名医者，周清华教授在治疗患者之前，已经过系统学习，掌握了大量研究数据。这个过程使周清华教授掌握了支气管肿瘤治疗的基本规律。这也是周清华教授成功挑战世界级医学难题的前提条件。根据现有文献材料和实践经验，对于支气管恶性肿瘤，常规的放疗和化疗、免疫治疗等内科治疗手段的作用不够突出，无法从根本上抑制和控制病情。因此，周清华教授根据诊断结果坚决地选择了手术治疗。

其三，只有充分发挥主观能动性，才能正确认识和利用客观规律。承认和尊重客观规律，并不是说人在规律面前无能为力、无所作为。人能够通过自觉的活动去认识规律，并按照规律去改造世界，以满足自身的需要。医学研究是一个不断探索人体规律的过程，我们在每一次研究活动中，对人体的认识也不断加深。同时，随着我们对人体认识的深入，我们在治疗疾病、挽救生命的时候就能更自如更从容。周清华教授在肺癌治疗领域拥有如此丰硕的成果，离不开他数十年的耕耘。对于气管切除手术，国际上公认的极限切除长度是4厘米。周清华教授尊重了这个现实，并充分发挥主观能动性，首创"移心气管重建手术"，从根本上解决了这一"世界难题"。

本案例适用于《马克思主义基本原理》第一章"世界的物质性及发展规律"第一节"世界的多样性与物质统一性"的教学。

讲授重点：通过案例，让学生理解物质与意识的辩证关系。从物质的决定作用以及意识的能动作用两个方面来讲解。从物质的决定作用来说，要掌握意识是物质的产物，它来源于现实世界，因此，我们要尊重客观规律。从意识的能动作用来说，要发挥人的主观能动性，在尊重客观规律的前提下，充分调动人的主观能动性，从而不断探索，为社会发展做出贡献。

实践探索：请学生介绍各自所学专业有哪些重大难题。引导学生通过对本专业发展现状和主要问题的分析讨论，树立起既尊重客观规律、打牢专业基础，又勤于钻研、敢于发现和解决问题的意识。

1. 在学习和生活中，我们也面临着很多在目前看来无法突破的难题，请举例说明这时我们应当如何发挥自己的主观能动性。

2. 习近平总书记曾说："历史和现实都告诉我们，青年一代有理想、有担当，国家就有前途，民族就有希望，实现我们的发展目标就有源源不断的强大力量。"作为新时代青年，请谈谈你在实现中华民族伟大复兴中有哪些责任和担当？

参 考 文 献

[1] 马克思，恩格斯. 德意志意识形态 [M]. 北京：人民出版社，2018.
[2] 习近平. 在庆祝中国共产主义青年团成立 100 周年大会上的讲话 [N]. 人民日报，2022－05－11（2）.

延伸阅读：

习近平. 在北京大学师生座谈会上的讲话 [J]. 思想政治工作研究，2018（6）：6－9.

以身立教育新人 科研报国济天下[*]
——科学技术在社会发展中的作用

母丹丹　王　冰

 **故**事呈现

　　他是中国工程院院士，四川大学教授，博士生导师。他创建了环保型高分子材料国家地方联合工程实验室、新型防火阻燃材料开发与应用国家地方联合工程研究中心、教育部环境与火安全高分子材料省部共建协同创新中心等7个国家级、省部级创新平台，在阻燃材料、生物基与生物降解高分子材料及高分子材料循环与升级回收领域取得了系统理论和应用创新成果，引领了相关领域的发展方向，为突破行业技术瓶颈做出重要贡献；发表的论文近10年被引用2万余次，3项基础研究成果入选《国家自然科学基金资助项目优秀成果选编》，获得的150余件授权发明专利有大量被实施应用；获国家自然科学奖、国家技术发明奖和国家科技进步奖等国家级和省部级科技成果奖13项。他坚持给本科生、硕士生和博士生上课，主讲的本科课程被评为国家级一流本科课程，获四川省教学成果一等奖、教书育人名师、四川省优秀共产党员、四川大学"首届最受学生欢迎教师奖"等荣誉。他是四川大学2021年"立德树人奖"获得者——王玉忠院士。

　　自川大任教以来，他一直奋斗在教学科研第一线，二十七年如一日，几乎没有寒暑假和周末，平均每天工作十六七个小时。他始终坚持为党育人、为国育才，把培养一流人才作为自己的第一任务，把科研报国作为自己的毕生使

---

　　* 故事来源：龙莉.王玉忠院士：以身立教育新人　科研报国济天下[EB/OL].(2021－06－30) [2022－12－30].https://www.scu.edu.cn/info/1204/19435.htm.

命，为国家培养了一大批优秀人才，为攻克材料领域的多个难题做出了突出贡献。

以身立教育新人，培养大批领军人才

"教师是第一身份，培养学生是第一要务"，作为一名长期奋战在人才培养事业一线的共产党员，王玉忠院士始终坚持"立德树人"教育根本，坚守"传承文化"教师使命，从全员育人、全过程育人、全方位育人的教育体制出发，教书育人，培养了上百名优秀研究生和一大批优秀青年人才，多次被学校评为优秀共产党员。

二十七载春风化雨，铸就满园桃李芬芳。作为四川省优秀研究生指导教师、宝钢教育奖优秀教师、四川省教书育人名师、四川大学首届"最受学生欢迎教师"，王玉忠院士认为，"导师给学生带来的理念、思想和科研方法实际上比直接告诉学生怎么做有更重要的意义。""要启发学生，让学生自己能够寻找到解决问题的方法。"在王玉忠院士的悉心栽培下，一批批学生走出校门，走进高校、科研院所和企业，成为各自单位的中坚力量，为我国相关领域的发展贡献青春力量。

创新"科研＋"党建模式，培养又红又专的时代新人。"做导师的要注意言传身教，教给学生的不只是知识，更是做人的道理。"作为一名党员，他高度重视对学生的思想引领，坚持将思想政治教育与教学、科研和学科建设工作相结合，并依托实验室组建党支部，引导支部开启创新"科研＋"党建模式，他带领的环保型高分子材料实验室研究生党支部被评为教育部首批"百个研究生样板党支部"。他鼓励青年一代树立远大目标，服务国家重大战略需求。他始终倡导并亲自指导研究生开展"四个面向"的科研工作，鼓励并支持学生积极与国内外同行交流学习，经常亲自带领研究生参加国内外会议以及到国外知名大学和研究机构进行交流。在疫情期间，他率先通过网络平台为同学们开设专题讲座及系列报告，为全院师生众志成城、团结一心抗击疫情做出了榜样。

科研报国济天下，攻克系列科研难题

"科研工作必须坚持两条腿走路，既要瞄准科技前沿的重大科学问题，更要以国家重大需求为导向，以应用倒逼基础研究，从中提炼出基础科学问题，以基础研究支撑关键技术突破及应用。"科研报国的理想信念和敢为人先的科学家精神进一步坚定了王玉忠院士让研究成果服务人民生活、国家发展的信心和决心。针对量大面广的通用高分子材料易被引燃导致火灾，对人民生命财产造成严重威胁的问题，他通过30多年潜心研究，从高分子材料的燃烧和阻燃机理入手，对高分子材料无卤阻燃化遇到的技术难题进行攻关，提出和发展了液晶高分子原位成纤增强阻燃、可控高温自交联成炭阻燃、多相协效膨胀阻燃等多项阻燃新原理和新技术[1]。针对一次性使用高分子材料普遍存在因生物降解难和回收率低而造成的环境污染问题，他瞄准发展实用的生物降解高分子材料这一重要途径，经过长期的基础和应用研究，攻克了制约该领域发展的多个技术难题，提出了可反复化学循环且可完全生物降解的高分子材料新技术，为缓解我国一次性使用高分子材料对环境造成的压力做出了重要贡献。针对废弃高分子材料（特别是热固性树脂回收利用难度大）导致的环境污染和资源浪费问题，他提出了从废弃高分子材料到功能/高性能材料直接转化新理念，不仅为热固性废弃高分子材料高值化利用开辟了全新思路，同时还为热塑性高分子材料的循环利用提供了重要借鉴。

关注行业重大需求
解决关键科学问题
发展应用先进技术
推动行业科技进步
王玉忠
2016.6.16

王玉忠院士的科研理念

---

① 何梁何利基金评选委员会. 2017何梁何利奖［M］. 北京：中国科学技术出版社，2018：119.

作为一名有机高分子材料专家，他始终坚持"四个面向"，在阻燃材料、生物基与生物降解高分子材料及高分子材料循环与升级回收等领域，从基础研究做到应用研究，甘坐冷板凳，十年磨一剑，最终实现理论和技术的突破，引领了相关研究领域的发展。他所发展的核心技术有效解决了国家在相关领域的重大需求，推动了行业科技进步，提升了我国在该领域的国际竞争力，创造了显著的经济和社会效益，因此他也被著名国际同行专家评价为该领域的引领者（"innovation and thought leader"）。

坚守初心担使命，服务国家战略需求

"成为院士不仅是一份荣誉，更是一份沉甸甸的责任。"王玉忠院士说，"作为院士不仅要考虑自己的研究创新，更要肩负起为国家科技发展战略提供咨询的责任。"为推动高分子材料和相关行业的可持续发展，王玉忠院士多次作为大会主席举办国际国内学术会议，推动相关领域发展。他主持的中国工程院重点咨询项目"我国一次性塑料制品废弃物治理及生物降解塑料应用与发展现状"，为推动国家发布和推行《关于进一步加强塑料污染治理的意见》发挥了重要作用。作为多个相关行业协会/学会的负责人，他为行业的发展提出了重要的建设性建议和发展战略。作为中国工程科技发展战略四川研究院的首任院长，他组织相关院士专家，为四川的发展提供战略咨询。

勇挑重担，让科研成果运用在抗击疫情第一线。2020年新冠肺炎疫情暴发后，王玉忠院士针对因医用防护服短缺而造成的前线医护人员被感染问题，迅速召集团队开展紧急攻关，第一时间投身医用防护服的增效防护与多次使用技术研究，突破了技术瓶颈，为解决医用防护品的防护性能不足和特殊时期的防护资源短缺问题提供了重要技术支撑。同时，他积极向地方献计献策，提交抓紧开展"四川新型肺炎疫情防控措施与恢复经济社会活动的协调对策研究"建议，为四川省打赢疫情防控战提供了有力的科技支撑。

春播桃李三千圃，秋来硕果满神州。作为一名优秀教师，王玉忠院士始终坚持立德树人根本任务，为党育人、为国育才，为党和国家培养了一大批优秀人才。作为一名优秀共产党员，王玉忠院士始终坚守共产党人的初心和使命，"想国家之所想，急国家之所急"，将满怀忠诚、毕生所学倾注于立德树人、科研报国的实际行动中，用无私奉献书写了"川大人"为国建功的时代华章。

1. 王玉忠院士在他所从事的阻燃材料、生物基与生物降解高分子材料及高分子材料循环与升级回收等领域，从基础研究做到应用研究，所发展的核心技术有效解决了国家在相关领域的重大需求，推动了行业科技进步，提升了我国在该领域的国际竞争力，创造了显著的经济和社会效益。请结合我国科学技术领域的重大成就，如高铁、大飞机以及"天宫""蛟龙""天眼""悟空""墨子"等，谈谈你对科学技术在社会发展中的作用的认识。

2. 习近平总书记指出："我们既要绿水青山，也要金山银山。宁要绿水青山，不要金山银山，而且绿水青山就是金山银山。"针对废弃高分子材料导致的环境污染和资源浪费问题，王玉忠院士提出了从废弃高分子材料到功能/高性能材料直接转化新理念，不仅为热固性废弃高分子材料高值化利用开辟了全新思路，同时还为热塑性高分子材料的循环利用提供了重要借鉴。请你结合自然地理环境在人类社会生存和发展中的作用，谈谈应该怎样认识和处理经济发展与环境保护的关系。

原理 分析

科技革命是推动经济和社会发展的强大杠杆。王玉忠院士指出："科研工作必须坚持两条腿走路，既要瞄准科技前沿的重大科学问题，更要以国家重大需求为导向，以应用倒逼基础研究，从中提炼出基础科学问题，以基础研究支撑关键技术突破及应用。"他带领的科研团队在阻燃材料、生物基与生物降解高分子材料及高分子材料循环与升级回收等领域取得了系统理论和应用创新成果，引领了相关领域的发展方向，为突破行业技术瓶颈做出重要贡献。

王玉忠院士的故事，可以带给我们以下启示。

其一，社会存在与社会意识的辩证关系原理。社会存在决定社会意识，社会意识是社会存在的反映，并反作用于社会存在。社会存在和社会意识的辩证关系原理要求我国社会改革和发展的顶层设计和方针政策，都必须从我国现实的社会存在出发，从我国的基本国情和发展要求出发。王玉忠院士在科研中坚持从现实出发，瞄准国家重大需求，以应用倒逼基础科学研究，坚持用科研来服务国家和社会的发展。这反映了科学研究不能纸上谈兵、闭门造车，而要以现实为依托，坚持从社会存在出发确定研究方向，并坚持发挥社会意识的能动作用，来不断反作用于社会存在的发展。

其二，每一次科技革命，都不同程度地引起了生产方式、生活方式和思维方式的深刻变化和社会的巨大进步。针对量大面广的通用高分子材料易被引燃导致火灾，对人民生命财产造成严重威胁的问题，王玉忠院士通过30多年潜心研究，从高分子材料的燃烧和阻燃机理入手，提出和发展了液晶高分子原位成纤增强阻燃、可控高温自交联成炭阻燃、多相协效膨胀阻燃等多项阻燃新原理和新技术。此外，针对废弃高分子材料（特别是热固性树脂回收利用难度大）导致的环境污染和资源浪费问题，他提出了从废弃高分子材料到功能/高性能材料直接转化新理念，不仅为热固性废弃高分子材料高值化利用开辟了全新思路，还为热塑性高分子材料的循环利用提供了重要借鉴。王玉忠院士的研究引起了生产生活中高分子材料运用的新变革，也为后继学者研究高分子材料提供了新思路。

其三，正确把握科学技术的社会作用。科学技术能够通过促进经济和社会发展造福人类，同时科学技术作用的发挥也会受到一定的制约。它既受到一定客观条件如社会制度、利益关系的影响，也受到一定主观条件如人们的思想观念和认识水平的影响。正确认识和运用科学技术，离不开合理的社会制度保障，必须始终坚持使科学技术为人类社会的健康发展服务，坚持以人民为中心的发展思想，让科学技术为人类造福。

其四，个人在社会历史中的作用。唯物史观从人民群众创造历史这一基本前提出发，既明确了人民群众是历史的创造者，也不否认个人在历史上的作用。王玉忠院士作为一名有机高分子材料专家，始终坚持"四个面向"，在阻燃材料、生物基与生物降解高分子材料及高分子材料循环与升级回收等领域实现理论和技术的突破，引领了相关研究领域的发展，有效解决了国家在相关领域的重大需求，提升了国家的国际竞争力，创造了显著的经济和社会效益，被著名国际同行专家评价为所研究领域的引领者。

教学建议

本案例适用于《马克思主义基本原理》第三章"人类社会及其发展规律"第二节"社会历史发展的动力"的教学。

讲授重点：通过案例，帮助学生学习和把握历史唯物主义的基本原理，着重了解和认识科学技术在社会发展中的作用，提高运用历史唯物主义正确认识历史和现实、正确认识社会发展规律的自觉性和能力。

实践探索：科学技术作为先进生产力的重要标志，是推动社会文明进步的重要力量。因此，在引导学生正确认识科学技术对社会发展的重要作用的同时，也要使他们看到科学技术作用的发挥受到社会发展的制约，从而养成在学习生活中有意识地发现问题、解决问题的能力。

学习思考

1. 科学技术在社会发展中发挥了怎样的作用？如何才能让科学技术为人类造福？

2. 在人类社会发展的历史进程中，杰出人物与人民群众的作用相辅相成。如何看待杰出人物在历史中的作用？

参 考 文 献

[1] 龙莉. 王玉忠院士：以身立教育新人 科研报国济天下［EB/OL］.（2021－06－30）［2022－12－30］. https://www.scu.edu.cn/info/1204/19435.htm.

[2] 何梁何利基金评选委员会. 2017 何梁何利奖［M］. 北京：中国科学技术出版社，2018.

延伸阅读：

1. 中共中央马克思恩格斯列宁斯大林著作编译局. 马克思恩格斯选集：第 2 卷［M］. 北京：人民出版社，2012.

2. 习近平. 坚持历史唯物主义不断开辟当代中国马克思主义发展新境界［J］. 求是，2020（2）：4－11.

人生几何，情系代数[*]
——实践对认识的决定作用原理

杨　阳　李　迪　王彬彬

故事呈现

万哲先，原籍湖北沔阳，1927 年出生于山东淄川。1948 年毕业于清华大学算学系。民进会员，中国科学院数学与系统科学研究院研究员。从事代数学、组合论研究，在典型群、矩阵几何、有限几何和编码学等领域有很深的造诣。解决了典型群的结构和自同构方面的一系列难题；证明了我国物资调拨人员在实际工作中创造的解运输问题的图上作业法；研究有限域上典型群的几何学，并利用所得成果构造了一些结合方案、PBIB 设计、认证码和强正则图；运用代数方法研究卷积码；证明了对称矩阵几何及厄米特矩阵几何的基本定理，是对华罗庚开创研究的矩阵几何的重要贡献。

万哲先 1978 年获全国科学大会重大科技成果奖 3 项，1984 年获中国科学院科技进步一等奖，1987 年获国家自然科学奖三等奖，1995 年获华罗庚数学奖，1996 年获光华科技成果奖一等奖，1997 年获中国科学院自然科学奖一等奖。1991 年当选为中国科学院学部委员（1993 年改称院士）。

"很偶然，我选择了代数研究"

万哲先的父母对子女的教育极为重视。自万哲先 3 岁起，母亲就教他识字

---

* 故事来源：温迪. 致力于"简化"的数学家——记中国科学院院士、民进会员万哲先［J］. 民主，2005（6）：23—25.

和算术。不满 5 岁，万哲先即被胶济铁路张店小学录取。由于父亲的工作频繁调动和抗日战争的影响，万哲先一家也不断搬迁，所以他曾在多所小学和中学就读。1938 年夏，他以同等学力考入因战争而迁到贵阳的中央大学实验中学；中学的最后两年在昆明西南联合大学附属中学（简称联大附中）度过。万哲先刚入中学时，学习成绩平平，而后在老师的谆谆教导和自己的努力下，成绩不断提高。1942 年进入联大附中以后，他的学习成绩一直保持优异，毕业考试成绩名列全年级第一。他也是 1944 年云南省高中毕业生会考第一名，因而得到保送西南联大的机会。

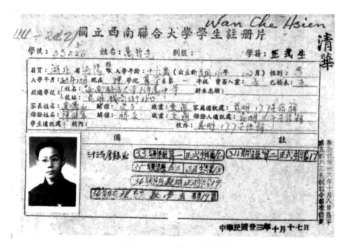

万哲先在西南联大的学籍卡

受到西南联大浓厚学术氛围的熏陶，万哲先对数学产生了浓厚的兴趣。自 1944 年起，万哲先先后在西南联大和清华大学数学系（当时称为算学系）学习。在大学期间，他听了许多名家开设的课程，吸取他们各自的长处，开阔了眼界。谈到为什么选择代数研究，万哲先说："这是很偶然的，我对数学的确很感兴趣，对数学的各个分支都有兴趣。在大学三年级的时候，我对学习几何比较感兴趣，但后来跟段学复老师学了好几门代数方面的课程，又遇到了跟华罗庚教授学做研究的机会，就从事了代数研究。"1948 年，万哲先从清华大学毕业，获理学学士学位，并留校任助教。

1950 年初，华罗庚教授从美国回国，到清华大学任教。万哲先在他的指导下从事典型群的研究，并随华罗庚教授参加中国科学院数学研究所的筹备工作。华罗庚对研究工作要求很高，强调要有扎实的基本功，要做到"拳不离手，曲不离口"，要有自己的想法，要创造而不要依样画葫芦。万哲先回忆当时的情形时说："当时和华罗庚先生在一起，工作很紧张。在研究方面对我影响最大的就是华先生。他对待问题锲而不舍，抓住一个问题就和大家一起探讨，努力将这个问题解决。他很严厉，在课堂上，如果回答不出问题，那你就被'挂'到黑板上了，直到憋出来或其他的同学想出来为止。"从华罗庚那里，万哲先受到了极好的研究工作的训练，这使他受益匪浅。

勤奋敬业，严谨创新

做研究工作几乎是万哲先的全部生活内容，他对数学的热爱达到了痴迷的程度。有时他的夫人对他讲话，结果他回答的却是某一他正感兴趣的数学定理。不论寒暑，他办公室的门总是开得大大的，无论谁进去跟他谈论与数学相关的问题，他总是津津乐道，有问必答。

开放、严谨、创新是万哲先的学术风格。几十年来，他始终坚持严谨的研究作风，撰写的论文和专著清晰明了；在叙述和证明定理时，不能容忍有丝毫的模糊。1996 年初，他在研究 Leech 格时，发现在 1992 年康威和思劳内合著的巨著《堆球，格和群》一书中，20 多年前已有定论的俄罗斯数学家温克夫有关 24 维 Leech 格的唯一性的论证有不明之处，还有几部其他人写的专著也都采用温克夫的证明。但一丝不苟的学风使万哲先发现温克夫的证明有严重错误。万哲先利用深厚的编码学和群论的功底，给出了 24 维 Leech 格的唯一性的巧妙简洁的证明，立即得到权威人士"正确、漂亮"的评价。

万哲先为华罗庚开创的国际上公认的典型群中国学派做出了巨大贡献。1963 年，他与华罗庚合作出版了专著《典型群》[①]，此书获得 1978 年全国科学大会重大科研成果奖。曾于 1975 年访华的美国数学家代表团在 1977 年以"中华人民共和国的纯粹数学和应用数学"为标题发表的访华报告中，将典型群方面的工作列为中国数学的 5 项重要成就之一，并指出该领域的工作以华罗庚和万哲先为代表。

万哲先还是我国有限几何研究的创始人，他关于有限几何研究的一大特点

---

① 华罗庚，万哲先. 典型群 [M]. 上海：上海科学技术出版社，1963.

有着明显的应用目的。他的代表性研究成果有：20世纪50年代和80年代初期，解决了典型群的结构和自同构方面的一系列难题；1958年，对解决运输问题的图上作业法给出理论证明并进行了应用推广；20世纪60年代中期和90年代初期，运用华罗庚开创的中国典型群学派的矩阵方法研究有限域上典型群的几何学，获得了系统的重要成果，并利用它构造了一些结合方案、PBIB设计和认证码，同时还研究了有限域上型表型问题，典型群的子空间轨道生成的格等；20世纪90年代，运用代数方法研究卷积码，澄清了一系列疑问；证明了对称矩阵几何及哈密尔顿矩阵几何的基本定理，对华罗庚开创研究的矩阵几何做出重要贡献；证明了长方阵几何、对称阵几何及厄米特矩阵几何中保粘切的双射的逆也保粘切，使矩阵几何更为完美。

他的研究成果受到国内外同行的高度重视和广泛引用，几乎所有关于有限几何的书都提到或引用过他和他学生的研究成果。在国内，在他的带领下已形成一支有相当力量的研究有限几何及其应用的队伍，他的著作已成为该领域的经典文献。他的研究领域相当宽广，除有限几何外，他在图论、李代数、Kac-Moody代数、矩阵几何等方面都有贡献。

多年来，万哲先对研究工作始终兢兢业业，严谨认真，取得了丰硕的研究成果。他在国内外著名的学术刊物上发表了上百篇学术论文、数十篇科普文章，还出版了20余本专著，包括数本用英文撰写的专著。特别值得一提的是，其中大量论文和专著是他在1991年当选学部委员以后完成的。如此高龄，如此丰硕的成果，其中包含的辛劳可想而知。究其原因，万哲先说"唯有刻苦钻研"，平实的一句话却道出了多年来他在研究中所秉持的精神。

热心教育，桃李满园

万哲先非常热心于祖国的教育事业。他是我国第一批博士生导师之一，是基础数学、应用数学两个专业的博士生导师。从20世纪60年代开始，他带领学生一起做研究，先后培养了数十名博士、硕士研究生。他十分注意培养学生严肃认真、一丝不苟的治学态度。他讲课深入浅出、条理清楚，很多学生说"万老师的讲课笔记就是一本很好的教科书"。他的学生绝大多数都已成为科研与教学方面的骨干，许多人已是很有成就的教授。当谈起曾经教过的学生时，万哲先充满了为师的自豪感和幸福感，脸上始终洋溢着微笑。

2000 年 4 月，万哲先放弃海外优厚待遇，欣然受聘为山东淄博学院（山东理工大学前身之一）的学术委员会主任，并携夫人王世贤一起到校工作。万哲先院士对个人生活向来要求"艰苦朴素"，但他在教育事业上的付出却从不吝啬。2001 年，万哲先院士把山东淄博学院发给他的工资全部拿出，以其父母的名字命名设立了"万承珪、周维金"奖学金，每年以 10 万元奖励 50 名品学兼优的学生。奖学金设立初期，万哲先院士都要到校亲自为获奖学生颁奖。为了支持教育事业发展，奖励品学兼优、在科技创新方面有突出成绩的学生，万哲先院士在 90 岁寿辰前，又决定出资 100 万元，在山东理工大学设立奖励基金。对于自己在教育事业上的慷慨之举，万哲先院士这样说道："人们都说'为祖国健康工作 50 年'，我现在工作已经超过了 50 年，身体很好，未来还要继续为党和国家发挥自己的光和热。"不仅如此。2014 年，他将山东理工大学给他配置的房子还给了学校；无数场高规格、高水平学术报告，1000 余本珍贵图书、杂志，他分文不取。"谋事而不谋利，奉献而不索取"是万哲先院士作为老共产党员的真实写照。

万哲先十分关心青少年的成长，并为他们编写了通俗读物《谈谈密码》《孙子定理和大衍求一术》《偏序集上的 Mobius 反演》等。有些年轻人写信向他请教数学问题，他也都非常认真地一一回信作答。对于万哲先来说，老师传授给学生的是知识，但老师也可以向学生学习。他说"有时学生的一些想法是很好的，虽然一般的学生可能欠缺一些经验，但想法特别多，很有创新的劲头。"

正如万哲先的夫人所说，万哲先院士是一个不善言辞的人。但是万哲先院士说话不仅简练，而且平实。丰富的人生经历、研究工作中的艰辛，被他寥寥几句带过，但他取得的大量研究成果告诉了我们他的勤奋、认真，如此高龄的他还关心着教育事业，热心于培育新人，让我们看到了他对后辈的殷切期望。

故事 讨论

1. 党的二十大报告提出"深入实施人才强国战略"，强调："培养造就大批德才兼备的高素质人才，是国家和民族长远发展大计。功以才成，业由才广……加快建设国家战略人才力量，努力培养造就更多大师、战略科学家、一流科技领军人才和创新团队、青年科技人才、卓越工程师、大国工匠、高技能人才。"在对有限几何不断探索的过程中，万哲先院士带领他的学生们公开发表过很多研究成果，在他的带领下已形成一支有相当力量的研究有限几何及其应用的队伍。另外，万哲先院士为了支持教育事业发展，个人捐资设立奖励基金，奖励品学兼优、在科技创新方面有突出成绩的学生。作为青年学生，我们应该怎么做？

2."这是很偶然的，我对数学的确很感兴趣，对数学的各个分支都有兴趣。在大学三年级的时候，我对学习几何比较感兴趣，但后来跟段学复老师学了好几门代数方面的课程，又遇到了跟华罗庚教授学做研究的机会，就从事了代数研究。"这是万哲先院士谈到大学期间为什么选择代数研究时的话。对此你有什么感想？

 原理 分析

万哲先院士的学习、科研经历，能够给予我们诸多启示。

其一，正确认识偶然性与必然性的辩证关系。必然性和偶然性是揭示事物联系和发展过程中两种不同趋势的范畴。必然性是指客观事物联系和发展过程中合乎规律的、一定要发生的确定不移的趋势；偶然性是指事物联系和发展过程中可以出现也可以不出现，可以这样出现也可以那样出现的不确定的趋势。必然性存在于偶然性之中，偶然性背后隐藏着必然性，必然性与偶然性可以相互转化。按照万哲先院士所说，他是偶然选择了代数学研究，但是这其中也蕴含着必然。他从小到大严谨踏实、一丝不苟的学习态度，为他在代数学领域取得重大成就奠定了基础。进入大学后，他跟着多位老师学习代数学的基础知识，后又跟着华罗庚先生不断深入研究相关命题，最后在几十年的学术生涯中不断地学习、突破、创新，才有了令人瞩目的成果。

其二，正确认识实践是检验真理的唯一标准。马克思说："人的思维是否具有客观的真理性，这并不是一个理论的问题，而是一个实践的问题。人应该在实践中证明自己思维的真理性，即自己思想的现实性和力量，亦即自己思维的此岸性。关于离开实践的思维是否具有现实性的争论，是一个纯粹经院哲学的问题。"人数多少并不是判断真理的标准,恰好相反,"真理往往掌握在少数人手中",而且,只有随着时间的流逝、实践的发展,最终才能被证实。万哲先院士在研究 Leech 格时,发现被广泛采用的俄罗斯数学家温克夫关于 24 维 Leech 格的唯一性的论证有严重错误。万哲先利用深厚的编码学和群论的功底,给出了 24 维 Leech 格的唯一性的巧妙简洁的证明,得到权威人士"正确、漂亮"的评价。这就是实践是检验真理的唯一标准的生动案例。

其三,个人的理想必须同社会发展进步的大趋势相一致。理想是指引人们奋斗方向的航标,也是推动人们前进的强大精神动力。一个社会不能没有理想,一个人也不能没有理想。我们要将个人理想与社会理想相结合。人是社会中的人,社会为人提供从出生到死亡的所有物质和精神的东西,人的发展以整个社会的发展为基本前提。社会是由人组成的,人是社会发展的最基本的动力,只有保证社会中的每一个人得到自由而全面的发展,整个社会才能更好地发展。个人发展理想是社会理想的基础,个人理想体现社会理想;社会理想是个人理想的凝聚与升华,代表和反映着人们的共同愿望和根本利益,需要靠全体社会成员的共同努力才能实现。人是不能脱离社会而存在的,社会理想是个人理想实现的条件,违背社会理想的个人理想很难实现,只有将个人理想与国家的前途、民族的命运相结合,个人理想才是有意义的。万哲先院士将个人理想和社会、民族的发展结合起来,勇于突破创新,最终取得学术上的重大成就。在他取得诸多成就过后,他将自己的"光与热"发挥出来,去帮助其他人乃至整个社会实现更好的发展。

教学建议

该案例适用于《马克思主义基本原理》第二章"实践与认识及其发展规律"第一节"实践与认识"的教学。

讲授重点:通过案例,让学生理解实践与认识的内涵、真理的检验标准。实践是人类能动地改造世界的社会性的物质活动,具有客观实在性、自觉能动性和社会历史性三个基本特征。认识的本质是主体在实践基础上对客体的能动反映。辩证唯物主义认识论科学地解决了真理标准问题。从根本意义上说,实践是检验真理的唯一标准,此外再也没有别的标准。

实践探索：请学生根据自己的专业和兴趣提出当前学习中所遇到的重大问题，以及在生活中所产生的困惑。引导学生通过对学习与生活的认识，更好地认识问题、解决问题，帮助学生快速成长，力争为我国人才强国战略的实施做出贡献。

1. 一个既具有个人崇高理想又具有社会责任感的人，应当具备哪些优良素质？

2. 数学研究对于推动我国科学技术的进步有什么作用？科学技术的创新对于我国经济社会发展有什么推动意义？

［1］温迪. 致力于"简化"的数学家——记中国科学院院士、民进会员万哲先［J］. 民主，2005（6）：23-25.

［2］李福安. 人生几何 情系代数——万哲先学术传记［M］. 北京：科学出版社，2017.

［3］万哲先. 二项式系数和 Gauss 系数［J］. 数学通报，1994（10）：1-6，50.

［4］万哲先. 中国科学院在代数方面的工作［J］. 中国科学（A 辑），2000（6）：481-488.

［5］万哲先. 量子力学中的一组矩阵方程［J］. 数学通报，1965（8）：33-35.

延伸阅读：

1. 周春荔. 数学系隆重举办学生科技节——著名数学家王梓坤、杨乐、万哲先先后来数学系作学术报告［J］. 首都师范大学学报（自然科学版），1992（3）：97.

2. 万哲先. 万哲先数学科普文选［M］. 石家庄：河北科学技术出版社，1997.

马克思主义中国化时代化中的"三次结合"*
——把握理论创新和实践创新的辩证关系

彭　莉　梁筱梅　王彬彬

故事呈现

2022年6月30日，《求是》杂志发表了习近平总书记重要讲话《更好把握和运用党的百年奋斗历史经验》。习近平总书记强调："一个民族要走在时代前列，就一刻不能没有理论思维，一刻不能没有正确思想指引。中国共产党为什么能，中国特色社会主义为什么好，归根到底是因为马克思主义行。马克思主义之所以行，就在于党不断推进马克思主义中国化时代化并用以指导实践。"

在马克思主义中国化的历史进程中，中国共产党人把马克思主义基本原理同中国具体实际进行了三次伟大的结合，既实现了马克思主义中国化理论创新的多次伟大历史性飞跃，也迎来了中华民族在实现民族复兴道路上的一次又一次伟大飞跃。应该强调，中华民族在复兴道路上迎来的伟大飞跃，既是马克思主义中国化时代化的实践来源和实践基础，更是在中国共产党人将马克思主义基本原理同中国具体实际三次相结合及其过程中产生的伟大理论创新成果的指导和指引下取得的伟大实践成果，两者之间具有必然的逻辑联系，是相辅相成、相互促进的。

第一次结合和马克思主义中国化的第一次历史性飞跃

以毛泽东同志为主要代表的中国共产党人把马克思主义基本原理同新民主

---

　*　故事来源：习近平. 更好把握和运用党的百年奋斗历史经验 [J]. 求是，2022（13）：4-19.

主义革命时期、社会主义革命和建设时期的具体实际相结合，创立了毛泽东思想。毛泽东思想是以毛泽东同志为代表的中国共产党人"对经过艰苦探索、付出巨大牺牲积累的一系列独创性经验"作的理论概括和"关于社会主义建设的一系列重要思想"，"是被实践证明了的关于中国革命和建设的正确的理论原则和经验总结，是马克思主义中国化的第一次历史性飞跃"，也是马克思主义中国化的源头和基础。《中共中央关于党的百年奋斗重大成就和历史经验的决议》强调："毛泽东思想的活的灵魂是贯穿于各个组成部分的立场、观点、方法，体现为实事求是、群众路线、独立自主三个基本方面，为党和人民事业发展提供了科学指引。"在毛泽东思想指引下，中国共产党团结带领中国人民浴血奋战、百折不挠，自力更生、发愤图强，完成了新民主主义革命和社会主义革命，建立起中华人民共和国和社会主义基本制度，进行了社会主义建设的艰辛探索。

第二次结合和马克思主义中国化新的飞跃

以邓小平、江泽民、胡锦涛同志为主要代表的中国共产党人把马克思主义基本原理同中国改革开放和社会主义现代化建设的具体实际相结合，围绕着社会主义、党的建设和科学发展等重大课题，"深刻总结新中国成立以来正反两方面经验"，"借鉴世界社会主义历史经验"，科学回答了建设中国特色社会主义的一系列基本问题，创立了邓小平理论，形成了"三个代表"重要思想和科学发展观，"形成中国特色社会主义理论体系，实现了马克思主义中国化新的飞跃"。在中国特色社会主义理论体系指引下，中国共产党解放思想、锐意进取，团结带领人民进行建设中国特色社会主义新的伟大实践，成功开创、坚持、捍卫和发展了中国特色社会主义。习近平总书记在庆祝改革开放40周年大会上的讲话中强调："改革开放是我们党的一次伟大觉醒，正是这个伟大觉醒孕育了我们党从理论到实践的伟大创造。改革开放是中国人民和中华民族发展史上一次伟大革命。"马克思主义基本原理同中国具体实际的第二次结合和马克思主义中国化新的飞跃，推动我国实现了从生产力相对落后的状况到经济总量跃居世界第二的历史性突破，实现了人民生活从温饱不足到总体小康、奔向全面小康的历史性跨越，推进了中华民族从站起来到富起来的伟大飞跃。

第三次结合和马克思主义中国化新的飞跃

中国特色社会主义进入新时代，以习近平同志为主要代表的中国共产党人，坚持把马克思主义基本原理同中国具体实际相结合、同中华优秀传统文化相结合，深刻总结并充分运用党成立以来的历史经验，从新的实际出发，创立了习近平新时代中国特色社会主义思想。习近平总书记对关系新时代党和国家事业发展的一系列重大理论和实践问题进行了深邃思考和科学判断，就新时代坚持和发展什么样的中国特色社会主义、怎样坚持和发展中国特色社会主义，建设什么样的社会主义现代化强国、怎样建设社会主义现代化强国，建设什么样的长期执政的马克思主义政党、怎样建设长期执政的马克思主义政党等重大时代课题，提出一系列原创性的治国理政新理念新思想新战略。"习近平新时代中国特色社会主义思想是当代中国马克思主义、二十一世纪马克思主义，是中华文化和中国精神的时代精华，实现了马克思主义中国化新的飞跃。"在习近平新时代中国特色社会主义思想指引下，中国共产党"团结带领中国人民，自信自强、守正创新，统揽伟大斗争、伟大工程、伟大事业、伟大梦想，创造了新时代中国特色社会主义的伟大成就"，推动党和国家事业取得全方位、开创性历史成就，发生深层次、根本性历史变革，"中国共产党和中国人民以英勇顽强的奋斗向世界庄严宣告，中华民族迎来了从站起来、富起来到强起来的伟大飞跃，实现中华民族伟大复兴进入了不可逆转的历史进程"。

在百年奋斗历程中，中国共产党在领导中国人民实现中华民族伟大复兴的道路上，之所以能不断推进马克思主义中国化的历史性飞跃，指导和引领中华民族从赶上时代步伐到走在时代前列，迎来民族伟大复兴的光明前景，就在于党能够坚持把马克思主义基本原理同中国具体实际相结合、同中华优秀传统文化相结合，不断开辟马克思主义中国化时代化新境界，显示了马克思主义、中国化马克思主义的思想活力和理论伟力。中国共产党人始终把坚持马克思主义和发展马克思主义统一起来，结合新的实践不断进行理论的创新创造。在中国共产党百年奋斗历程的不同阶段，党所处的具体客观环境、要解决的社会主要矛盾和党的中心任务有所不同，决定了具体的实践创新和理论创新的成果也不同。所以，马克思主义中国化需要与时俱进，由此形成了不同的逻辑发展阶段。每一代中国共产党人都有自己的历史使命和时代责任，都有自己面临的现实问题和要解决的课题，他们也正是在履行自己的使命职责和回答时代问题、解决现实课题中推进实践和理论的创新，并对马克思主义中国化做出了最具原创性、代表性，富有时代特色的理论贡献，从而推动了马克思主义中国化的历史性飞跃。

故事 讨论

1. 习近平总书记指出："要根据时代变化和实践发展，不断深化认识，不断总结经验，不断进行理论创新，坚持理论指导和实践探索辩证统一，实现理论创新和实践创新良性互动，在这种统一和互动中发展二十一世纪中国的马克思主义。"请谈谈你对理论创新与实践创新的思考。

2. 请你谈谈作为新时代青年学子，应当如何推进马克思主义中国化时代化。

 # 原理 分析

人类的创新活动包括知识创新、制度创新、科技创新、文化创新等各方面创新。归结起来讲，主要是理论创新和实践创新两个基本方面，它们集中体现了人类在认识世界和改造世界中的创新活动。中国共产党人始终把坚持马克思主义和发展马克思主义统一起来，结合新的实践不断进行理论的创新创造。马克思主义中国化时代化体现了以下马克思主义基本原理。

其一，实践创新为理论创新提供不竭的动力源泉。实践是认识的来源，是认识发展的根本动力，是检验认识正确与否的唯一标准。在理论创新与实践创新的相互关系中，实践创新具有基础性的意义。理论创新不是空穴来风，不是主观任意，而应建立在实践创新的基础之上。如果理论创新脱离了实际，继而用脱离了实际的理论指导实践，就会错上加错，产生坏的结果，导致理论创新与实践创新之间的恶性互动。因此，实践创新对理论的发展提出了与时俱进的新要求。中国共产党人始终坚持实践第一的马克思主义观点，因为"一种理论的产生，源泉只能是丰富生动的现实生活，动力只能是解决社会矛盾和问题的现实要求"。时代变化和实践发展是理论创新的源头活水，要根据时代变化和实践发展，进行理论总结和理论创新。习近平新时代中国特色社会主义思想回答了实践和时代提出的新课题，是当代中国马克思主义、21世纪马克思主义。实践证明，只有清醒认识世情、国情、党情的变与不变，认真研究解决重大而紧迫的问题，才能真正把握住历史脉络，找到发展规律，推动理论创新。因此，要强化问题意识、时代意识、战略意识，用深邃的历史眼光、宽广的国际视野把握事物发展的本质和内在联系，不断回答时代和实践给我们提出的新的重大课题，让马克思主义放射出更加灿烂的真理光芒。

其二，理论创新为实践创新提供科学的行动指南。认识与实践、理论与实践、知与行是辩证统一的。理论创新不仅要以实践创新为基础，还要发挥科学的指导作用"反哺"实践。习近平总书记指出："理论一旦脱离了实践，就会成为僵化的教条，失去活力和生命力。实践如果没有正确理论的指导，也容易'盲人骑瞎马，夜半临深池'。"这也就是说，理论创新与实践创新之间存在良好的、积极的相互作用和相互影响，或者说二者之间形成相互激发、共同促进的因果关系。理论创新和实践创新不是孤立进行的，而是在与另一方的互动中完成的，二者相互促进、辩证统一。因此，正确把握二者的关系，在尊重规律的基础上发挥人的主观能动性，是使二者良性互动的基础保障，也是顺利实现马克思主义理论创新发展的关键。中国特色社会主义是在理论创新与实践创新良性互动过程中不断向前发展的。其理论和实践的逻辑就是：新时代提出新课题，新课题催生新理论，新理论引领新实践。习近平新时代中国特色社会主义思想源于实践又指导实践，是中国特色社会主义理论创新与实践创新良性互动的智慧结晶，为新时代坚持和发展中国特色社会主义、推进党和国家事业发展提供了基本遵循和行动指南。

其三，理论与实践的关系，也是理论同人民的关系，理论创新的认识论路线同党的群众路线也是统一的。唯物史观关于人民群众是历史创造者的原理，要求我们坚持马克思主义群众观点，贯彻党的群众路线。群众路线是我们党的生命线和根本工作路线，也是我们党的优良传统。群众路线是群众观点的具体应用，即一切为了群众，一切依靠群众，从群众中来，到群众中去。毛泽东同志在《关于领导方法的若干问题》一文中明确指出："在我党的一切实际工作中，凡属正确的领导，必须是从群众中来，到群众中去。"习近平总书记强调，马克思主义"是为了改变人民历史命运而创立的，是在人民求解放的实践中形成的，也是在人民求解放的实践中丰富和发展的"。因此，理论要接受实践和群众的检验，并随着实践的发展而发展。中国共产党坚持认为，检验真理的标准只能是社会实践。通过实践而发现真理，又通过实践而证实真理和发展真理。作为领导方法和工作方法，群众路线也包括两个重要方面：一是领导和群众相结合，二是一般号召和个别指导相结合。"从群众中来，到群众中去"的过程，也就是领导和群众相结合的过程。正确的领导方法，就是使群众的意见能够真正及时反映上来，化为领导的意见，又使领导的意见能够为群众所接受，在群众中坚持下去并接受群众的检验。通过这样的"来"与"去"的循环反复，不断提高领导水平，不断提高工作效果。

教学建议

本案例适用于《马克思主义基本原理》第二章"实践与认识及其发展规律"第一节"实践与认识"、第三节"认识世界和改造世界"的教学。

讲授重点：通过案例，让学生理解什么是理论创新和实践创新的良性互动，以及如何实现理论创新和实践创新的良性互动。要从理论创新和实践创新的辩证关系来理解二者的良性互动，揭示马克思主义在理论创新和实践创新的良性互动中实现创新发展的规律性。

实践探索：习近平总书记强调，全党要"深化对中国化马克思主义既一脉相承又与时俱进的理论品质的认识"。本次教学要从马克思主义活的灵魂、伟大建党精神和党的百年奋斗历史经验的角度，帮助学生更好地把握"与时俱进"和"一脉相承"的本质内涵。

学习思考

1. 习近平总书记多次说过，当代中国的伟大社会变革和中国化马克思主义"不是简单延续我国历史文化的母版，不是简单套用马克思主义经典作家设想的模板，不是其他国家社会主义实践的再版，也不是国外现代化发展的翻版"。中国化的马克思主义是中国共产党人的独创性理论成果。马克思主义中国化的理论创新具体表现在哪些方面?

2. 学习研究马克思主义中国化的百年历史,概括出马克思主义中国化的本质要求和基本含义。

[1] 习近平. 更好把握和运用党的百年奋斗历史经验 [J]. 求是,2022 (13):4—19.

[2] 中共中央关于党的百年奋斗重大成就和历史经验的决议 [M]. 北京:人民出版社,2021.

[3] 习近平. 在庆祝改革开放 40 周年大会上的讲话 [M]. 北京:人民出版社,2018.

[4] 习近平. 在庆祝中国共产党成立 100 周年大会上的讲话 [M]. 北京:人民出版社,2021.

延伸阅读:

1. 习近平. 推进党的建设新的伟大工程要一以贯之 [J]. 求是,2019 (19):4—15.

2. 在常学常新中加强理论修养 在知行合一中主动担当作为 [N]. 人民日报,2019—03—02 (1).

3. 习近平. 习近平谈治国理政:第 3 卷 [M]. 北京:外文出版社,2020.

通天下一气耳

——先秦中国"自然气论"发展简史

周德全

故事呈现

中国传统哲学用"气"这一概念，来讨论天人之间的分合关系，形成了以"气—物"与"气—神"为核心范畴的各种理论学派，推动了独具特色的"中国古代哲学"的历史发展。中国古代的气论哲学，包括先秦的"自然气论"、两汉的"经学气论"与"谶纬之学气论"、魏晋时代的"玄学气论"以及宋明时代的"理学气论"与"心学气论"。先秦哲学的"自然气论"是中国传统哲学各种"气论"的奠基石。

先秦哲学的"自然气论"，从伯阳父的"地震阴阳气论"始，经过老子《道德经》的"阴阳冲气论"、《庄子》"通天下一气耳"的"阴阳真气论"的深化，扩展为《管子》以"务时而寄政"为目标的"道德阴阳气论"，最后至《吕氏春秋》"圜道"论中的"道德阴阳五行气论"，至此，先秦"哲学气论"完成了自我发展的逻辑圆圈。

伯阳父的"地震阴阳气论"

《国语·周语》载，幽王二年（前780年），"西周三川皆震"，西周宣王、幽王时的太史伯阳父曰："夫天地之气，不失其序。若过其序，民乱之也。阳伏而不能出，阴迫而不能烝，于是有地震。"他还认为地震预示着"周将亡矣"，因为"夫天地之气，不失其序；若过其序，民乱之也"，"夫水土演而民用也。水土无所演，民乏财用，不亡何待？"伯阳父的"阳伏阴迫"地震论与

"周将亡矣"的政治语言，可谓中国传统哲学"天人感应论"的雏形，开启了传统中国"哲学气论"发展的大门。

伯阳父的"阴阳气论"以及《左传》记载的种种"阴阳气论"，表明这一哲学观念在西周末年已广泛传播。"以气观世界"成为先秦诸子百家哲学思想的主流。"道—气—阴阳—万物—道"，已成为传统中国理解世界的基本哲学话语。

老子《道德经》的"阴阳冲气说"

《道德经》曰："道生一，一生二，二生三，三生万物。万物负阴而抱阳，冲气以为和。"这一观念被视为中国哲学史上的第一个宇宙生成体系。"冲气以为和"就是"道生"之意；"道生一"，即表示"道"就是这个世界产生的根源；"一生二"，表示"道"这个圆满自足的世界本身包含着对立统一的阴阳两种要素；"二生三"，即阴阳和合，就产生了"气"；"三生万物"，即万物就是从这个"气"产生而来。《道德经》认为，"道"生了这个世界，而"道法自然"，没有丝毫的目的指向性，"自然而然"就是这个世界最本质的存在与运行方式。《道德经》曰："道生之，德畜之，物形之，势成之。是以万物莫不尊道而贵德。道之尊，德之贵，夫莫之爵而常自然。故道生之，德畜之，长之育之，亭之毒之，养之覆之。生而不有，为而不恃，长而不宰，是谓玄德。"所谓"玄德"，就是说"无私"是"道"的崇高品格。《道德经》在中国哲学史上第一个将"天之道"与"人之道"视为一个整体，并认为"自然而然"亦是人道的极则，这样，《道德经》创立了古代中国思考"天人关系"的第一个哲学理论体系。

老子将"自然而然"作为评价社会历史的价值标准，认为人道的文物典章制度违背了"天道——自然""人道——素朴"的本质规定，主张"绝圣弃智""绝仁弃义""绝巧弃利""绝学无忧"，恢复"鸡犬之声相闻，老死不相往来"的"小国寡民"状态，认为只有达到彻底的"无为——无欲"，方能解除"诸侯兼并"的社会历史灾难。

《道德经》建构了中国哲学史上以"道"为核心的哲学体系，功莫大焉，但其"道法自然"的价值取向却将"社会"与"人"彻底"自然化"，主张

"以道莅天下"，这种以"天"废"人"的社会历史观，抹杀了"自然"与"社会"的本质差异，严重阻碍了道家理论的未来发展。但其"冲气以为和"的"道"论与崇尚"自然而然"的价值观，对庄子以及整个中国传统哲学发展产生了极其深刻的影响。

《庄子》"通天下一气耳"的"阴阳真气论"

庄子继承了老子的哲学思想，将世界的存在分为形上之"道"与形下之"气""物""人"两个层次，"道"内在于"气"与"物"中，可以说，"物"与"气"皆是"道"，"道"与"气""物"，构成了"体—用"，或者说"本质—现象"的关系。庄子认为"道"无处不在，而"气"是万物分有"道"的载体，没有"气"，就没有"物"，故庄子声称"通天下一气耳"。"真识——圣人之智"，就是对"道—气—物—人"关系的哲学认识。以"真"解"道"是庄子道的鲜明特征。道家哲学的重点开始由"宇宙生成论"转向"人生价值论"。庄子形成了"以道观世界"的哲学理论体系，主要包括：以道观物论、以道观史论、以真观道论。

第一，庄子的"以道观物论"。

"以道观物论"讨论世界的本质问题。庄子认为，从时间上看，世界是一个连续的整体。《庄子·齐物论》论证道："有始也者，有未始有始也者，有未始有夫未始有始也者；有有也者，有无也者，有未始有无也者，有未始有夫未始有无也者。俄而有无矣，而未知有无之果孰有孰无也。"但从空间看，"有"与"无"完全是间断的，庄子道缺乏"辩证法"的逻辑方法论，认为"有"便是"有"，"无"便是"无"，两者不是一种"你中有我，我中有你"的对立统一关系，这样，人们根本无法从"有"或者"无"的角度了解这个世界的"整体"。因此，他走向了相对主义，曰："物固有所然，物固有所可；无物不然，无物不可。故为是举莛与楹、厉与西施、恢恑憰怪，道通为一。其分也，成也；其成也，毁也。凡物无成与毁，复通为一。唯达者知通为一，为是不用而寓诸庸。"具体的"有"，如"举莛与楹、厉与西施"，各有差别，有"分"有"成"，有"毁"，所以不可能是世界的本体、存在的真相。只有"超然物外"的圣人，也即"真人"，才能把握世界的"真相"。《庄子·知北游》说："人之生，气之聚也。聚则为生，散则为死。若死生为徒，吾又何患！故万物一也。……故曰：'通天下一气耳。'圣人故贵一。"庄子认为，从本质上看，万事万物无不是"气"，同归于"道"，没有例外。

庄子的"以道观物论"，实质上通过割裂"有"与"无"之间的"绝对—相对"的关系，割裂了存在的"真"与认识的"真"的关系。庄子竭力打通存在的"真"与认识的"真"的通道，然而他没有成功。"通天下一气耳"这一命题，通过"齐物"——万物毕同——这一逻辑环节，使他彻底否认了社会历史与人生的现实意义，形成了"与天为徒"这一超凡脱尘的"自然——自由"的人生价值取向。

第二，庄子的"以道观史论"。

"以道观史论"可分为"圣人治天下"论与"善治天下"论。

一是所谓"圣人治天下"论。《庄子·外篇·马蹄》曰："毁道德以为仁义，圣人之过也。""屈折礼乐以匡天下之形，县跂仁义以慰天下之心，而民乃始踶跂好知，争归于利，不可止也。此亦圣人之过也。""及至圣人，蹩躠为仁，踶跂为义，而天下始疑矣。澶漫为乐，摘僻为礼，而天下始分矣。"他认为，圣人毁道德以为仁义，犹如给马"加之以衡扼"，使其失去了"陆居则食草饮水，喜则交颈相靡，怒则分背相踢"的天性，类似工匠以残朴造器，破坏"人"，或者说"原料"的自在本性，"圣人之治"恰恰是导致天下大乱的原因。

二是所谓"善治天下"论。《庄子·外篇·马蹄》曰："夫至德之世，同与禽兽居，族与万物并。恶乎知君子小人哉！同乎无知，其德不离；同乎无欲，是谓素朴。素朴而民性得矣。"庄子比老子更加激进，老子还主张回到"小国寡民"状态，庄子则径直回到了原始的"同与禽兽居，族与万物并"的"自然"状态。"道德不废，安取仁义！性情不离，安用礼乐！"人们崇尚的"文明"，在庄子看来，恰恰是对人性"天放"的种种羁绊，庄子对现实世界、现实人生的彻底否定态度跃然纸上。

第三，庄子的"以真观道论"。

一是"以真观道"的"真理"论。《庄子·齐物论》认为，"道"本身只可意会不可言传，所有的认识都只具有相对性，曰："古之人，其知有所至矣！恶乎至？有以为未始有物者，至矣，尽矣，不可以加矣。其次以为有物矣，而未始有封也。其次以为有封焉，而未始有是非也。是非之彰也，道之所以亏也。"在认识的"是非"与存在的"真假"之间，永远存在无穷无尽的争议，无法形成孰是孰非的判断，"果且有彼是乎哉？果且无彼是乎哉？彼是莫得其偶，谓之道枢"。承认"彼"与否定"此"，都毫无意义，跳不出这一"道枢"怪圈，这就是认识论争论的实质。庄子实质上否定认识世界的可能性。《内篇·应帝王》讲述了南海之帝与北海之帝图报中央之帝之德，因中央之帝浑沌没有"七窍"以"视听食息"，便"日凿一窍，七日而浑沌死"，十分生动地呈现了这一观点。在庄子看来，世俗的"真理"，不仅不能令人开窍，反而会给人带来灭顶之灾。

二是"以真观道论"的"真人"论。只有"真人"，才能臻于"与道合一"的境界。《内篇·大宗师》说："古之真人，不知说生，不知恶死。其出不欣，其入不距。翛然而往，翛然而来而已矣。……若然者……喜怒通四时，与物有宜而莫知其极。""与物有宜而莫知其极"是真人的根本特征，这样的真人，"芒然彷徨乎尘垢之外，逍遥乎无为之业。彼又恶能愦愦然为世俗之礼，以观众人之耳目哉！"真人早已跳出三界外，不在五行中，《内篇·齐物论》"庄周梦蝶"称"此之谓物化"。简言之，庄子的"真人"，就是"得道者"，就是"与天为徒者"。

然而在战国群雄争霸的混乱现实中，这样的"真人"很难存身，世人莫不在"死生、存亡、穷达、贫富、贤与不肖、毁誉、饥渴、寒暑"之间疲于奔命，"人皆知有用之用，而莫知无用之用也"，真人属于"自事其心者"，虽有"哀乐不易施乎前"的高尚情操，但是在俗人的眼中，"真人"一无是处，庄子因此发出了"知其不可奈何而安之若命，德之至也"的哀叹。

庄子已然站在"彼岸"——道——的道义高度，来评判"此岸"——人生——的成败得失，"成真"与"成王""成人"，在庄子道中形成了非此即彼的"是非——真假"之别，庄子的"阴阳真气论"是中国传统哲学人生论发展史上一座不朽的丰碑。

《管子》的"务时而寄政"的"道德阴阳气论"

属于法家学派的《管子》认为，"阴阳"乃"天地之大理也"，"道德——阴阳"之道是圣王治天下的根本大法，建构了"务时而寄政"的"道德阴阳说"。这一主张与同一时代《月令》"以时系事"的方法论同出一辙，强调要遵循自然节律安排社会生产和社会生活。《管子》建构了以"时—政"为核心的"天人合一"的政道论，其确立的衡量政治——治国平天下——成败的标准——"时不时——德不德"，体现了当时中国哲学对自然与社会、人与自然关系认识的新成就。

《管子》的《四时》篇，系统地阐释了"务时而寄政"的"道德阴阳说"。

第一，"春时——春政"论。

《四时》认为，春季时，"其气曰风，风生木与骨。其德喜嬴，而发出节时。"春季所行"五政"为：一、论幼孤，舍有罪；二、赋爵列，授禄位；三、冻解修沟渎，复亡人；四、端险阻，修封疆，正千伯；五、无杀麂夭，毋塞华绝芊。《四时》认为，"春"的时令是"生"，万物开始萌生，"五政苟时，春雨乃来"，所谓"一年之计在于春"，对"民以食为天"的农耕社会而言，"春耕"的重要性不言而喻，统治者能做到"五政苟时"，自然可以期盼秋季的丰收与社会的安定。

第二，"夏时——夏政"论。

《四时》曰：夏季时，"其气曰阳，阳生火与气。其德施舍修乐。"夏时"五政"为：一、求有功发劳力者而举之；二、开久坟，发故屋，辟故卯以假贷；三、令禁扇去笠，毋扱免，除急漏田庐；四、求有德赐布施于民者而赏之；五、令禁罝设禽兽，毋杀飞鸟。"夏"的时令是"长"，五政不违这一时令，就不会出现旱涝灾害，政治清明，老天自然风调雨顺。

第三，"秋时——秋政"论。

秋季时，"其气曰阴，阴生金与甲。其德忧哀、静正、严顺，居不敢淫佚。"秋时五政为：一、禁博塞，圉小辩，斗译踞；二、毋见五兵之刃；三、慎旅农，趣聚收；四、补缺塞圻；五、修墙垣，周门闾。"秋"的时令是"收"，五政不违时令，刀枪入库，五谷皆入，天下自然太平。

第四，"冬季——冬政"论。

冬季时，"其气曰寒，寒生水与血。其德淳越、温怒、周密。"冬季五政为：一、论孤独，恤长老；二、善顺阴，修神祀，赋爵禄，授备位；三、效肢计，毋发山川之藏；四、捕奸遁，得盗贼者有赏；五、禁迁徙，止流民，圉分异。冬的时令是"藏"，五政顺时，奖善罚恶，则政通人和。

第五，"中央——土政"论。

《四时》曰："中央曰土，土德实辅四时入出，以风雨节，土益力。土生皮肌肤。其德和平用均，中正无私，实辅四时。""土地"乃是国家与民庶生计根本之所在，适时耕种，乃是国富民强的关键。

《四时》认为，如果出现"春凋""秋荣""冬雷""夏雪""日食""月食"等现象，"皆气之贼也"，如果政治上"失德""失刑""失和""失生"，必然导致"国多灾殃"，因此，"圣王务时而寄政焉，作教而寄武，作祀而寄德焉"，"日食则修德，月食则修刑，彗星见则修和，风与日争明则修生"，这样，圣王才可免于天诛地灭的灾难。这是对西周"以德配天"思想的发展。

《管子》"务时而寄政"的"道德阴阳说"，理论上是儒家的"仁政"说，道家的"道法自然"说，法家的"依法办事"说，墨家的"天志——义政"说，阴阳家的"五德始终说"的时代性整合，曲折地闪现出"按照客观规律办事"的科学精神，有其实践与理论的合理性。《管子》"务时而寄政"的"道德阴阳说"极大地丰富了先秦中国治国平天下的思想理论。

《吕氏春秋》"圜道"论中的"道德阴阳五行气论"

《吕氏春秋》包括"纪""览""论"三个部分，具体分为十二纪、八览、六论。"十二纪"指一年的春、夏、秋、冬四季以及一季的孟、仲、季三个月。《吕氏春秋》创造性地将道家的"道法自然"说、阴阳家的"五德始终说"、法家的"以法治国"说、墨家的"尚贤"说以及《月令》"以时系事"、《管子》"务时而寄政"共同论说的"道德阴阳说"整合起来，在"十二纪"部分建构了完整的"以道统春秋"或"以道莅天下"的"时—政"理论体系。

《吕氏春秋》"十二纪"的"天道贵'圜'"说，集中体现了其"务时而寄政"的"道德阴阳说"思想。

第一，"精行四时，一上一下，为各与遇"的"圜道"论。

《吕氏春秋》的"天道之圜"说，为中国传统哲学"宇宙生成论"的系统化成果。《吕氏春秋》认为，世界的有序性有其客观的基础，源于"精气"有规律的运行，曰："天道圜，地道方。圣王法之，所以立上下。何以说天道之圜也？精气一上一下，圜周复杂，无所稽留，故曰天道圜。"

在《吕氏春秋》看来，天道、地道、王道、人道的"秩序"——方圆——都是"精气一上一下"规律运动的体现。这个世界如此有序，原因就在于"精行四时，一上一下，各与遇"，因此形成了形形色色的"圜道"。社会历史的有序性，源于"令圜"，即统治者所施之法与所发之令的合理性，"令圜，则可不可，善不善，无所壅矣。无所壅者，主道通也。故令者，人主之所以为命也，贤不肖、安危之所定也。"也就是说，政通，是实现人和的关键。

《吕氏春秋》的"圜道"论，竭力按照道家的"道法自然"论，为君王施政提供一套理论说明，因此突出强调"圜道"的运行规律即君主治国的理论基础。

第二，"十二纪"说将"务时而寄政"的"道德阴阳说"高度系统化。

《吕氏春秋·孟春纪》的首篇"孟春"，其实就是《月令》的翻版，以"阴阳五行"的"气论"思想为经，以"时""政""教"三个相互联系的层次为纬，形成了系统的"以时系事"的"时—政"思想。

一是"时"。包括：1. 天象（太阳的位置）。"孟春之月：日在营室，昏参中，旦尾中。其日甲乙。"即太阳处于东方。2. 神象。"其帝太皞。其神句芒。"太皞为主神，句芒配祭。3. 鸟兽鱼虫之迹。"其虫鳞"，"蛰虫始振。鱼上冰。獭祭鱼。候雁北"。鸟兽鱼虫之迹是传统中国了解"地道"的重要途径。4. 音律之象。"其音角。律中太蔟"。乐律与阳律（历法）为传统中国理解"大道"的重要方式。5. 数象。"其数八"。"数"为"六艺"之一，《周易》认为，三与八为友居东方，因天三生木，地八成之。6. 味象。"其味酸，其臭膻"。可以通过"气味"感知世界。构成"时"的诸要素，生动地体现了中国传统哲学"经验直观"论的理论特征。

二是"政"。包括：1. 祭祀。"其祀户，祭先脾"，祭祀户神，脾脏为祭品。2. 天子起居饮食。"天子居青阳左个，乘鸾辂，驾苍龙，载青旂，衣青衣，服青玉，食麦与羊。其器疏以达。"天子居住在东向明堂的北侧室，车马服食用器符合礼制。3. 天子行郊禘之礼。"立春之日，天子亲率三公、九卿、诸侯、大夫以迎春于东郊。"4. 天子布政。"命相布德和令，行庆施惠，下及兆民"，"乃命太史，守典奉法，司天日、月星辰之行，宿离不忒，无失经纪，以初为常"。5. 天子躬耕。"乃择元辰，天子亲载耒耜，措之参于保介之御间，率三公、九卿、诸侯、大夫躬耕帝籍田，天子三推，三公五推，卿、诸侯、大夫九推。"

三是"教"。包括：1. 王布农事。"命田舍东郊，皆修封疆，审端径术，善相丘陵阪险原隰，土地所宜，五谷所殖，以教道民，必躬亲之。" 2. "命乐正入学习舞"。3. "修祭典"。"命祀山林川泽，牺牲无用牝。禁止伐木，无覆巢，无杀孩虫胎夭飞鸟，无麛无卵，无聚大众，无置城郭，掩骼霾髊。" 4. 弭兵。"称兵必有天殃"。

《孟春纪》强调"务时而寄政"，就不会产生"变天之道，绝地之理，乱人之纪"，相反，"孟春行夏令，则风雨不时，草木早槁，国乃有恐。行秋令，则民大疫，疾风暴雨数至，藜莠蓬蒿并兴。行冬令，则水潦为败，霜雪大挚，首种不入"，"逆时——离德"的观念在其中展现。其余十一纪内容可以此类推。

《孟春纪·孟春》篇将太阳周年视运动的周期作为纪时的依据，一年被分为春夏秋冬四季，每季又分为三个月。四季各有其气候特征，每个月又有各自的征候。四季中每季都有一班帝神，与时月的变化相对，每个月各有相应的祭祀礼仪。同时，将"五行"与"四时"的运转相匹配，春为木，夏为火，秋为金，冬为水，土被放在夏秋之交，居中央。这样，就形成了一个天—人同向制约模式：太阳制约五行，五行制约四时，四时五行共同制约人事活动，如生产、政令等等。其逆向制约模式则为：人事—五行—神—月—四时—太阳。即"人"事递次受到五行、神、月、四时、太阳各种"天"运的制约。这是对"天人合一"思想系统而生动的图解。

故事 讨论

1. 先秦中国的"自然气论"，对马克思主义中国化发展有何意义？
2. 先秦中国的"自然气论"发展历史，体现了唯物辩证法的哪些原理？

原理 分析

先秦时期的中国气论哲学，统称为"自然气论"，属于"朴素唯物主义"的范畴，亦经历了一个"肯定—否定—否定之否定"的逻辑发展圆圈。

伯阳父用"阴阳气论"来解释地震产生的原因，并由地震这一自然现象，推断"周将亡矣",构成了中国传统哲学"天人合一"论的理论雏形,为"自然气论"发展逻辑——肯定——的起点。

老子《道德经》的"阴阳冲气论",将"气"作为论"道"的基础,建构了中国传统哲学第一个"宇宙生成论"理论体系,"道"因此成为中国传统哲学解释世界产生与发展变化的元理论。《道德经》进一步以"天道"为评价"人道"的价值标准,创建了中国哲学史上第一个"天人合一"论的理论体系,奠定了中国传统哲学特有的话语基础。《庄子》"通天下一气耳"的"阴阳真气论",通过"以道观物论、以道观史论、以真观道论",将老子道的"宇宙生成论"进一步引向了"人生价值论"的发展方向,创造性地拓展了中国传统哲学研究的空间,深刻显示了中国传统哲学的智慧。《管子》以"务时而寄政"为目标的"道德阴阳气论",形成了独特的"时—政"论,其确立的"时不时——德不德"的政道评价体系对传统中国的政治思想产生了深刻的影响。故老子"以气论道"、庄子以"真气"论人生价值的思想与《管子》在"道德阴阳气论"基础上形成的"务时而寄政"思想,扬弃了伯阳父"阴阳气论"的原始性与狭隘性,是为先秦中国"哲学气论"逻辑发展的"否定"次第。

《吕氏春秋》"圜道"说的"道德阴阳五行气论",集先秦"哲学气论"之大成,整合了"天道"与"王道",以及法家的"法治"、道家的"道治"、儒家的"礼治"、墨家的"贤治"、阴阳家的"术治"之间的哲学论争,融摄了诸子百家就"尊天""尊道""尊礼""尊法""尊贤""亲民"与"尊王"关系的思想分歧,成为先秦"哲学气论"自我发展的逻辑圆圈终点,可谓先秦中国"哲学气论""否定之否定"的发展节点。

先秦中国的"哲学气论",通过"肯定—否定—否定之否定"的逻辑发展,奠定了中国传统哲学的基本形态,成为了"轴心时代"世界上具有原创性意义的哲学思想体系之一。

教学建议

本案例适用于《马克思主义基本原理》第一章"世界的物质性及发展规律"的教学。

讲授重点:阐释"自然气论"与马克思主义物质第一性原理、普遍联系原理等的内在联系。

实践探索：回顾中国和西方哲学发展史，梳理关于世界本原的探寻历程，思考关于世界本原的探寻对世界发展的意义体现在哪里。

学习思考

1. 中国古代气论一直将阴阳看作宇宙本原内在的基本属性，这种宇宙生成理论的缺陷和价值是什么？

2. "自然气论"对中国传统哲学的当代意义和世界意义是什么？

[1] 于春海.《易经》与取象思维 [M]. 北京：中国社会科学出版社，2016.

[2] 袁行霈. 中国文学史 [M]. 北京：高等教育出版社，2014.

[3] 左丘明. 国语 [M]. 陈桐生，译注. 北京：中华书局，2013.

[4] 陈鼓应. 老子注译及评介 [M]. 北京：中华书局，1984.

[5] 沙少海. 庄子集注 [M]. 贵阳：贵州人民出版社，1987.

[6] 胡家聪. 管子新探 [M]. 北京：中国社会科学出版社，1995.

延伸阅读：

1. 艾兰，汪涛，范毓周. 中国古代思维模式与阴阳五行说探源 [M]. 南京：江苏古籍出版社，1998.

2. 刘长林. 中国系统思维 [M]. 北京：中国社会科学出版社，1990.

被打破的"真理"*
——真理的客观性、绝对性和相对性

李金萍

　　亚里士多德是古希腊百科全书式的学者，是世界古代史上伟大的哲学家、科学家和教育家之一，也是西方政治学的创始人。作为古希腊时期著名的科学家，他在物理学界有着许多被奉为金科玉律的"物理学说"，诸如"摆幅小，需要的时间短；摆幅大，需要的时间长""物体下落速度与物体重力成正比""力是维持物体运动的原因""自然讨厌真空，真空不存在""太阳光是一种纯净的单色光"等。这些观点在过去很长一段时期里都被视为颠扑不破的真理，不容置疑。直至伽利略这一"近代物理学之父"开启了一个新的物理时代，亚里士多德那些凭直觉和观察提出的"物理学说"才被近代科学实验和物理实践一一打破。近代物理学真理（理论观点）也在反复实验中得以明确提出，并得到进一步的发展。

---

　　* 故事来源：王士平. 为近代科学奠基的巨人——伽利略［J］. 科学学与科学技术管理，1999
（3）：45－46..

亚里士多德　　　　　　　　　伽利略

伽利略打破亚里士多德"摆幅说"，
于 1583 年提出摆的等时性原理

　　1581 年的一天，17 岁的伽利略正和父亲散步。在比萨教堂中，一个修理工人不经意触碰了教堂中央的大吊灯，长长的吊线和灯盏来回摆动，吊灯开始在一个比较大的圆弧上摆动，慢慢地，摆幅变小了，速度也变慢了。伽利略向前跑去，观察着摇摆的吊灯划出的轨迹，惊喜地叫道："父亲，你看，吊灯来回摆动一次所用的时间相同。"父亲却不以为然地说："亚里士多德早就说过，摆幅小，需要的时间短，摆幅大，需要的时间长。他是权威人士，你不要自以为是。"伽利略继续上前，让两盏吊线长短不同的吊灯来回摆动，并提议父亲借助脉搏来测算这两盏吊灯来回摆动一次所用的时间。过了一会儿，吊灯摆动的速度越来越慢，最后停止了。父亲按伽利略说的做了之后，说："如你所说，这两盏吊线长短不同的吊灯来回摆动一次所用的时间是一样的，真奇怪！"伽利略兴奋地表示自己测出来的结果也是一样的。父亲疑惑道："难道亚里士多德错了吗？"伽利略一脸严肃地说道："亚里士多德也会错的。"亚里士多德作为权威的物理学大师，他提出的许多物理观点都被理所当然地视为真理，其"物理学说"的权威性延续了近两千年，多年未有人质疑。因而父亲摇摇头说："这不足为凭。这也许是偶然事件，要推翻亚里士多德的理论可不是那么容易。"

回到家，伽利略饭也不吃，直接走进自己的房间。他拿出几块质量不等的石块，用长短不一的绳子系起来，吊在门楣上，用手轻推石块让它们来回摆动。他按着自己的脉搏仔细观察，结果发现：不管摆幅是大还是小，石块来回晃动一次所用的时间是一样的。"根据脉搏跳动来计算时间也许不精确吧。"伽利略找来一只秒钟，拿来鹅管笔、墨水和纸，认真做实验并记录数据。经过多次实验，他得出结论：一只单摆，不管摆幅是大还是小，也不管摆锤有多重，来回摆动一次所用的时间都是一样的。当时，伽利略只是发现了这个现象，无法用数学公式表示。1583 年，伽利略重做了这个实验，他认真记录数据，并根据所学的物理知识将得出的结论凝练成摆的等时性原理，即摆动的周期与摆线长度的平方根成正比，而与摆锤的重量无关。

伽利略打破亚里士多德"落体说"，
于 1590 年提出自由落体定律

亚里士多德观察到，重的物体如石头、铁块下落得更快，而轻的物体如羽毛下落得较慢，因此他凭着"自信的直觉"得出结论："物体越重，下落速度越快"，即"物体下落速度与物体的质量成正比"。这一物理观点统治了西方物理学界近 2000 年。

但年轻的伽利略对亚里士多德说过的"两个铁球，一个 10 磅重，一个 1 磅重，同时从高处落下来，10 磅的一定先着地，速度是 1 磅的 10 倍"的说法产生了疑问，他想：如果这句话是正确的，那么把这两个铁球拴在一起，落得慢的就会拖住落得快的，落下的速度应当比 10 磅重的铁球慢；但是，如果把拴在一起的两个铁球看作一个整体，就有 11 磅重，落下的速度应当比 10 磅重的铁球快。这样，从一个事实中却可以得出两个相反的结论，这该怎么解释呢？带着这一疑问，伽利略反复做了许多次实验，结果都证明亚里士多德关于物体落体运动的观点是错的：两个不同质量的铁球同时从高处落下来，总是同时着地。但是那时候研究科学的人大多都信奉亚里士多德，把这位两千多年前的古希腊哲学家的话当作不容怀疑的真理。伽利略大胆地向学生宣布了实验的结果，同时为了打破亚里士多德的"落体说"，宣布要在比萨城的斜塔上做一次公开实验。于是，1590 年的一天，年仅 25 岁的伽利略作为比萨大学的数学教授，来到比萨斜塔做公开双球实验。他邀请了比萨的一些学者和大学生来到斜塔下面，他和助手登上斜塔，让一个重十磅和一个重一磅的铁球同时由塔上自由下落，最后，两个铁球几乎同时落地。伽利略把试验又重复了一次，结果依旧是"两个质量不同的铁球同时落地"。伽利略从这一实验中发现了自由落体定律，在相当程度上动摇了亚里士多德在物理学中的统治地位。然而，亚里士多德的信徒却视伽利略为异端，将他赶出了比萨大学。在牛顿提出万有引力定律后，用该定律分析自由落体运动的规律，结论与伽利略的观点是一致的，伽利略的自由落体定律在一定程度上得到佐证。后来，美国宇航员大卫·斯科特登月后，于同一高度同时扔下一根羽毛和一把铁榔头，并发现它们同时落地，终于证明了自由落体定律的正确性。

伽利略在比萨斜塔做双球实验

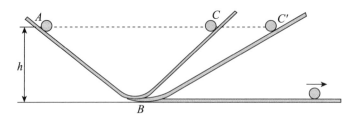

伽利略提出的理想实验：自由落体运动是匀加速运动

伽利略打破亚里士多德"物体运动说"，
为牛顿得出"惯性定律"奠定基础

在追究物体运动的起因时，亚里士多德提出一个观点：要维持一个物体的运动，必须不断地用力推它，即认为"力是维持物体非自然运动的原因"。伽利略认为，抛开摩擦阻力、空气阻力去讨论物体运动是不合理的。为了寻找物体运动的规律，伽利略设计了一个斜面实验：将小球从斜面顶端释放，小球到达水平面后会向前运动一段距离，且水平面越光滑，小球在水平面上滚得越远；如果将两个光滑斜面相连，然后让小球从一个斜面的一定高度滚下，小球都会沿着另一斜面上升到与下落点近似等高的地方，而与斜面坡度无关。伽利略做出天才的设想：小球停下来的主要原因是受到了阻力，如果没有摩擦阻力及空气阻力，从斜面上滚落的小球将会永远运动下去，并且速度会保持不变。换言之，不受力的物体可以保持匀速直线运动。对斜面实验进行逻辑推理后，他指出：在倾斜的平面上向上运动的物块，若要使它保持匀速运动，必须持续施以向上的推力；在倾斜的平面上向下滑动的物块，必须不断地受到外力阻碍才能够保持匀速运动；在水平的光滑平面上，物体维持匀速运动既不需要推力也不需要阻力。伽利略的这一观点与亚里士多德的观点截然相反。牛顿在伽利略所做工作的基础上进行自己的研究，证明了力不是维持物体运动的原因，而是使物体运动状态发生变化的原因。牛顿在 1687 年出版的《自然哲学的数学原理》中提出：一切物体总保持匀速直线运动状态或静止状态，直到作用在它上面的外力迫使它改变这种状态为止。这就是牛顿第一定律，又叫作惯性定律。

伽利略的斜面实验

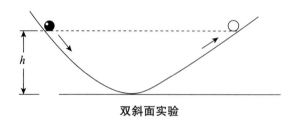

双斜面实验

 故事 讨论

1. 列宁指出："任何真理，如果把它说得'过火'……加以夸大，把它运用到实际适用的范围之外，便可以弄到荒谬绝伦的地步，而且在这种情形下，甚至必然会变成荒谬绝伦的东西。"请结合亚里士多德的"物理学说"被打破的故事，谈谈你是如何认识真理的。

2. 亚里士多德有句名言："吾爱吾师，但吾更爱真理。"你是如何看待真理的呢？

3. 党的二十大报告强调，"我们要以科学的态度对待科学、以真理的精神追求真理，坚持马克思主义基本原理不动摇"。在新时代，我们应该如何树立和坚定马克思主义真理观，进而推进马克思主义中国化时代化？

原理 分析

伽利略通过严格推理和反复实验，打破了亚里士多德在物理学界延续千年的错误认识，提出了真理性认识。他对物理学真理的态度和对科学实验的践行，使近代物理学慢慢站稳脚跟，开始蓬勃发展。伽利略作为"近代物理学之父"，以科学的态度对待科学，以真理的精神追求真理，其科学探索活动中蕴涵着丰富的马克思主义真理观，给予了我们多方面的启示，值得我们深入探讨和学习。

其一，真理是一个过程。就真理的发展过程以及人们对它的认识和掌握程度来说，真理既具有绝对性，又具有相对性。从亚里士多德物理学说到伽利略近代物理学说的发展过程，也就是物理学真理的发展过程，充分表明了"真理是一个过程"。

其二，真理具有相对性。人们在一定条件下对客观事物及其本质和发展规律的正确认识总是有限度的、不完善的。从客观世界的整体来看，任何真理都只是对客观世界的某一阶段、某一部分的正确认识。亚里士多德的物理观点也只是对古希腊时代这一阶段的认识，是有待扩展的。从特定事物来说，任何真理都只是对客观对象一定方面、一定层次和一定程度的正确认识。亚里士多德对于物体运动的认识也只是在经验层面、推想层面、直觉层面的一定程度的认识，是有待深化的。在意大利文艺复兴时期，伽利略运用近代物理学的眼光，质疑亚里士多德的物理学说，对亚里士多德就物理学上特定事物（比如物体运动）的认识进行了很大程度的扩展和深化，得出了更高层次、更高程度的正确认识，从而推翻了亚里士多德那一特定时代的不完善的、错误的认识，提出了近代物理学的真理性认识。但是，伽利略对物体运动的认识深度和广度同样也是有限的，具有真理的相对性。牛顿在伽利略的基础上发现了惯性定律，从深度和广度上进一步完善了物理学真理，这便佐证了伽利略所提出真理的相对性。

其三，真理具有绝对性。一方面，真理是标志着主观与客观相符合的哲学范畴，是对客观事物及其规律的正确反映，真理中包含着不依赖于人和人的意识的客观内容。伽利略通过双球实验发现了自由落体定律，这一真理具有绝对性，不管亚里士多德的信徒多么不愿意相信"质量不一的铁球会同时落地"，这一真理都证实着"物体下落速度与物体的质量不成正比"。另一方面，人类认识按其本性来说，能够正确认识无限发展着的物质世界，认识每前进一步，都是对无限发展着的物质世界的接近，这一点是绝对的、无条件的。从伽利略打破亚里士多德的物理学认识，到牛顿深化和发展伽利略的认识，所反映出的正是人能够获得关于无限发展着的物质世界的正确认识。追求真理的过程是无限的，因而是绝对的。关于物体运动的认识也绝对不会止于牛顿，会永无止境、不断发展。

其四，真理具有客观性。某一认识成为真理的决定性条件，不在于真理采取何种主观形式，而在于它能正确地反映对象的本质和规律。真理的客观性决定了真理的一元性。真理的一元性是指在同一条件下对于特定的认识客体的真理性认识只有一个，而不可能有多个。在一定意义上，同一条件下，人们对同一客观事物的多种不同认识中只有一种属于真理性认识。认识是多元的，但真理是一元的。亚里士多德的直觉认识与伽利略由观察和实验得出的实践认识中，只能有一个是真理，那就是伽利略的近代物理学认识，而亚里士多德的那些物理学说是错误认识，是被推翻的"真理"。

其五，权威不能作为判断真理的标准。可以尊重权威，但不能盲从、迷信权威。作为众所周知的百科全书式的学者，亚里士多德的很多认识都被奉为权威，一度被视为毋庸置疑的真理。但权威的认识不等于真理。从亚里士多德的三个物理学权威认识被伽利略用科学实验打破的事例中，可以清楚地看到权威不能作为判断真理的标准。因此，在科学研究中，不能迷信权威，而要敢于挑战权威，让真理居于权威之上，而不是屈服于权威之下。

其六，实践是检验真理的唯一标准。检验真理就是检验人的主观认识同客观实际是否相符合以及符合的程度。主观认识主体和认识本身是不能作为检验真理的标准的。伽利略能够多次打破亚里士多德的物理观点，成功挑战权威，让近代物理学走进大众视野，根本在于他得出的真理性认识经受住了实践的检验，具有强大的生命力，是彻底的理论。可以看到，如果没有反复多次的科学实验，就很难证实权威认识是错误认识，近代物理学上的真理性认识就可能会胎死腹中。自由落体定律的正确性最终被宇航员在月球上证明，充分表明只有实践才是检验真理的唯一标准。

其七，在实践检验真理的过程中，逻辑推理可以起到重要作用。伽利略假设亚里士多德关于自由落体运动的论断正确，推理得到：如果把两个铁球拴在一起，落得慢的就会拖住落得快的，落下的速度应当比 10 磅重的铁球慢；但如果把拴在一起的两个铁球看作一个整体，就有 11 磅重，落下的速度应当比 10 磅重的铁球快。运用逻辑推理，可以发现从一个事实中能得出两个相反结论，这便在一定程度上证明了亚里士多德的认识是有误的。

其八，"大胆假设，小心求证"是科研创新所必需的态度，在科学研究中要始终坚持科学态度和真理精神。伽利略观察吊灯摆幅后，大胆地猜想"吊灯来回摆动一次所用的时间相同"。在此基础上，伽利略通过严谨的科学实验，最终得出摆的等时性原理。

 教学建议

本案例适用于《马克思主义基本原理》第二章第二节第一目"真理的客观性、绝对性和相对性"的教学。

讲授重点：通过案例，让学生理解什么是真理，什么是真理的客观性、绝对性和相对性，以及检验真理的标准是什么，从而全面认识马克思主义的真理观。从认识层面来讲，要科学地揭示真理的本质，看到马克思主义真理观与其他真理观尤其是与客观唯心主义真理观的不同之处和根本区别，认识到真理是对客观事物及其规律的正确反映。从检验真理的实践层面来讲，要充分认识到马克思主义真理观是认识和实践高度统一的真理观，要看到"真理只有一个，而究竟谁发现了真理，不依靠主观的夸张，而依靠客观的实践"，坚持实践是检验真理的唯一标准。

实践探索：请学生根据各自所学专业，思考在专业学习过程中自己不理解和有疑问的理论知识，通过资料搜集和实践，深入理解该理论知识或证实该理论知识的问题所在，并将这一过程在课堂上分享。通过课堂分享，帮助学生破除对教材的迷信，巩固对真理客观性、绝对性和相对性的认识，巩固对"实践是检验真理的唯一标准"的认识，进而引导学生立足实践，拒绝盲从权威、迷信经验。

学习思考

1. 伽利略在质疑和打破亚里士多德"物理学说"的过程中，多次运用到理想实验。你是怎么看待理想实验的？理想实验得出的结论一定是正确的吗？怎么去正确看待理想实验与实验室实验（标准实验）的关系？

2. 党的二十大报告指出："推进马克思主义中国化时代化是一个追求真理、揭示真理、笃行真理的过程。"请你结合中国共产党的百年实践，谈谈中国共产党是如何追求真理、揭示真理并笃行真理的，以及这一过程对我国产生了哪些重大而深远的影响。

 **参 考 文 献**

［1］王士平. 为近代科学奠基的巨人——伽利略［J］. 科学学与科学技术管理，1999（3）：45－46.

［2］李志龙. 重性与印入的力——论伽利略运动学说的形而上学革新［J］. 自然辩证法研究，2022，38（9）：91－96.

［3］赵煦. 论对悖论性思想实验逻辑重构的问题及其消解策略——以伽利略的自由落体实验为例［J］. 自然辩证法研究，2011，27（10）：7－11.

［4］李翠莲. 本科教育与科学启蒙——范例2：单摆的振动周期［J］. 中国大学教学，2018（4）：51－54.

延伸阅读：

1. 亚里士多德. 物理学［M］. 北京：商务印书馆，1982.

2. 亚里士多德. 政治学［M］. 北京：中国人民大学出版社，2003.

3. 傅德岷. 伽利略：近代自然科学之父［M］. 上海：上海科学技术文献出版社，2021.

三星堆惊艳诠释"何以中国"[*]
——社会存在与社会意识

付 华

故事呈现

考古"上新"、传统文化"圈粉"的背后，正是中华文化的博大精深和中华文明的源远流长。中华文明犹如一棵参天大树，枝繁叶茂、硕果累累。历史探源不只是寻根，更是瞭望。无论走多远，都不要忘记为何出发。找到了根，我们也就有了做中国人的志气、骨气和底气！

三星堆的持续"加更"，为全民开启了一场"沉浸式考古体验"，这也是中华文明走出历史课本的一次生动"路演"。五千年的中华文明从来不缺乏精彩故事，"霸屏"的三星堆正在持续带给我们惊喜。

三星堆位于四川省广汉市三星堆镇。考古学界把三星堆遗址第二期起连续几期文化遗存称为三星堆文化。三星堆文化研究涉及面极广，考古学、历史学、民族学、文化学、艺术以及自然科学等领域都有不少学者加入研究行列，他们在各个方面都取得了重要进展，新成果不断问世，为我国历史文化研究不断提供新的"证据"。

2022年6月13日，四川省文物考古研究院在广汉市公布了三星堆遗址的最新考古成果，6个祭祀坑目前共出土编号文物近13000件。考古队的发掘和研究，解决了多年来的争议，确认了三星堆祭祀坑的年代，同时实证了古蜀文明是中华文明的重要组成部分。"太震撼了""三星堆这么牛""史上最忙考古队"……在网络直播频道与新闻报道网页中，网友或点赞或转发，热烈而深入

---

* 故事来源：段渝. 发现三星堆［M］. 北京：中华书局，2021.

地参与讨论互动。近年来，公众对三星堆考古进程的浓厚兴趣，已成为一种文化和传播现象。大多数网友其实并不具备专业的考古知识，那么，大家在关注三星堆时，到底在关注什么？

习近平总书记曾指出："历史文化遗产不仅生动述说着过去，也深刻影响着当下和未来；不仅属于我们，也属于子孙后代。"文物和遗迹不仅有趣味、长知识，更重要的是它以物质载体的形式，展现了中国的历史文化以及中国人的自我认知。了解文物和遗迹，我们就能知道自己和脚下土地之间的联系，了解自己是谁、从哪里来、向哪里去。

三星堆成为"网红"，考古不再"冷门"，所引申出的是一个更大的问题：我们应该如何认识中国历史，如何理解中华文明？

"沉睡三千年，一醒惊天下。"在我国丰富的考古项目中，三星堆以其独特性、神秘性而著称。从独特的金面具残片到稀奇的丝绸残留物，再到"奇奇怪怪、可可爱爱"的人体造型铜器，一件件文物的出土让人们大开眼界，一项项考古的新发现也都或多或少地影响着我们的历史观。

中华文明探源工程近年来的研究成果表明，中华大地具有多个地理单元，各地文明化进程各具特色，呈现出多元起源、丰富多彩的样态。始终保持开放包容的态度，积极吸收其他文明的先进文化因素，正是中华文明能不断创新、延绵不绝的根本原因。

文物承载着灿烂文明，传承着历史文化，是祖先留给我们的宝贵遗产，也凝聚着民族的文化自信和自豪感。保护好、传承好历史文化遗产，是对历史负责、对人民负责。

截至目前，我国有世界文化遗产 37 项、自然遗产 14 项、自然与文化双遗产 4 项，世界遗产总数、自然遗产和双遗产数量均居世界第一。不只是三星堆，北京最大限度保持长城景观原貌，西安地铁建设因文物保护需要而深挖和绕行，杭州良渚遗址文物保护核心区开展居民搬迁……各地都在积极推进文物保护利用和文化遗产保护传承工作，探索历史文物保护与经济社会发展相结合的新路子。

三星堆文物再次"上新"，只是一项阶段性的工作，后续更深入的学术研究才刚刚开始，社会公众对中华文明的兴趣也会持续提升。从这个意义上来说，三星堆以及其代表的中国考古事业，还会是属于每一位中国人的高热话题。

作为中国百年来最重要的考古发现之一,1986 年,三星堆遗址发现 1 号、2 号两个祭祀坑,出土青铜大立人、纵目面具、金杖、玉璋石璋、青铜神树等近 2000 件文物,雄奇瑰丽又神秘独特,举世震惊。时隔 35 年,三星堆再"上新",在探寻中华文明源头的航程中给出了一份壮丽的答卷。2019 年 10 月至 2020 年 10 月,6 个新祭祀坑终于全部找到并陆续启动发掘。根据 6 个新发现祭祀坑的位置关系和面积大小,考古队首先对 3—6 号坑进行重点发掘。

3 号坑内除堆满象牙、铜器、玉器、金器外,还有一件高度达 70 厘米的青铜大口尊,这是中国商周时期最大的青铜尊之一。正是凭借这件"重器",考古专家才最终找到了 3 号坑,它的提取出土意义重大。另外,被网友亲切称呼为"奇奇怪怪"的青铜器,也来自 3 号坑。4 号坑一件具有中华文明典型特征的玉琮被提取出土,印证了三星堆和周边区域同时期文化的交流互动。5 号坑面积最小,却最"金贵"。该坑出土了一件体量巨大的金面具,与同时期中原文化风格截然不同,彰显出三星堆文化的异彩纷呈。在 6 号坑则发现了极为罕见的木箱。

3 号坑内的象牙、铜器、玉器、金器等

(资料来源:央视网)

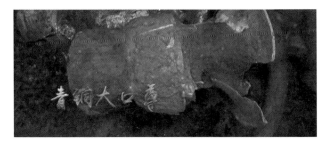

高 70 厘米的青铜大口尊(中国商周时期最大的青铜尊之一)

(资料来源:央视网)

体量巨大的金面具

（资料来源：央视网）

象牙雕刻

（资料来源：央视网）

2021年10月至2022年6月，三星堆遗址祭祀区考古发掘进入第三阶段。7号坑中出土的"薄如纸""薄如叶"的青铜片，依然保留着三千年前的原始色彩，展示出一个多彩的三星堆。同时，该坑还有大量龙形青铜器出土。不只7号坑，8号坑也出土了一件"虎头虎脑"青铜龙，拓展了人们对中华文明龙崇拜的认知。截至2022年6月，新发现的6座祭祀坑出土编号文物接近13000件，其中接近完整的器物超过3000件。

2022年5月，习近平总书记在中共中央政治局就深化中华文明探源工程进行第三十九次集体学习时发表重要讲话，高度评价了中华文明探源工程的研究成果，并就进一步回答好中华文明起源、形成、发展的基本图景、内在机制以及各区域文明演进路径等重大问题提出了明确要求，对加强文物保护利用和文化遗产保护传承，推动中华优秀传统文化创造性转化、创新性发展，拓展文明交流互鉴做出了战略部署。习近平总书记的重要讲话充分体现了党中央对考古工作的高度重视和殷切希望，当前我们要始终立足中华文明起源发展、世界文明交流互鉴的广阔视野，不断增强历史自觉、坚定文化自信，围绕中华文明探源工程重大项目，集中力量攻关西南地区人类起源、长江上游社会复杂化进程和文明化进程等历史问题，力争取得新的重要突破。

1. 近年来，公众对三星堆考古进程的浓厚兴趣，已成为一种文化和传播现象。我们应该如何看待文化对社会发展的作用？
2. 请结合三星堆文化谈谈我们应当如何增强文化自信。

文化蕴含着人类的思想智慧、价值追求和审美情趣，是一个国家、一个民族的灵魂。文化自信是更基础、更广泛、更深厚的自信，是更基本、更深沉、更持久的力量。坚定文化自信，是事关国运兴衰、事关文化安全、事关民族精神独立的大问题。

第一，文化为社会发展提供思想保证。中国特色社会主义文化积淀着中华民族最深层的精神追求，代表着中华民族独特的精神标识，是中国人民胜利前行的强大精神动力。当古蜀文明从曙光乍现的宝墩文化时期迈进青铜时代的三星堆文化时期，这一长江上游的区域文明空前繁盛起来。三星堆大量新的青铜器出土表明，中华文明的冶金术虽然与两河流域相比起步晚，但后来居上，在3000多年前两河文明衰落之时，亚洲东方的长江上游和黄河中下游的青铜文明都发展到一个高峰。这为丰富和完善中国古代青铜文明体系，认识古蜀文明，理解人类文明的脉络和中华文明起源，提供了更加有力的科学依据。

第二，文化为社会发展提供智力支持。对中华文明起源和形成的探究是一个既复杂又漫长的系统工程，还原文明从涓涓溪流到江河汇流的发展历程，凝结着几代历史和考古工作者的心血和智慧，离不开生物学、分子生物学、化学、地学、物理学等前沿学科的技术支撑。一个日益强大的中国让中华文明起源研究在充满科技感的同时，也生动凸显了中国文化与时俱进、兼容并蓄的底色，不断提升着中华文明的影响力和感召力。

第三，文化为社会发展提供精神动力。三星堆考古工作以实事求是的辩证唯物史观揭示三星堆的真颜，证明了三星堆文化就是人类继埃及金字塔文化以后最杰出的古国傩祭遗存，也通过研究发现在中国权威史籍中多有记述三星堆文化发展变化的隐喻与暗赞。三星堆文化时期，成都平原已经出现了高度发达的物质文明、精神文明和制度文明。三星堆所代表的古蜀文明，无疑是早期中华文明"满天星斗"中最耀眼的一颗星。

第四，推动中华优秀传统文化创造性转化、创新性发展。习近平总书记在十九届中共中央政治局第三十九次集体学习时发表重要讲话强调："中华文明源远流长、博大精深，是中华民族独特的精神标识，是当代中国文化的根基，是维系全世界华人的精神纽带，也是中国文化创新的宝藏。""要深入了解中华文明五千多年发展史，把中国文明历史研究引向深入，推动全党全社会增强历史自觉、坚定文化自信，坚定不移走中国特色社会主义道路，为全面建设社会主义现代化国家、实现中华民族伟大复兴而团结奋斗。"文物考古研究，正不断加深人们对中华文明的认知，为传承中华优秀传统文化提供丰厚滋养。我们探寻中华文明之源，只为砥砺民族精神之魂。要推动中华优秀传统文化同社会主义社会相适应，展示中华民族的独特精神标识，更好构筑中国精神、中国价值、中国力量。要坚持马克思主义的根本指导思想，传承弘扬革命文化，发展社会主义先进文化，从中华优秀传统文化中寻找源头活水。要充分运用中华文明探源工程等研究成果，更加完整准确地讲述中国古代历史，更好发挥以史育人作用。要通过不断丰富的中华文明起源研究成果向世界展现可信、可爱、可敬的中国形象。中华文化具有独特魅力，中华文明不断焕发新的生命力。要精心系统梳理传统文化资源，让收藏在禁宫里的文物、陈列在广阔大地上的遗产、书写在古籍里的文字都活起来，把跨越时空、超越国度、富有永恒魅力、具有当代价值的文化精神弘扬起来，增强人民做中国人的志气、骨气、底气，朝着建设社会主义现代化强国的目标不断前进。

教学建议

本案例适用于《马克思主义基本原理》第三章"人类社会及其发展规律"第一节"人类社会的存在与发展"的教学。

讲授重点：在了解社会存在与社会意识的辩证关系后，通过案例，让学生理解文化作为社会意识的重要组成部分，对于国家、民族的重要性，以及对社会发展的作用。

实践探索：请学生结合文化对社会发展的作用，举例说明其具体表现，并思考当下应该如何增强文化自信，增强中华文明传播力、影响力。

学习思考

1. 考古"上新"，不断丰富着我们对中国古代文化的认识。我们应该如何推动中华优秀传统文化创造性转化、创新性发展？

2. 我们应该如何认识中国历史，如何理解中华文明？

参 考 文 献

[1] 中共中央马克思恩格斯列宁斯大林著作编译局. 马克思恩格斯选集：第 2 卷 [M]. 北京：人民出版社，2012.

[2] 朱诚，徐佳佳，贾天骄，等. 四川三星堆和金沙文明兴衰的环境考古 [M]. 南京：南京大学出版社，2021：361.

拓展阅读：

1. 中央广播电视总台央视新闻频道专题节目《三星堆新发现》。

2. 段渝. 发现三星堆 [M]. 北京：中华书局，2021.

"中国天眼"，何以可能?*

——科学技术在社会发展中的作用

陈黎梅

2016 年 9 月 25 日，国家重大科技基础设施 500 米口径球面射电望远镜落成启用。中共中央总书记、国家主席、中央军委主席习近平发来贺信，向参加研制和建设的广大科技工作者、工程技术人员、建设者表示热烈的祝贺和诚挚的问候。习近平总书记在贺信中指出，500 米口径球面射电望远镜被誉为"中国天眼"，是具有我国自主知识产权、世界最大单口径、最灵敏的射电望远镜。它的落成启用，对我国在科学前沿实现重大原创突破、加快创新驱动发展具有重要意义。

"中国天眼"的建成

2021 年 3 月 31 日，位于贵州省黔南布依族苗族自治州境内的"中国天眼"正式对全球科学界开放。它是世界最大单口径、最灵敏的射电望远镜。它首次发现脉冲星是在 2017 年 8 月 22 日，那时正是"中国天眼"原首席科学家兼工程师南仁东生命中的最后一段时光。

截至 2021 年 3 月 29 日，通过"中国天眼"，我国已发现 300 余颗脉冲星。

什么是脉冲星？

"脉冲星就像宇宙中的灯塔。由于它精准的规律性，脉冲星还被认为是宇

---

* 故事来源：王宏甲. 向宇宙深处进发（逐梦）[N]. 人民日报，2021-11-22（20）.

宙中最精确的时钟。"南仁东曾这样说。

想象一下，脉冲星就像你在大海上看到的灯塔上的航标灯，航标灯不断地旋转着，一明一灭。脉冲星自转时发出的光，就像灯塔上航标灯的光束一样不断地扫过太空。当它的光束直射到地球时，就是用射电望远镜能探测到的脉冲星信号。

再想象一下，人类进行深空探测、星际航行时，如果飞往火星，或飞出太阳系，甚至飞出银河系，那时将无法用地球上的定位系统导航。如果能确知分散在宇宙中的众多脉冲星的位置，就可以通过它们来定位和导航。同理，当人类向火星或更遥远的地方发射飞船，若飞船能在行程中发回脉冲信号，"中国天眼"就能接收到它的信号，并判断它的位置。

"中国天眼"的功能远不只是寻找脉冲星。按照中国科学院国家天文台的权威说法，"中国天眼"的设计综合体现了我国的高技术创新能力。"中国天眼"将在基础研究的众多领域，例如在宇宙大尺度物理学、物质深层次结构和规律等方向，提供发现和突破的机会；它还将推动众多高科技领域的发展，提高原始创新能力、集成创新能力和引进消化吸收再创新能力。

在 20 世纪末，中国最大的射电望远镜口径只有 25 米，相比美国 350 米口径的阿雷西博射电望远镜，差距巨大。时隔 16 年，"中国天眼"，这个 500 米口径的球面射电望远镜横空出世，使中国一举挺进到人类探测宇宙奥秘的最前沿。那么，它是怎样出现的？

这就要从"中国天眼"的原首席科学家兼总工程师南仁东说起。"中国天眼"能研制成功，南仁东功不可没。2018 年 12 月 18 日，中共中央、国务院授予南仁东改革先锋称号。2019 年 9 月 17 日，国家主席习近平签署主席令，授予南仁东"人民科学家"国家荣誉称号。同年 9 月，坐落在贵州的"中国天眼"基地被中宣部命名为"全国爱国主义教育示范基地"，它也是全国中小学生研学实践教育基地。

心怀大志，铸就精神的熔炉

吉林省东辽河上游的辽源，是南仁东的家乡。1945 年 2 月 19 日，南仁东在这里出生。

少年南仁东爱看"小人书"，口袋里有几分钱就会到出租连环画的书摊去。有时口袋没钱，摊主也让他免费看。一个人如果小时候对"不知道的事物"充满兴趣，那么他的眼界就会在阅读中悄然开阔，志向也随之变得高远。

南仁东读书成绩不错，但直到上了初中也只是不错，并不很突出。一位名叫赵振声的任课老师观察南仁东，认为这个学生无论从哪方面看，都应该出类拔萃呀！一个星期天，赵振声把15岁的南仁东叫到家里"谈了一天"。谈什么？就是鼓励南仁东将来为国家做贡献。18岁那年，南仁东参加高考，以吉林省理科第一名的优异成绩被清华大学无线电系录取。考上大学后，南仁东曾特地去看望赵振声老师。他一生都感激这位唤起了他人生之志的老师。

人生之志！这是中华文化弦歌不辍的精神瑰宝。"古之立大事者，不惟有超世之才，亦必有坚忍不拔之志。"心中有没有志，学习是不一样的。

1968年初冬，大学毕业的南仁东被分配到吉林通化无线电厂。这是个新建的小厂，总共不到150人。这个普通的工厂，将成为南仁东一生中至关重要的另一所大学——社会实践大学。

起初，厂里安排南仁东去包装车间。他去车间里转了一下就出来找厂长"理论"，要求换工种。厂长把他改分到无线电组装车间做"小金工"。金工是各种金属加工工作的总称，包括车、铣、刨、磨、钻等工艺。南仁东喜欢小金工。可是，他很快就体验到"连车个简单的小零件也连连出废品"的尴尬。正是这尴尬，使他认识到什么是"一丝不苟""严丝合缝"，并重新认识"工人"二字的含义。

1969年厂里接上级任务，要研发便携式小型收音机。南仁东入选厂科研小组。这是厂里以前没干过的事，怎么攻克这难题？厂里号召大家向大庆油田学习。学着学着，南仁东被王进喜的话打动了："这困难，那困难，国家缺油是最大的困难。这矛盾，那矛盾，国家建设等油用是最主要的矛盾。"

"有条件要上，没有条件创造条件也要上！"那时工厂操场的墙上、车间里、食堂里都贴着王进喜这句话。当时关心工厂收音机研发任务的不只是科研小组成员，而是全厂职工以及他们的家属。南仁东感到有一个巨大的群体在鼓舞着研发小组进行研发。

南仁东边学边干，把大脑里的知识在生产线上"对号入座"，把理论上的难题去与机器的实际运转磨合，很快他成为研制小组的骨干。最终，24岁的南仁东和技术员、工人们一同研发的收音机终于成功了！工厂里一片欢呼，大喇叭里播放着他们研发的收音机收到的歌声："雄伟的天安门，壮丽的广场……"

厂里研发的"向阳牌"收音机走俏全国，成为著名品牌。这是南仁东第一次参加一项科研新产品的设计研制，第一次实现了把知识变成技术，把技术变成产品，进而变成商品，进入千家万户的过程。这个经历对南仁东非常重要。

南仁东在通化无线电厂"学工"10 年，经历了研制便携式收音机、电视发射机和小型智能计算器的全过程。通化厂的老干部、老工人对南仁东的评价是：他车、钳、铆、电、焊样样都会，样样都精，设计、制图也很专业。

"我是个战术型的老工人。"南仁东这句话里有他对自己青年时代工厂生活的回忆，有他同工友们的友谊。在车间里铺开图纸，一边端着饭盒吃饭，一边讨论技术问题；日夜加班，没有加班费，却没有一个人叫苦叫累；大热天吃完饭，用手抹一把脸上的汗，接着干……那种生活，是快乐的。

南仁东初进厂时不愿去包装车间，后来却主动去包装车间"补课"，还去锅炉房干活。他还琢磨统筹谋划、分工协作，了解从原材料进厂到出成品中间有多少道工序。这已不只是技术，连科研带生产，包括设计、绘图、论证、材料准备、购置新设备、设备维修、计划调度、人员配置、成本核算……他全部去了解、实践。

什么叫总工程师？哪一块都拿得起来，权威性就有了，协调能力就有了。多年后，南仁东成为"中国天眼"的首席科学家兼总工程师，而通化无线电厂就是他成长的摇篮。

1978 年，南仁东被中国科学院研究生院录取为天体物理专业研究生。"告别那天，很多人掉泪了。"在他的青年时代，党和国家号召知识分子与工农相结合，科学实验与生产实践相结合。南仁东做到了。

1981 年南仁东获硕士学位，到北京天文台工作，并继续攻读博士学位。他的档案里记载着这一时期他取得的一系列专业成就。然而要做出创造性成就，不能只靠"专业"。

1985 年，40 岁的南仁东感到需要走出去开开眼界了。这年秋冬之交，他去苏联访问了两个射电天文台，也是为了去看看《钢铁是怎样炼成的》作者奥斯特洛夫斯基的家乡。学生时代，这是最打动他的文学作品。他一直为书中的保尔·柯察金所感动着。他想去养育了保尔·柯察金的地方去看一看。

南仁东去看保尔·柯察金诞生的地方，是想寻找一座精神的熔炉。然而，此后他将以自己的生命经历证明：真正的熔炉不在别处，就在一个人的理想、情感、信仰和坚忍不拔的意志中。

敢为人先：天眼建设的提出

在中国科学院科学传播局主办的南仁东事迹展里，有这样一段文字："他先后在荷兰、日本、美国、英国及意大利等多家天文机构进行客座研究，回国后曾任北京天文台副台长、北京天文学会理事长等职务。"从 1985 年到 1993 年这 8 年，南仁东去过多国天文机构做客座研究。

1993 年发生的一件事，是值得在这里记述的。这年 9 月，国际无线电科学联合会第二十四届大会在日本京都召开，南仁东参加了国际天文学联合会所属的射电天文学分部的会议。正是在这个会议上，多国天文学家共同提出：要抓紧建造新一代功能强大的"大射电望远镜"。因为地球上无线电的大量使用，越来越多的电波干扰了外太空信号的接收，如此下去，人类将被封锁在自己发出的无线电波之内，无法对浩瀚的宇宙做更深入的探索研究。

要超越美国阿雷西博射电望远镜，一国的力量难以实现，须多国联手。于是，会议决定成立国际大射电望远镜工作组，由包括中国在内的 10 国代表组成。

"这是一个必须抓住的机会。"南仁东说。如能争取到，将极大地提高我国天文学乃至基础科学的研究水平。但是，其他国家也在争取这一机会，中国有希望争取到吗？只有去筹措，才会有希望。南仁东开始从四面八方联络一批天文学家共谋此事。

1994 年初春，北京天文台院子里的树枝冒出新绿，南仁东拿出了一篇《大射电望远镜（LT）国际合作计划建议书》。这份共 1.73 万字的建议书，融入了我国天文学家积蓄百年的科研理想和奋斗激情。这是一份历史性文档，也是南仁东全力以赴为国"出征"的宣言书。

建议书得到中国科学院的支持。随即着手选址。1994 年 6 月底，南仁东和一位在选址中发挥重大作用的人相遇，这个人就是中国科学院遥感与数字地球研究所的博士聂跃平。

南仁东将选址的目光投向贵州的万山深处。无论去哪里，总有当地农村干部和农民群众为他带路。无路的地方，要用柴刀在丛林中劈出一条路来。而建造"中国天眼"，也正是在无路的地方辟出一条路来。

雨衣、解放鞋、柴刀、拐杖，是他们长年携带的装备。这是南仁东、聂跃平和其他参与选址的科研人员共同经历的"社会实践大学"。不论科学多么尖端，理想多么高远，仍需脚踏大地前行。

最让南仁东无法忘怀的是，普定和平塘两地的农民仅仅听说尚家冲和大窝凼有可能成为大射电望远镜的台址，就把能通汽车的路修到了大山深处。

"不要修，不要修，还没定啊！"南仁东反复说。可没人听他的。那是冬季，那两条路都是在荒山野岭中修出来的。当时的贵州虽然经济相对落后，但那里的农民有股精气神，他们筑路的劳动里有无法用金钱衡量的东西。

南仁东曾说"要积极争取"，贵州人民的"积极争取"一次次让南仁东感动泣下。在漫长的12年选址和种种"积极争取"的过程中，他遇到了各种困难和挫折，贵州人民的殷切期望和真情相待，是他最大的支持力量。

选址是卓有成效的。因为中国的选址报告，1995年10月，有30多位国际著名天文学家到中国贵州开现场考察会。但此后，南仁东遇到的困难变得复杂起来。他越来越感到有一股力量在阻止中国争取这个国际项目。1997年，南仁东意识到，不能把希望完全放在争取国际项目上。一个想法逐渐在他的头脑里成熟：中国应自主建造一架500米口径的射电望远镜！这个计划被命名为FAST。

这是南仁东的"两手准备"之一，他并没有放弃争取国际大射电望远镜项目。南仁东曾去征求一位外国友人的意见，得到的回答是："你们连汽车发动机都做不好，怎么能造大射电望远镜？"这句话激起了南仁东痛心的反思。他想起自己十分敬佩的"两弹一星"科学家们，当年中国的科技、经济条件都很落后，但老一辈科学家却成功搞出了"两弹一星"！南仁东强烈地意识到：关键技术需要自主创新，老一辈科学家做了很好的榜样，我们现在要向他们看齐！

在争取大射电望远镜项目期间，南仁东的身体出现严重不适，结肠溃疡困扰了他多年。由于他抽烟多，同事们担心他肺部出问题，曾多次劝他去医院检查。他总是说工作忙没时间，不去体检。同事说他生怕查出问题，会影响"大射电"立项。他的学生说，南老师其实是个早已把生死置之度外的人。但南仁东说，我要用没死的时间去完成 FAST 这项巨大的工程。他说，我们没有退路，FAST 没有退路，我们的民族也没有退路，我们一定要冲出去！

2005 年 11 月，60 岁的南仁东向中国科学院提出：要向国家申请，由我国独立自主建造 500 米口径射电望远镜。2006 年 7 月，中国申请国际大射电望远镜的方案被否决。2007 年 7 月，国家发展改革委批复 FAST 工程正式立项。

这天，南仁东把团队集合起来，对大家说："FAST 立项，不意味着胜利，我们只是刚刚出发。但是，我们正向宇宙的深处进军。"

国之利器："中国天眼"的诞生

壮志可嘉，但能不能成功？

从 1993 年开始，南仁东陆续联系了 20 多家大学和科研院所的 100 多位专家。那时他不仅是研究 FAST 的首席科学家，也是研究众多科学家的科学家。他从众人的积极性中看到 FAST 项目成功的可能性——重要的是把散在各地的科研力量凝聚起来！这个过程，就是 FAST 总工程师诞生的过程。

FAST 一经正式立项，全国有近 200 家大学、科研院所和大中型企业积极参与这项大科学工程建设。2016 年 9 月 25 日，FAST 终于落成启用。

南仁东的淡泊名利在天文台众所周知。他说过："在浩瀚的宇宙中，人的一生无论做过什么都微不足道。"但是人们记得南仁东，不少外国友人也记得南仁东。英国天文学家乔瑟琳·贝尔就是其中之一。

乔瑟琳·贝尔是世界上第一个发现脉冲星的人。2017 年 8 月，她到中国贵州，第一次看到绿水青山之中藏着这样一个巨大的射电望远镜，空中高悬着馈源舱，一切有如幻想中的天宫奇境……她赞叹道："太美了！这是一位画家设计的吗？"她当然知道这是南仁东设计的，这是她对设计之美发出的由衷赞叹。

每个人都有理想。南仁东把一生的三大理想——美术、建筑、科学——如此完美地融合在一个世界最大的射电望远镜中，如此开阔地将地球、人类、宇宙联系在了一起。

2017 年 9 月 15 日，南仁东去世。人们一遍遍看着他生命中最后一段时光留下的影像，听到他将 FAST 的科学意义概括为 7 个字："一黑二暗三起源"。"一黑"是黑洞，"二暗"是暗物质、暗能量，"三起源"是宇宙起源、天体起源和生命起源。他说这都是 FAST 要探索的任务。

南仁东的声音很小，短促而吃力，有些话连不起来，但反复听，还是能听出，在最后的生命时光中，他依然没有停止关于宇宙与生命的思索……

故事 讨论

1. 习近平总书记指出："科技是国之利器，国家赖之以强，企业赖之以赢，人民生活赖之以好。中国要强，中国人民生活要好，必须有强大科技。"请结合"中国天眼"取得的这一重大成就，谈谈你对科学技术在社会中的作用的认识。

2. 习近平指出："当今世界，发展科学技术必须具有全球视野，把握时代脉搏，紧扣人类生产生活提出的新要求。"结合自身实际，谈谈你对这句话的理解。

原理 分析

科学技术作为先进生产力的重要标志，是推动社会文明进步的重要力量。科学技术是一个复合概念。科学是指对自然、社会和人类思维的正确认识，是反映客观事实和客观规律的知识体系及其相关的活动。科学主要分为自然科学、社会科学和思维科学。技术有广义和狭义之分。广义的技术包括生产技术和非生产技术。狭义的技术就是指生产技术，即人类改造自然、进行生产的方法与手段。科学和技术是辩证统一的整体。当今时代，科学活动与技术活动的联系越来越紧密，出现了科学技术化和技术科学化的趋势，科学和技术日益融为一体，形成了以科学革命和技术革命为主要内容的科学技术革命，简称"科技革命"。

马克思对科学技术的伟大历史作用作过精辟而形象的概括，认为科学是"伟大的历史杠杆"，是"最明显的字面意义而言的革命力量"。科技革命集中体现了科学技术在历史发展中的杠杆作用。现代科技革命不仅使科学技术成为第一生产力，也给人类社会本身和人与自然、人与人的关系带来了根本性的变革，深刻地影响着人类社会的进程和人类的未来。

近代以来，科技革命极大地推动了社会历史的进步。18世纪70年代，以蒸汽机的发明为主要标志的科技革命，推动西欧国家相继完成了第一次产业革命，使资本主义生产迅速过渡到机器大工业，为资本主义生产方式的确立奠定了物质基础。19世纪末20世纪初，以电力的广泛运用为标志的科技革命，使电力取代蒸汽机成为新的动力，社会生产力又一次得到迅猛发展。20世纪中期以后，以原子能的利用、电子计算机和空间技术的发展为主要标志，特别是以信息技术、新材料、新能源、生物工程、海洋工程等高科技的出现为主要标志的科技革命，使人类进入了互联网、智能化、数字化的时代，推动了人类社会由工业经济形态向信息社会或知识经济形态的过渡。

每一次科技革命，都不同程度地引起了生产方式、生活方式和思维方式的深刻变化，推动了社会的巨大进步。人类现在知道的宇宙物质的能量与特性不足百分之一，对暗物质和暗能量的了解更少。射电望远镜在推动人类了解宇宙方面发挥着至关重要的作用。如果"中国天眼"能够帮助我们解开宇宙之谜，那么它不仅科学价值巨大，更会改变人们的世界观，从而深刻影响人们的生活。

科学技术是社会发展的重要动力。当今世界科学技术突飞猛进，一个国家、一个民族若能在科学技术上不断进取，就有可能实现社会经济的跨越式发展。为了迎接新一轮科技革命的挑战，我国应加强前瞻布局，加快产业结构调整升级和创新驱动发展，构筑以先进技术为基础的现代产业体系。

教学建议

本案例适用于《马克思主义基本原理》第三章"人类社会及其发展规律"第二节"社会历史发展的动力"的教学。

讲授重点：通过案例，引导学生正确把握科学技术在社会生活中的作用。同时，帮助他们深刻认识到，科学技术能够通过促进经济和社会发展造福于人类，科学技术的作用既受到一定客观条件如社会制度、利益关系的影响，也受到一定主观条件如人们的观念和认识水平的影响。科学技术的发展标志着人类改造自然能力的增强，意味着人们能够创造出更多的物质财富，对社会发展有巨大的推动作用。但是，科学技术运用于社会时遇到的问题也越来越突出。一种情形是人们对自然规律和人与自然的关系认识不够，或缺乏对科学技术消极后果的强有力的控制手段。另一种情形则与一定的社会制度有关，在资本主义条件下，科学技术常常被资产阶级用作剥削压迫人民的工具，并不能使每个人摆脱贫困，促进每个人的身心健康发展，因而，科学技术有时"表现为异己的、敌对的和统治的权力"。

实践探索：通过案例讲授，引导学生深刻认识到，发展科学技术不仅要为中国人民谋幸福，也要为人类进步事业做贡献。广大科技工作者要深刻把握世界科技发展规律，立足当代中国科技发展前沿，从党和国家事业发展的战略全局出发，主动布局和积极利用国际创新资源，与世界各国人民一道，共同应对人类面临的挑战，推动共建人类命运共同体。

学习思考

1. 结合"中国天眼"取得的重大成就，谈谈你对"科学技术是第一生产力"的认识。

2. "古之立大事者，不惟有超世之才，亦必有坚忍不拔之志。"心中有没有志，学习成效是不一样的。结合南仁东的事迹，你认为理想对自身学习及人生发展有何意义？

参 考 文 献

[1] 王宏甲. 向宇宙深处进发（逐梦）[N]. 人民日报，2021－11－22（20）.

[2] 南仁东，姜鹏. 500m口径球面射电望远镜（FAST）[J]. 机械工程学报，2017（17）：1－3.

[3] 吕慎，柳路. 世界最大射电天文望远镜实现技术突破 [N]. 光明日报，2015－02－07（1）.

[4] 胡雪蓉，杨磊. 世界最大射电望远镜综合布线完成 [N]. 人民日报，2015－10－02（4）.

延伸阅读：

1. 王宏甲. 中国天眼：南仁东传 [M]. 北京：北京联合出版公司，2019.

2. 郭红锋. 中国天眼：遥望深空的天文重器 [M]. 北京：科学出版社，2021.

"干沙滩"变"金沙滩"：闽宁镇的幸福蜕变*
——联系和发展的一般规律

李　亚

　　巍巍贺兰山层峦叠嶂，守护着一望无垠的宁夏平原。在山的东麓，坐落着一个现代化生态移民示范镇——闽宁镇。这里，红瓦白墙，绿树成荫，农家小楼鳞次栉比，工厂车间热火朝天，田间地头欢声笑语，一场丰收又将来临。如果不是 2021 年电视剧《山海情》的热播，又会有多少人知晓这里曾经是一片贫瘠之地，如今又是如何在苦难中开出绚丽的花朵？

　　时针拨回到 1997 年。那时这里还是银川城外永宁县的一片戈壁滩，"空中不飞鸟，地上不长草，风吹沙砾满地跑"。这年初春，时任福建省委副书记的习近平来到宁夏，调研对口帮扶工作，部署"移民吊庄"工程。面对这片荒滩，他坚定地说："今日的'干沙滩'，明日要变成'金沙滩'。"由此，闽宁镇开启了重生之路，大踏步赶上了时代的脚步，创造了东西部协作发展的新模式，实现了从"干沙滩"到"金沙滩"的凤凰涅槃。

　　2016 年 7 月 19 日，习近平总书记来到闽宁镇考察，看到在 20 年对口帮扶下，昔日的"干沙滩"变成了"金沙滩"，老百姓过上了幸福生活，"打心眼里感到高兴"。他与村民代表座谈，深情地说："闽南镇探索出了一条康庄大道，我们要把这个宝贵经验向全国推广，做一个示范，实现共同富裕。"

---

　　* 故事来源：王兆斌．"干沙滩"变成"金沙滩"——银川市闽宁镇扶贫协作调查［J］．求是，2019（6）：42-48．

　　本文根据内容编写要求和最新数据变化，对原文中相应表述稍有删减和修改。

穷则思变：移民搬迁蹚出扶贫致富的新路子

"闽宁村奠基那天，习近平同志代表对口帮扶领导小组发来贺信。我就站在台下听人读那信，听着听着就哭了，虽然那时闽宁村还是一片荒凉，但我知道搬出山沟沟一定会有希望"。20多年过去了，闽宁镇居民谢兴昌当年流泪憧憬的梦想——变为现实。曾经"胡风怒卷黄如雾""穷荒绝漠鸟不飞"的贺兰山下荒滩，如今是绿树成荫、良田万顷、经济繁荣、百姓富裕的"金沙滩"，6.6万易地搬迁移民过上了过去想都不敢想的好日子。

闽宁镇因扶贫而生、因脱贫而兴，目前全镇区域面积达210平方公里，下辖6个村民委员会86个村民小组，村民收入稳步增长，成功步入了全国重点镇行列。闽宁镇从无到有、从贫到富、由村至镇，是中国扶贫攻坚伟大工程的一个缩影，是党带领人民群众几十年如一日实干苦干出来的成果，集中展现了东西部扶贫协作的创造性探索，本质上彰显的是中国特色社会主义制度的优越性，体现了人与自然、人与社会、人类思维在客观联系中的辩证发展。

闽宁镇的居民全部是从宁夏南部西海固地区搬迁来的。宁夏西海固地区山大沟深，长期干旱缺水，水土流失严重，生态环境脆弱，素有"苦瘠甲天下"之称，其贫困之深，不亲临其境难以想象。什么叫穷？20世纪80年代的西海固人会告诉你：锅里没粮，锅底没柴，缸里没水，身上没钱。联合国粮食开发署专家曾认为，西海固是最不适宜人类生存的地方之一。

为了改善西海固地区的生态环境和人民生活，20世纪80年代，宁夏按照党中央"三西"（甘肃河西、定西和宁夏西海固）建设部署，开始实施西海固地区的生态移民搬迁，动员当地一部分贫困群众，到近水近路的地方建设"吊庄"①，另谋生活出路。1990年10月，在国家扶贫开发政策支持下，宁夏组织西海固地区的西吉、海原两县1000多户贫困群众搬迁到贺兰山东麓的永宁县，在戈壁荒滩上建立了玉泉营和玉海经济开发区两处"吊庄"移民点，开始了西海固地区有组织的生态搬迁扶贫。这便是闽宁镇的前身。

---

① "吊庄"不是某一村落的名称，而是一种行动。把贫困地区群众整体跨区域搬迁称为"吊庄移民"，有将村庄直接"吊"过来的意味。

1996 年，中央决定实施东西部扶贫协作，福建对口协作帮扶宁夏。同年10 月，福建省成立对口帮扶宁夏领导小组，时任福建省委副书记的习近平担任组长；11 月，习近平同志在福州主持召开闽宁对口扶贫协作第一次联席会议，拉开了闽宁对口扶贫协作的大幕。

1997 年 4 月，习近平同志率团到宁夏调研考察，深入宁夏南部贫困山区访贫问苦。习近平同志边调研、边思考、边规划闽宁对口扶贫协作。在他的建议下，同年召开的闽宁两省区第二次联席会议确定，以玉泉营开发区黄羊滩"吊庄"移民点为主体，集中力量共同建设以福建和宁夏两省区简称命名的闽宁村，作为两省区对口扶贫协作的示范窗口。从此，贺兰山东麓这片毫无生机的"干沙滩"开始沸腾起来，逐步成为接收生态移民、助力贫困群众脱贫致富的"金沙滩"。

2001 年 12 月 7 日，经宁夏回族自治区人民政府批准，在闽宁村的基础上成立了闽宁镇。新成立的闽宁镇，划归银川市永宁县管辖，解决了易地搬迁移民的属地管理问题，使闽宁镇扶贫开发有了更加稳固的体制机制支撑。2017 年 6 月 6 日，中共宁夏回族自治区第十二次代表大会提出，落实中央东西部扶贫协作战略部署，深化闽宁对口扶贫协作。闽宁镇这个塞上移民镇，乘着东西部扶贫协作的东风，走上了经济社会协同发展的康庄大道。

同甘共苦谋发展：东西协作的"金钥匙"打开了致富门

东西部扶贫协作是党的伟大创造。从 1996 年 9 月中央确定闽宁对口扶贫协作关系以来，福建和宁夏两省区按照习近平同志倡导的"优势互补、互惠互利、长期协作、共同发展"方针，用"闽宁示范村"模式这把金钥匙，打开了深度贫困地区和贫困群众的脱贫致富之门。

发展特色产业是重要支撑。早在开展闽宁对口扶贫协作之初，习近平同志就明确指出，扶贫协作要以基本解决贫困人口的温饱问题为重点，以产业协作为基础，加大企业和社会力量扶贫协作的规模和力度。在习近平同志亲自谋划下，闽宁村转变发展思路，一边兴修水利、整理土地、引黄入滩，一边从福建"引资引智引项目"，培育发展特色产业，帮助群众彻底"拔穷根"。随着福建和宁夏两省区的协作不断加深，一批批福建企业和人才到宁夏投资兴业，他们不仅带来了资金和技术，而且带来了沿海地区先进的市场观念和"爱拼才会赢"的精神，给闽宁镇的发展注入了巨大活力。在对口帮扶下，闽宁镇坚持把当地资源优势和用好市场机制结合起来，先后培育形成了菌草、葡萄、黄牛等特色产业。协作扶贫这颗"金种子"在这片干涸的土地上生根发芽，结出了丰硕的果实。

结对帮扶是动力机制。在福建和宁夏对口扶贫协作第一次联席会议上，就确定了"点对点、一对一"的结对帮扶方式，由福建沿海 8 个经济较发达的县区对口帮扶宁夏南部山区 8 个县，省直机关 20 多个部门与宁夏相关部门建立帮扶协作关系，集中政府和社会各界的财力、物力、人力，在发展宁夏农村经济、改善贫困群众生活上重点突破。党的十八大以来，按照精准扶贫、精准脱贫新要求，两省区结对帮扶日益向纵深发展，由县区延伸到乡镇和行政村，形成了更加紧密的发展共同体。2016 年 10 月，福建漳州台商投资区与永宁县及闽宁镇各村签订结对共建协议，建立了县镇村三级结对、互帮互助、共同发展的"3+1"对口合作新模式。2018 年 6 月 13 日，在闽宁对口扶贫协作第二十二次联席会议上，两省区党委组织部、工信厅、教育厅等 10 个部门分别签订协作协议。"这些结对的地方和部门成为两地携手合作取得实质成效的强有力保障。"宁夏回族自治区扶贫办主任梁积裕说。

选派挂职干部是有效途径。20 多年来，福建省共选派 11 批 183 名干部到宁夏贫困地区挂职帮扶；宁夏选派 20 批 380 多名干部到福建挂职锻炼。选派帮扶的干部一任接着一任干，因地制宜探索扶贫开发的路径，倾力为受援地区培育可持续发展的产业，千方百计吸引企业参与脱贫攻坚，"闽宁示范村"模式不断焕发新的活力。一批批挂职干部接力扶贫，使福建和宁夏两省区跨越3000 公里的心手相连从未间断，成为助力宁夏脱贫攻坚的强大力量。黄嘉铭是第 9 批福建援宁干部中的一员，在 2014—2015 年挂职闽宁镇党委副书记。在他牵线搭桥下，不仅青川管业等 4 家福建企业在镇上安家落户，还使闽宁镇原隆村等 6 个村与漳州龙海角美镇吴宅村等 6 个村结成了"对子"，互帮互促，合作发展。"这些挂职干部的奉献精神令人钦佩。有的干部来挂职时，把妻子带来支教，孩子转学到固原上学。"宁夏回族自治区扶贫办副巡视员、社会扶贫处处长马振江说。

改善民生是落脚点。20 多年来，福建和宁夏两省区不断拓展扶贫协作领域，由单一的经济合作发展为教育、医疗、文化等多领域合作。福建帮助宁夏培训教师上万名，派遣教育、医疗、科技等专业技术人员 2000 多名，也使闽宁镇各项社会事业迅速发展，目前已实现村村都有小学、卫生室、文化活动中心、民生服务大厅。近年来，闽宁镇全面实行棚户区改造，推进改水、改厕、改厨"三改"工程，移民群众户户用上了太阳能，越来越多的居民用上了水冲式厕所。随着生产生活条件改善，闽宁镇更加注重生态环境建设，持续开展生态修复、防沙治沙、农田林网、镇村绿化、环境整治五大工程，全面推行高效节水农业，植树造林 1 万余亩，彻底告别了"晴天一身灰、雨天一脚泥"的历史。

精神脱贫是长远目标。"富口袋"更要"富脑袋"。闽宁镇把教育作为扶贫协作的重要内容，坚持物质脱贫与精神脱贫并重，着力在"拔穷根"上下功夫。漳州台商投资区每年向闽宁镇投入教育助学资金 20 万元，用于帮助闽宁镇及周边地区贫困学生。福建省选派 12 名骨干教师在闽宁镇支教，闽宁中学与福州一中结成友好学校，通过互派互访、网络教研等方式促进共同发展。近年来，闽宁镇以争创"全国文明村镇"为抓手，从扶贫、扶志、扶智入手，广泛开展道德典型选树、民族宗教和谐建设、农村文化队伍培育等活动，有效提升了居民整体素质，使全镇人民的精神面貌焕然一新。

实践证明，东西部扶贫协作和对口支援是推动区域协调发展、协同发展、共同发展的大战略，是加强区域合作、优化产业布局、拓展对内对外开放新空间的大布局，是实现先富帮后富、最终实现共同富裕目标的大举措。

达则兼善天下：闽宁镇模式的引领作用

习近平总书记多次强调，"小康路上一个都不能少"。哪里贫困程度深，哪里就是习近平总书记最牵挂的地方，哪里就有习近平总书记的足迹。习近平总书记曾回忆：1997 年我来到西海固，被当地的贫困景象所震撼，下决心贯彻党中央决策部署，推动福建和宁夏开展对口帮扶。两省区对口扶贫协作是从探索解决西海固地区深度贫困与环境恶化这个两难问题起步的。闽宁镇作为西海固地区生态移民安置点的示范窗口，能不能走出一条发展新路，让从西海固地区搬迁来的贫困群众过上好日子，从根本上决定着能否攻克西海固地区深度贫困这个堡垒。在习近平同志的精心指导下，闽宁镇先行先试发展特色产业，走上了产业扶贫新路，如同凤凰涅槃，重振羽翅，冲天飞翔。"闽宁示范村"模式的脱贫成效表明，扶贫攻坚找对了路子，扶贫协作扶到了点子上。

如今的闽宁镇经过"输血式"扶贫到"造血式"扶贫的蝶变，逐步探索建立起了"政府引资、企业主导、社会参与"的产业发展新机制，形成了"特色种植、特色养殖、光伏产业、旅游产业、劳务产业"五大主导产业，成为移民群众致富奔小康的源头活水。截至 2018 年底，闽宁镇注册各类农产品商标 48个，有 5 家企业被确立为自治区农业产业化龙头企业，实现了由最初的传统种植业到现在一、二、三产业的融合发展。目前，福建各类企业在闽宁镇的投资达 22.8 亿元，全镇各大产业已形成了一定的规模优势和集聚效应，有力地支撑了农民增收和当地的现代化建设。同时，福建和宁夏两省区在闽宁镇共建扶贫产业园，已有 6 家企业落户，投资达 3 亿元，有力地推动了闽宁镇的农业产业化和农民脱贫致富。"大家对今后的生活充满了希望，这对宁夏全区脱贫攻坚有着很好的示范作用。"宁夏回族自治区扶贫办主任梁积裕说。

在特色产业发展带动下，闽宁镇脱贫攻坚进程加速，与乡村振兴同频共振。初始移民 8000 人、人均年收入 500 元的闽宁村，如今已发展为人口 6.6万、人均可支配收入达 1.6 万余元的新兴城镇。2020 年底，闽宁镇 6 个贫困村全部脱贫出列，累计脱贫退出建档立卡 1633 户 7046 人。闽宁镇先后荣获全国脱贫攻坚楷模、全国民族团结进步模范集体、全国乡村治理示范乡镇、全国乡村旅游重点镇等荣誉。近几年，闽宁镇把精准脱贫攻坚和实现乡村振兴紧密结合起来，紧紧围绕闽宁合作产业城和闽宁扶贫产业园建设，打造独具特色的样板镇、生活富裕的宜居镇、民族团结进步的模范镇。如今的闽宁镇，宽阔的道路两旁绿树成荫，广场、商店、医院、学校等基础设施应有尽有，居民享有 20 多项城乡居民养老保险和医疗保险，老有所养、病有所医、幼有所教，生活其乐融融。

更为可贵的是，20 多年来，在闽宁镇的示范带动下，宁夏涌现出 110 多个闽宁协作示范村、20 多个闽宁协作移民新村、320 个易地搬迁安置区，累计接收西海固地区的易地搬迁移民 100 多万人。百万移民大搬迁，搬得出、稳得住、致得富，大大缓解了西海固的人口、资源矛盾，使该地区的退耕还林还草、封山禁牧等生态修复举措得以顺利进行。这是我们党团结带领人民群众创造的又一个奇迹，必将彪炳史册。

夕阳西下，霞光满天。"东南风吹西北暖，那年你到咱家来，拔掉穷根把花栽，拔掉穷根把花栽，美得哟沙漠变花海……"一曲曲动听的歌，唱出了闽宁镇人的幸福生活和对党的感恩之情。

故事 讨论

1. 闽宁镇的幸福蜕变是东西部协作脱贫的缩影，是符合社会主义本质和区域实际的发展模式。在全面建设社会主义现代化国家的新征程上，围绕社会主要矛盾，着力解决发展中不平衡不充分的现实问题，实施全面推进乡村振兴、促进区域协调发展等战略部署。这些战略部署的哲学意蕴是什么？

2. 闽宁镇在发展中坚持"富口袋"更要"富脑袋"，把教育作为扶贫协作的重要内容，坚持物质富裕与精神富裕并重，在"拔穷根"上下功夫。从扶贫、扶志、扶智入手，广泛开展道德典型选树、民族宗教和谐建设、农村文化队伍培育等活动，有效提升了居民整体素质，使全镇人民的精神面貌焕然一新。党的二十大报告强调，"中国式现代化是物质文明和精神文明相协调的现代化"。结合精神富裕的重要意义，思考：中国式现代化为什么要强调物质文明与精神文明的协调发展？

原理 分析

中国式现代化是全体人民共同富裕的现代化。共同富裕是中国特色社会主义的本质要求，也是一个长期的历史过程。改革开放之初，邓小平同志就曾多次提到，要鼓励一部分人、一部分地区先富起来，通过先富带后富，最终实现共同富裕，"先富""共富"思想充满了辩证法的智慧光芒。闽宁镇的形成、闽宁村发展模式的形成是普遍联系和运动发展的结果，也是尊重社会发展规律和积极发挥人的主观能动性相统一的成果。

其一，联系和发展的普遍性原理。恩格斯说："当我们深思熟虑地考察自然界或人类历史或我们自己的精神活动的时候，首先呈现在我们眼前的，是一幅由种种联系和相互作用无穷无尽地交织起来的画面。其中没有任何东西是不动的和不变的，而是一切都在运动、变化、生成和消逝。"世界上的一切事物和现象都是普遍联系的，普遍联系和运动发展是世界辩证图景的总特征。闽宁镇的华丽蜕变，正是这大千世界普遍联系和运动发展的结果。

事物的联系具有普遍性和多样性，不仅人类社会和自然界是相互联系的，社会生活的各个方面——从经济、政治到思想、文化，也无不处在普遍联系之中，国民经济的各个部门、各个环节，也都是相互联系、相互制约的。社会越发展，人类越进步，社会生活普遍联系的程度就越高。闽宁镇的幸福蝶变，是中国脱贫攻坚伟大成就的一个缩影，演绎了一部新时代东西部对口扶贫协作的"山海情"，体现了人与自然、人与社会、人与自身乃至沿海与内陆、先富与后富之间的普遍而多样的内在联系。事物的联系是客观的和有条件的，不以人的意志为转移的，但人可以认识事物的客观联系，以理性思维把握事物的本质的、必然的、稳定的联系。在实践中，要以尊重客观联系和客观规律为基础，积极发挥主观能动性，创造条件和改变条件，促进事物朝着满足人的目的和需要的方向发展。西海固地区的地理环境是客观的，原来落后的经济社会状况也是客观的，在认识这一客观联系的基础上，积极发挥主观能动性，建构东西部地区之间、经济社会之间的联系，启发并改变人的思想认识，发挥东部沿海地区的经济、技术、资金等优势，带动西部落后地区的发展。闽宁镇的发展是在东西部地区之间的协作联系中实现的，是在经济、社会、生态的相互联系中实现的，是在人与自然的共生联系中实现的，充分利用社会发展的普遍联系，激发内生活力，是闽宁镇脱贫致富的重要原因。

世界不是即成事物的集合体，而是过程的集合体。发展是标志物质世界运动变化的整体趋势和方向性的哲学范畴，是物质运动中前进性和上升性的趋势，其实质就是新事物的产生和旧事物的灭亡。从昔日"干沙滩"变成今天的"金沙滩"，闽宁镇的蜕变，仿似一名呱呱落地的婴儿，带着对新生活的向往，借助闽宁协作，在20多年间成长为一名朝气蓬勃的青年，从无到有、从贫到富、由村至镇，最终凤凰涅槃，老百姓的家底越来越殷实，移民的精气神越来越好，闽宁镇发展成了符合人民群众利益需要、符合社会历史前进方向、具有远大前途的中国特色社会主义建设事业的"新事物"。闽宁镇还将继续在人类文明中演绎普遍联系和运动发展的生动历史。

其二，矛盾的特殊性和普遍性原理。西海固地区素有"苦瘠甲天下"之称，特殊的历史、人文和地理环境催生了"吊庄移民"而成的闽宁镇。开对"药方子"，才能拔掉"穷根子"，闽宁镇的成功得益于因地制宜。在国家扶贫开发政策的支持下，实施生态移民搬迁，借助东西部扶贫协作，抓住贫瘠的主要矛盾和内因，对症下药，培育了特色种植、特色养殖、光伏产业、旅游产业、劳务产业五大主导产业，积极增强贫困地区自身的"造血"能力，走出了一条企业合作、产业扶贫、项目带动的"造血"式扶贫路子，从而探索出了一条实现共同富裕的康庄大道。这是矛盾的特殊性。

富不忘穷，协作共赢，闽、宁合作在东西部扶贫协作和对口支援中成为典范，也为推动区域协调发展、促进共同富裕树起了标杆。在闽宁镇的示范带动下，宁夏涌现了110多个闽宁协作示范村、20多个闽宁协作移民新村、320个易地搬迁安置区。习近平总书记说，这个宝贵经验可以作为一个示范向全国推广。共同富裕的路上既要因地制宜，又要借鉴成功经验，这体现了矛盾的普遍性与特殊性的辩证统一。

其三，量变与质变的辩证关系原理。脱贫攻坚是一个艰难而复杂的过程，根本改变贫困落后面貌，需要广大人民群众发扬滴水穿石的韧劲和默默奉献的艰苦创业精神，进行长期不懈的努力。闽宁镇从无到有、从贫到富的巨变是一个个人、一双双手实打实干出来的。如果没有每一个帮扶人员和群众在发展中持之以恒的量的积累，就没有闽宁镇的幸福蝶变，就没有昔日的戈壁荒滩变为今日的特色小镇的扶贫奇迹。同样，在改革开放的过程中，先富帮后富、最终实现共同富裕正是量变与质变的辩证统一的最好诠释。

其四，客观规律性和主观能动性的辩证统一原理。人的实践要以坚持尊重客观规律为基础，并积极发挥主观能动性。在发展实践中，闽宁镇基于自身的现实条件，坚持物质脱贫与精神脱贫并重，遵循经济社会发展的客观规律，在东西部扶贫协作中探索出一条符合自身特色和实际的发展之路。"闽宁示范村"模式的形成又离不开帮扶人员和当地群众主观能动性的发挥。闽、宁对口扶贫协作以来，一批批援宁干部倾心奉献，一个个闽商倾囊相助，每个帮扶人员真情投入、真心付出、接力奋斗，激发了贫困群众的热情和动力，感染带动了宁夏党员干部，形成了脱贫攻坚的强大精神力量，以"不破楼兰终不还"的气概和决心，"咬定青山不放松"的激情和韧劲，带领成千上万名群众脱贫致富。

 **教**|**学**|**建议**

本案例适用于《马克思主义基本原理》第一章"世界的物质性及发展规律"第二节"事物的普遍联系和变化发展"的教学。

讲授重点：从《山海情》这一热播影视剧导入，通过对闽宁镇的蜕变这一现实案例的分析，让学生理解普遍联系和运动发展是唯物辩证法的总特征。联系具有客观性、普遍性、多样性和条件性，人能够认识事物的客观联系，并且能够积极发挥主观能动性，在实践中创造条件、改变条件，促进人类社会的运动发展。

实践探索：请同学们结合自身的学习、生活等经历进行思考，如何把自身置于普遍联系之网，促进自我成长，并为中国特色社会主义事业发展贡献力量。

!? 学习思考

1. "闽宁示范村模式"既尊重社会发展的客观规律，又积极发挥东西部地区人民的主观能动性，体现了社会生活合规律性与合目的性的统一。无论是民族国家发展，还是个人成长，都既要仰望星空，又要脚踏实地，这对你有什么启示？

2. 党的二十大报告指出，"中国式现代化是全体人民共同富裕的现代化。共同富裕是中国特色社会主义的本质要求，也是一个长期的历史过程。我们坚持把实现人民对美好生活的向往作为现代化建设的出发点和落脚点，着力维护和促进社会公平正义，着力促进全体人民共同富裕，坚决防止两极分化。"实现共同富裕是一个长期的历史过程，闽宁镇的幸福生活是党和人民一道奋斗出来的，在推进共同富裕的新征程上，当代青年应该如何发扬奋斗精神？

 **参 考 文 献**

[1] 中共中央马克思恩格斯列宁斯大林著作编译局. 马克思恩格斯选集：第3卷 [M]. 北京：人民出版社，2012.

［2］王朝良. 吊庄式移民开发：回族地区生态移民基地创建与发展研究［M］. 北京：中国
社会科学出版社，2006.

［3］杨绍华，石雷. 闽宁镇的幸福生活［J］. 求是，2022（8）：68－69.

延伸阅读：

1. 习近平. 摆脱贫困［M］. 福州：福建人民出版社，1992.
2. 习近平. 之江新语［M］. 杭州：浙江人民出版社，2007.

百年华西，世纪名院[*]
——改革在社会历史发展中的作用

刘安凤

从教会医院到大学医院

华西医院，全称四川大学华西医院，前身为 1892 年后在成都创办的仁济、存仁等多所教会医院。1914 年华西协合大学医科成立，1946 年华西协合大学新医院正式建成于华西坝，1951 年人民政府接办后更名为华西大学附属医院，1953 年全国院系调整后更名为四川医学院附属医院，1985 年更名为华西医科大学附属第一医院。2000 年华西医科大学与四川大学强强合并，并成立四川大学华西医学中心。

成都近代医学始于 1892 年启尔德（O. L. Kilborn）在四圣祠街首开的西医诊所，后来启尔德和启希贤夫妇创办了仁济男医院、仁济女医院。1892 年甘来德（H. L. Canright）创办了存仁医院。1907 年加拿大的林则（A. W. Lindsay）在仁济男医院设立牙科诊所，是四川最早的牙科诊所。仁济、仁存等教会医院带来了西医书籍、手术器械和医疗设备，并将现代医疗技术和医院制度等引进四川。虽然这些引进带着宗教目的，但客观上弥补了当时中国社会医疗条件的不足，促进了近代西医知识、技术的传播和四川近代卫生事业的发

* 故事来源：郑尚维，石应康. 四川大学华西医院暨临床医学院史稿 [M]. 成都：四川辞书出版社，2007.

展。一批在教会医院供职的中国医生医疗技术得到锻炼，有的后来成为省内现代医疗事业的开拓者。

在西医传入以前，中国本土医学已经经历了几千年的发展，形成了独立的理论体系和医疗方法，名医辈出，医药典籍非常丰富。随着西方近代医学的引入，出现了中西两种医学并存竞争的态势。普通老百姓对西式药丸、外科手术由最初的惊恐、抵制，慢慢过渡到接受、相信。当时人们对于治疗内科疾病仍信赖传统中医，但也肯定了西方医学对外科疾病的诊疗。

由西方主导到学贯中西

1914年成立的华西协合大学医科在借鉴世界医学发展先进经验的基础上，形成了华西的医学教育和管理模式。医科的科目设置和教学计划，参照美国、加拿大的Ａ级计划制订，注重加强学生的基本技能教学，注重临床操作，保证医学基础学科的教学和实验条件等，实行预科制。1920年，医科学制增加为七年，其中预科三年，正科四年，低年级学生以理论学习为主，实践操作为辅；高年级学生主要进行临床操作学习，并实行淘汰制。由于当时中国的教育部尚无授予医学博士证书的条件，因此由西方大学向本校毕业生授予毕业证书和学位。为了加强学术交流，20世纪30年代后期，医学院开始选拔优秀毕业生出国深造。华西的医科教学，既采他山之玉，也有自我创新，自我形成了一套较为科学、卓有成效的教学安排，包括医学前期基础课、临床前期课、临床课、临床见习、临床实习，使学生完成了医学生、见习与实习医生、住院医生三阶段的教育。

1937年全民族抗战爆发后，大量大学西迁，当时中央大学的医学院和牙医专科学校迁往成都，齐鲁大学、北平协和医院的师生也来到了成都华西坝。这段时期的华西坝各大学医学院在办学规模、教学、科研等许多方面都得到了发展，各校都增设了不少科系；医学学术交流也盛况空前。华西协合大学的医学院和牙学院同中央大学、齐鲁大学两校的医学院学分互认，课程互选，教学和实习都统一安排。此时的华西坝汇集了一批中国名医，群星荟萃。几所大学构成的联合医院在抗战的大后方培植了许多医学人才。

如今的华西，是华西医院随国强而兴、因国富而盛的真实写照。2019年，医院学科综合实力稳居国内第一方阵，诊疗技术创新百花齐放，医学科技影响力连续六年排名全国第一，自然科学基金获准连续 9 年破百，自然指数（Nature Index）高居全国第一、全球 31 位，科研经费突破 6 亿元……华西医院为甘孜、凉山等少数民族地区的健康扶贫贡献"华西智慧"，通过紧密型医联体、远程医学网络、城市社区联盟践行分级诊疗，获得了党和国家领导人及各级党政领导的认可和高度评价。

党的十八大以后，四川大学华西医院再一次走在了改革创新的前沿。2016 年华西医院急诊总人次 530 万，出院人次 22 万，手术超过 14.3 万，平均住院日 9.32 天，日间手术比例达到 24%。医疗资源相对紧张难免导致医院的医疗服务质量降低、医患关系紧张、民众就医体验差。为此，华西医院大力推进精细化管理，包括目标管理精细化、基础管理精细化、资源配置精细化、成本管理精细化、后勤保障精细化、质量管理精细化、绩效管理精细化、职工关爱精细化八个方面。华西医院建立的基于各职系精细化管理的绩效分配制度被称为"华西模式"，在 2017 年摘得中国医院管理奖金奖，华西医院的绩效管理改革实践为未来中国医联体的建设提供了宝贵经验。

大医精诚，坚持初心

华西医院创办之初，中外教员都强调以医德激励和鼓舞学生，培养具备奉献和服务精神的医科生。20 世纪 20 年代后，华西协合大学医科师生深入基层，开展疾病调查和门诊医疗活动，在民族危难之际走出象牙塔，服务于国家利益和社会需要。医学院师生投身抗日救亡的运动，积极参加医疗服务活动，如 1937 年组织的医药服务设有诊疗室、出诊部、公共卫生宣传队，每周开三次门诊，免费为贫苦病人诊疗。

改革开放以来，四川大学华西医院作为四川省唯一的部级医院和中国西南地区疑难重危疾病诊疗中心，为社会做出了卓越的贡献。四川大学华西医院作为四川医疗界的龙头单位，担负着救死扶伤的社会责任和社会使命，其精湛的医术和高尚的医德，被众人誉为"大医精诚、杏林春暖"。

在"十三五"期间，华西医院开始提倡分级诊疗。党的十八大以来，政府开展了华西区域医疗生态圈建设，助推分级诊疗落地。在领办型的区域医联体建设上，主要是华西医院和区域政府签订深化合作办医协议，政府是协议的主体，华西医院领办该区域的中心医院，以辐射带动县级医院以及乡镇卫生院，形成区域全体和华西之间的分级协同的服务体系。2015—2016 年，华西医院与广安市一家基层医院合作期间，合作医院的上转病人比例增长了 91%，外转患者比例降低了 22%。2014—2016 年，华西医院与新都搭建医联体，患者区外住院人次下降 45.7%，患者区外门诊就诊人次下降 32.2%。华西医院和甘孜搭建医联体后，解决了当地包虫病的治疗难题，同时吸引了当地 18 家县医院、84 家乡镇卫生院全部进入医联体平台，形成一个完整的四级分级协同服务体系。

一代代华西人牢记身为医者的初心和使命，始终不忘责任担当，高扬公益性大旗，做守护百姓安康的"中流砥柱"；始终铭记病人至上，优化基于病种的精细化、标准化管理，构建以疾病为中心的全过程、全周期健康管理体系，不断改进患者就医体验、提高医疗效率、提升医疗质量与安全，做人民群众值得性命相托的"健康卫士"；始终坚持改革创新，进一步建立健全现代医院管理制度，持续探索"技术领先、伤痛最小、费用最低"的创新诊疗技术和服务模式，用 5G、人工智能等前沿技术为医学赋能，做医学创新和医疗卫生改革的"风向标"。

故事 讨论

1. 华西医院由一个地区知名的医院发展为在全国名列前茅的医院，实现了跨越式发展，它是如何做到与时代发展同步的，影响医学发展的影响因素有哪些？

2. 如何正确认识医学和医院的发展规律？普通医学工作者在促进医学发展过程中发挥着怎样的重要性？

原理 分析

推动华西医院和医学技术发展的因素包括社会经济、科学技术、制度改革等方面。其中，西方医学技术的学习和引进，是开启华西医学发展的重要动力，而华西能够走过一个多世纪而永葆生机和活力，其根源在于它能由过去的西方主导发展到今天的学贯中西，并坚持以我为主，批判继承，坚持自我改革和创新发展，这是华西医学实现跨越发展的决定性因素。同时，华西医科的发展也是国家综合实力的体现，强大的财力、物力、人力的倾注，才有了今天华西医科这一璀璨的明珠。

华西医院的发展历程，既是人类医学发展的一个缩影，也是中国经济社会发展的一个缩影。在发展初期，华西医学和管理技术客观上得益于西方医学技术的引入和传播，为我国医学技术的发展培养了一批人才，为后续我国医学技术的发展奠定了基础。同时，华西医院在发展过程中萌生了自主探索的意识，由西方主导逐步走向了以我为主，通过自我改革和创新，一方面坚持自我发展和改革，一方面坚持国际交流合作，既保持了和国际医学的同步发展，也走出了自我转型发展之路。

社会经济的发展和人类社会的进步，客观上促进了医学的发展和进步。随着社会经济的发展，人们的卫生需求不断提高，不仅仅满足于医治疾病，同时要求增进健康、合理营养、关注心理问题等多个方面。新一轮人工智能、大数据、数字经济科技革命的到来，也将极大地推动医学领域的发展。

医学技术是推动医学发展的强大杠杆。医学这门学科因研究对象的复杂性、研究因素的多样性和学科本身的社会性，在认识疾病、预防疾病、开展治疗等过程中，要处理社会因素和生物因素等形形色色的联系和影响，要透过偶然因素解释各因素之间的内在联系，阐明各因素的主次作用和相互影响。在这个过程中，医生既需要运用到医学检验技术、医学生物技术、解剖学等医学技术去认识人体和疾病，同时也需要运用数理统计分析、社会学、心理学等学科知识去揭示生命个体差异、随机干扰与疾病之间的内在联系。这些学科的发展影响着医学的发展。在现代科学技术以及不同学科的共同推动下，医学才能发展成为现代意义上的一门科学。

改革是推动量变到质变的重要动力。随着社会生产力的发展，需要对不适应生产力的生产关系进行相应的变革。对一所医院来说同样如此。当医院的内部制度体系不再适应医学生产力的发展时，就需要通过改革理顺医院内部制度与生产力的关系，只有运行高效、分配合理、充满人性关怀的制度，才能激发普通工作者从事研究工作的积极性。

在过去的百年里，华西医院经历了岁月的沧海桑田，更经历了时代的波澜壮阔，并在此过程中探索出了科学的发展道路。

一是坚持科学强院、教学兴院、管理创新和人文关怀。在科研创新上，始终坚守着传道授业、崇尚学术的科学精神，将医院建设成为医学科学研究和技术创新的国家级基地；在人才培养上，坚持教学兴院，重视学生临床实践能力和综合素质的培养，在医学教育改革和与国际接轨方面走在了全国的前列；在管理模式上，实行华西临床医学院与华西医院"院院合一"，这也是中国医学院中不多见的学院与医院合一的教学单位；在精神上，始终践行着救死扶伤、关怀服务的大医之道。

二是规模和质量并进。从提供的医疗服务来看，华西医院从过去追求就诊规模转向追求诊疗服务质量的提升，提高质量的关键在于强调系统的协同创新。近年，华西医院以三级公立医院绩效考核为导向，通过"三个转变、三个提高"，即医院发展方式从规模扩张向提质增效转变、运行模式从粗放管理向精细化管理转变、资源配置从注重物质要素向更加注重人才技术要素转变，实现医院服务整体绩效、医疗服务质量、医务人员满意度提高，实现了医院服务和管理质量的大幅提升。

教学建议

本案例适用于《马克思主义基本原理》第三章"人类社会及其发展规律"第二节"社会历史发展的动力"的教学。

讲授重点：医学的发展除了学科内部医学技术的不断突破、管理制度上的不断创新外，也离不开经济社会发展的强大支撑。公立医院的宗旨是为人民的健康服务，公共医疗服务的发展必须有国家综合实力的强大支持。经济的发展促进了医学的发展、公共医疗服务的提升，公共医疗服务的发展也为社会经济的可持续发展提供了强大的保障。

实践探索：去四川大学华西医学展览馆了解华西医院的发展历史，以历史唯物主义的观点分析华西医院为什么能取得今天的成绩。

 **学习思考**

1. 如何看待医学的发展与社会其他方面之间的关系?

2. 医学如何更好地服务人民、服务国家的发展?

 参 考 文 献

[1] 中共中央马克思恩格斯列宁斯大林著作编译局. 马克思恩格斯选集 [M]. 北京：人民出版社，1972.

[2] 姜贤飞. 百年华西 世纪名院——讲述四川大学华西医院的故事 [J]. 首都医药，2013，20 (13)：41—42.

[3] 王海英，王允保. 名院庆双甲 医风蕴百年——华西临床医学建院 120 周年 [N]，四川大学报，2012—10—31 (4).

[4] 陈爽，王允保. 华西医学展览馆：老房子里的历史记忆 [N]. 四川大学报，2013—06—08 (4).

延伸阅读：

周学东，吕重九，四川大学华西医学百年辉煌 [M]. 成都：四川大学出版社，2010.

安吉余村如何点绿成"金"*

——"绿水青山就是金山银山"的辩证统一关系

刘安凤

故事呈现

　　我国是全球最早接受可持续发展理念，并积极实施可持续发展战略的国家之一。1994 年，我国制定了国家可持续发展战略，经过十年艰苦卓绝的实践，取得了巨大成绩，但是，却面临更加严峻的生态危机和日益恶化的环境与发展之间的矛盾。2005 年 8 月，时任浙江省委书记的习近平同志在浙江安吉余村考察时，提出了"绿水青山就是金山银山"的科学论断，为我国协调推进经济发展和环境保护指明了一条新的可持续发展道路。10 多年来，浙江余村作为我国生态文明建设事业的缩影，护美绿水青山、做大金山银山，不断丰富发展经济和保护生态之间的辩证关系，在实践中将"绿水青山就是金山银山"化为生动的现实，成为千万群众的自觉行动。

用绿水青山换金山银山

　　浙江境内七山一水两分田，靠山吃山自古皆然。浙北湖州的石灰岩品质优良，是长三角建筑石料的主要供应地。经年累月的开采，让这片曾经的"江南清丽地"因此蒙尘：淤泥沉积，部分河床在 35 年内抬高了 2 米；昔日"桃花流水鳜鱼肥"的东苕溪，部分断面"比黄河水还要浑浊"。

　　浙江省安吉县余村，拥有 6000 多亩富含石灰石资源的山林。20 世纪 80

---

　　* 故事来源：何建明. 那山那水［M］. 北京：红旗出版社，2019.

年代至21世纪初期，余村人靠山吃山，先后建起了石灰窑、水泥厂。红红火火的"石头经济"，让余村集体经济收入一度达到300多万元，名列安吉各村之首。当时全村一半以上的家庭都有人在矿区务工，村民收入排在全县前列。虽然村里和农民富了，但好环境没有了，映入眼帘的是遭到严重破坏的生态环境：原来清澈见底的河水不见了，取而代之的是肆意横流的污水；郁郁葱葱的青山不见了，取而代之的是漫山遍野一片枯黄。

但经历了数十年的发展，余村经济从粉尘蔽日的采矿加工变成了依山傍水的绿色经济，余村用什么寻回发展的"初心"？答案是恢复绿水青山，把绿水青山变成"金山银山"！

绿水青山就是金山银山

2002年10月，习近平同志调任浙江省委副书记、代省长，此时的浙江作为经济先发地区，正面临着"成长的烦恼"，处于矛盾多发期，发展中存在不少问题，其中人口、资源、环境状况与经济社会发展不协调，成为突出问题。

2000年，由李安执导的《卧虎藏龙》荣获奥斯卡最佳外语片等4项大奖，影片的拍摄地中国竹乡安吉一举成名，慕名前来万里竹海参观游览的游客络绎不绝。当地居民切身感受到绿水青山的价值。2003年，余村人痛下决心，决定关停矿山和水泥厂，还当地一片绿水青山。关矿关厂，一下子让余村的集体经济收入锐减至20多万元。但这一痛定思痛的举动，是余村转换发展道路的开始。余村即将迎来一个历史性时刻。

2005年8月，时任浙江省委书记的习近平到余村考察，得知村里关闭矿区、走绿色发展之路的做法后，给予了高度评价，并在余村首次提出了"绿水青山就是金山银山"的重要理念。在简陋的村委会会议室举行的座谈会上，习近平告诫大家："不要迷恋过去的发展模式，下决心关停矿山是高明之举。"他说，过去我们处于城镇化过程中，大家都往城里跑；将来，随着我们经济的发展，人民生活水平的提高，大家都会去找生态好的地方居住生活，城里人会往乡下跑。他又指出，不要以环境为代价去推动经济增长，因为这样的经济增长不是科学发展，反过来讲就是，为了使我们留下最美好最宝贵的风貌，我们也要有所不为。我们追求人与自然的和谐，经济与社会的和谐，通俗地讲，就是既要绿水青山，又要金山银山。[①]

余村面临的困局是浙江乃至全国发展进程中的一个缩影。改革开放以来到21世纪初，浙江地区生产总值年均增长率曾高达13％，但也因此付出了沉重的环境代价。面对保护生态与加快发展的尖锐矛盾和激烈冲突，"绿色浙江"被提上议事日程，余村率先迈出了一步。"寸山青、滴水净、无违建、零污染"，定下这样的目标后，余村开始加快产业转型。"不卖石头卖风景"，越来越多的村民吃上了"旅游饭"，曾经跌入谷底的村集体经济逐步回暖。15年来，余村坚定践行"绿水青山就是金山银山"的理念，走出了一条生态美、产业兴、百姓富的可持续发展之路。村集体经济收入已从2005年的91万元，增加到2019年的521万元。

不负绿水青山，才能创造更多的"金山银山"，余村人把这制胜的法宝永远刻在石碑上。现在余村成为各地争先考察和学习的宝地，来自各地的参观者学习它、领悟它、借鉴它，让更多的山村走出一条可持续的健康的绿色发展之路。

坚持走绿色发展道路

2020年3月30日下午，习近平总书记时隔15年再次来到浙江安吉县余村考察。沿着村里道路，看到青山叠翠、流水潺潺、道路整洁，家家户户住进美丽的楼房，习近平十分高兴。村民们围在路旁，纷纷向总书记问好，欢迎总书记再次来到余村。习近平说，时间如梭，当年的情形历历在目，这次来看完全不一样了，美丽乡村建设在余村变成了现实。余村现在取得的成绩证明，绿色发展的路子是正确的，路子选对了就要坚持走下去。

坚持走绿色发展道路，是实现人与自然和谐共生的必由之路，其核心是树立人与自然和谐共生的发展理念，从文明发展的全新视角探究全球环境恶化的直接原因和根本原因，以"尊重自然、顺应自然、保护自然"的生态文明理念，矫正工业文明的价值观弊端，推进生态文明与工业文明的融合共建，激发

---

① 田玉珏，薛伟江，路也．"习书记想问题作决策无不体现着辩证思维"［N］．学习时报，2021−03−12（5）．

社会创新活力，寻求可持续发展战略的内生动力。

1. 2013 年 9 月 7 日，习近平在纳扎尔巴耶夫大学谈到环境保护问题时指出："我们既要绿水青山，也要金山银山。宁要绿水青山，不要金山银山，而且绿水青山就是金山银山。"试分析"绿水青山"与"金山银山"之间的对立统一关系。

2. 2013 年 5 月，习近平总书记在中央政治局第六次集体学习时指出，要正确处理好经济发展同生态环境保护的关系，牢固树立保护生态环境就是保护生产力、改善生态环境就是发展生产力的理念。试分析"两山"理论对生产力理论的发展和贡献。

1. 社会经济发展与生态环境保护的辩证统一关系。

2013 年 9 月 7 日，习近平总书记在哈萨克斯坦纳扎尔巴耶夫大学发表演讲并回答学生们提出的问题，在谈到环境保护问题时，他指出："我们既要绿水青山，也要金山银山。宁要绿水青山，不要金山银山，而且绿水青山就是金山银山。"在哲学层面，对绿水青山和金山银山二者的辩证关系做出了反思。金山银山与绿水青山的对立统一关系贯穿发展的始终。

唯物辩证法两点论思想认为要一分为二、全面地看问题。一切事物都是矛盾的统一体，都包含着相互矛盾着的两个方面，二者既对立又统一。绿水青山和金山银山就是矛盾的两个方面，二者既对立又统一。过去人们对环境保护和经济发展存在一种误解，认为两者不可兼得。实践证明，先污染后治理、以牺牲生态环境换取一时一地经济增长的做法，必须坚决摒弃，二者不能只顾其一。正如习近平同志在《之江新语》中写道："我们追求人与自然和谐、经济与社会的和谐，通俗地讲，就是既要绿水青山，又要金山银山。"

同时两点论要求我们在研究复杂事物的发展过程中，既要研究主要矛盾，也要研究次要矛盾。兼顾"绿水青山"与"金山银山"，并不等于二者地位完全相等。"宁要绿水青山，不要金山银山"，其蕴含的思想是"绿水青山"在现阶段经济社会发展过程中，是需要重点考虑的主要方面，处于优先位置。"坚持生态优先""绝不能以牺牲生态环境为代价换取经济的一时发展"。这是习近平总书记一向坚持的原则，也是中国经济发展最重要的底线。

绿水青山和金山银山之间可以相互转化，是辩证统一的。绿水青山和金山银山，是习近平总书记在论述我国经济发展与生态环境保护的关系时多次使用的两个概念。绿水青山喻指人类持久永续发展所必须依靠的优质生态环境，它是自然本身蕴含的生态价值、生态效益；金山银山则喻指人类社会以物质生产为基础的一切社会物质生活条件，它是人类开发利用自然资源过程中产生的经济价值、经济效益。发展经济不能对资源和生态环境竭泽而渔，生态环境保护也不是舍弃经济发展而缘木求鱼，"两山论"的科学理念启示我们，要坚持在发展中保护、在保护中发展，挖掘生态价值，大力发展绿色经济，将生态价值转化为经济价值，实现经济社会发展与人口、资源、环境相协调，使绿水青山产生巨大的生态效益、经济效益、社会效益。

2. "两山"理念改变了人们对生产力的内涵及其构成要素的传统认识，是对马克思主义生产力理论的创新发展。

马克思主义认为，生产力是人类征服自然、改造自然的能力，是社会发展的决定性力量。其基本构成要素包括：生产工具、劳动对象和劳动者。其中，劳动者是生产力中最活跃的因素，生产工具是生产力发展的重要标志。人类长期的社会实践经验告诉我们：没有优良的自然生态环境、丰富的自然资源，社会生产力的发展也就失去了其长久、可持续发展的基本物质前提。

习近平总书记立足于马克思主义生产力发展的基本立场，应对新时代经济社会发展的强烈呼唤，强调"绿水青山就是金山银山"，要求"牢固树立保护生态环境就是保护生产力、改善生态环境就是发展生产力的理念，更加自觉地推动绿色发展、循环发展、低碳发展，决不以牺牲环境为代价去换取一时的经济增长"。这是保护和改善生态环境就是保护和改善生产力的全新价值理念，把自然生态环境视为推动生产力发展的活跃因素。生产力不仅是人类征服、改造自然的能力，而且是人类认识、保护和改善自然的能力；解放和发展生产力，不仅表现在变革生产关系、完善社会体制、机制以适应社会生产力发展的要求，而且表现为保护和改善自然生态环境以满足社会生产力的可持续发展需要。①

 教 学 建议

本案例适用于《马克思主义基本原理》第一章"世界的物质性及发展规律"第二节"事物的普遍联系和变化发展"的教学。

讲授重点：通过安吉余村的案例视频，让学生理解在处理经济发展和环境保护的矛盾上，我国环境保护的总体战略经历了可持续发展向生态文明发展的转变，我国的环境经济政策从过去重视污染的末端治理向今天源头严防、过程严管、污染严惩的转变。正是在处理环境保护和经济发展矛盾的过程中，我国环境保护的各项制度不断完善，我国的生态环境得到了显著改善，并朝着人与自然和谐共生的现代化而不断奋进。

实践探索：课后请学生学习所在城市的环境经济政策，分析和了解各个城市在处理绿水青山和金山银山二者关系时，经历了怎样的发展历程，采取了哪些创新举措实现二者的同一和转化。

 学习思考

1. 我国在推进生态文明建设，促进绿水青山转化为金山银山的过程中，还面临哪些问题和挑战？

2. 如何实现绿水青山向金山银山的转变？

参 考 文 献

[1] 习近平. 习近平谈治国理政 [M]. 北京：外文出版社，2014.

[2] 习近平. 之江新语 [M]. 杭州：浙江人民出版社，2007.

[3] 习近平. 干在实处 走在前列 [M]. 北京：中共中央党校出版社，2006.

[4] 尹怀斌. 从"余村现象"看"两山"重要思想及其实践 [J]. 自然辩证法研究，2017，33 (7)：65－69.

---

① 北京市习近平新时代中国特色社会主义思想研究中心. 深刻理解"两山"理念的科学蕴含 [N]. 光明日报，2019－10－10 (5).

延伸阅读：

1. 习近平. 习近平在哈萨克斯坦纳扎尔巴耶夫大学的演讲［EB/OL］. (2013－09－08)［2022－11－30］. https：//www. gov. cn/ldhd/2013－09/08/content＿2483565. htm.

2. 中共中央宣传部. 绿水青山就是金山银山——关于大力推进生态文明建设［M］//中共中央宣传部. 习近平总书记系列重要讲话读本（2016）. 北京：学习出版社，2016.

稀土"兆焦耳"永磁体的开发与研究*

——实践与认识的辩证关系

朱 羽 朱建国 刘安凤

"一定要把稀土的事情办好"

什么是稀土？

从外观上看，大多数的稀土金属块体都具有银灰色的光泽，但它们并非带银灰色光泽的土壤，而是元素周期表中原子序数为 57—71 的 15 种镧系元素，以及化学性质相似的钪（Sc）和钇（Y）等 17 种元素。

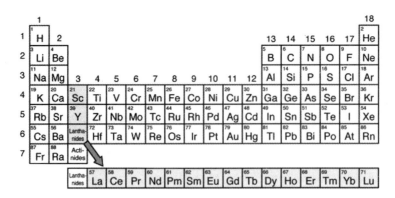

稀土元素在元素周期表中的位置

---

* 故事来源：曹萍，等. 材料人生·涂铭旌传［M］. 上海：上海交通大学出版社，2017.

1787 年，一种深色的矿石在瑞典的伊特比村被世人发现。7 年后，芬兰化学家约翰·加多林从这块矿石中提取出了第一种稀土元素——钇。当时，人们对化学元素的认知尚不完备，化学家拉瓦锡的燃烧理论[①]还没有被广泛接受，也没有化学学科，人们把金属的处理、冶炼工艺称为"炼金术"。同时，认为"物质由土、水、气、火构成"的古希腊元素说在很大程度上影响着人们的认识。于是，稀土元素因其干冷的特性，以及在当时已经发现的品种极少的事实，被学术界称为"稀土"。

如今，稀土在人们的生活中发挥着越来越重要的作用。实验发现，稀土具有优良的物理化学特性。使用 Y_2O_3[②]或 CeO_2 等制成的稀土发光材料发光效率高，可以广泛应用于高清晰度彩色电视；由纳米 Y_2O_3 和 ZrO_2 在较低温度下烧结的陶瓷具有很高的强度，是轴承、刀具等耐磨器件的理想材料。此外，稀土可以通过与其他材料混合，较好地改善该材料的性质，从而得到许多新型材料。稀土在工业生产中占有极其重要的地位，被学术界和工业界同称为"工业黄金""工业维生素"。

1992 年 1 月，改革开放的总设计师邓小平同志在南方视察时指出，中东有石油，中国有稀土，我们一定要把稀土的事情办好，把我国的稀土优势发挥出来。我国稀土资源约占世界总储量的 23%，主要分布在内蒙古、江西、广西、四川、山东等地区，形成北、南、东、西的分布格局，具有格外重要的战略意义。然而，虽然我国稀土储量丰富，具有矿种和稀土元素齐全、稀土品位及矿点分布合理等优势，但我国科学界关于稀土资源的研究长期以来却相对滞后。

1999 年，四川大学材料科学与工程学科的建设者、中国工程院院士涂铭旌在给好友的信中写道："在有限的岁月里，再为共和国、四川故乡，尽点余热，为共和国尽点赤子之心……"古稀之年的他已回到故乡十年，尽管自己的原专业方向是与稀土几乎无关的金属材料，他依然积极响应国家号召，在四川大学选定稀土为新的研究方向。

---

① 燃烧理论：拉瓦锡根据实验结果，提出"燃烧绝不是物质燃素的外逸，而是物质跟氧气的剧烈作用，放出光和热"的理论。

② Y_2O_3 及下文的 CeO_2 和 ZrO_2 都属于稀土的氧化物。

稀土"兆焦耳"永磁体的研发

"立身以立学为先,立学以读书为本。"

据涂铭旌院士回忆,那时与稀土材料相关的资料严重缺乏。他走遍成都的各个图书馆,翻看各种相关书刊、报道和文献,研究每一篇有价值的文章,再通过参考文献查到其他相关文章。"聚沙成塔,滴水石穿",一个小型的相关研究领域资料库随之形成。

涂铭旌院士把收集到的资料带回学校装订成册,交给学校图书馆统一管理,以便学生传阅。这是四川大学在稀土材料研究和材料科学与工程学科建设上极为重要的积累,涂铭旌院士也在查询资料的过程中获得灵感,结合自己在材料学科上的独到见解,开始研究一种特别的稀土永磁材料——纳米晶复合钕铁硼(NdFeB)永磁材料。

永磁材料是指在没有磁场作用下,仍然能够保持恒定磁性的材料,是人造卫星、雷达以及录音机、电子手表等电子仪器中不可或缺的一部分。相对于传统永磁材料,纳米复合永磁材料具有更大的磁能积①,能储存更多的能量,大幅度减少电子设备产品的体积,实现产品的微型化和高效化,已被广泛应用于高新技术领域。当时,科学界特意用物理学中能量的单位——兆焦耳,来形容纳米复合永磁稀土材料,称其为"兆焦耳永磁体",将它视为跨时代的稀土永磁材料。

然而,大部分外国政府和公司对这种材料的相关研究成果实行严密的技术封锁,各公司争先恐后地发表专利,不断维持自己在技术和市场方面的垄断地位,高性能永磁稀土材料的研究变得尤为困难。

涂铭旌院士平日里熟读《孙子兵法》,尤其喜欢"知己知彼,百战百胜"这句话。身处"兆焦耳"永磁体的研究浪潮之中,涂铭旌院士敢想敢为,密切关注国内外同行的研究动向,制定了"优化纳米晶复合NdFeB永磁材料"的研究课题,同时在四川省科委及四川大学的支持下,带领研究团队采用"成分

---

① 磁能积:衡量磁体所储存能量大小的重要参数之一,通常磁能积越大,材料能储存的能量就越大。

优化"和"制备工艺优化"双管齐下的方法，开展了相关科研工作。

在调节合金成分阶段，涂铭旌团队需要通过微量添加其他元素来改变材料组成，从而改善材料性质。"牵一发而动全身"，即使添加的元素差别极小，材料的性质也会大相径庭。并且，当添加一种元素时，虽然材料的某个性能会改善，但另外某些性能则会受到影响，而这种影响在当时是几乎不能通过理论精确计算的。涂铭旌团队能做的，就是不断改变添加元素的种类和量，以及尝试添加两种或多种元素的混合物，再通过严密的实验处理，得到关于材料性质的信息，在大数量的样本结果中选择性能最优时的配比。

这个过程是极其枯燥和烦琐的，可以说，涂铭旌团队最后得到的"Dy 和 Nb 掺杂"方案与"（Nd，Dy）11.5 Fe81.4 Nb1B6.1"的最佳配比是来自数百个元素组合方案与上万次重复实验。

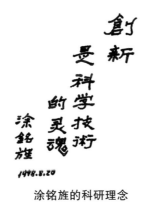

涂铭旌的科研理念

在进行工艺优化阶段，涂铭旌团队主要通过熔炼、快淬、晶化的方式优化了纳米晶复合永磁材料的结构。熔炼过程中，材料首先被高温加热，形成液体，在这一相变过程中，部分杂质得以分离；快淬过程中，极快的冷却速度使材料固化，以提升材料的磁性能，但此时材料并未完全处于晶态；接着用磁场干预等手段影响材料晶化时的结构，至此，材料晶化完毕，基本成型。

众志成城，埋下稀土研究的种子

高性能磁粉问世后，涂铭旌院士团队的研究进展不但得到学校的密切关注，还更多地得到了周边大型企业的支持。位于四川的五粮液集团、攀钢集团等大型国有企业纷纷投入科研资金，支持涂铭旌院士团队的研究工作，建立合作与交流关系。另外，绵阳西磁公司与涂铭旌院士团队签订合作交流协议，率先采用国产的快淬炉设备制备材料，使材料成本大幅下降，更快地投入工业生产。

由于性能好、工艺简单、成本低，这种磁体材料远销日本、韩国、欧洲、美国等发达国家和地区，成为国内知名产业和国际知名品牌公司的工业原料，成为四川省电子信息材料收入的重要部分。

如今，涂铭旌院士创办的四川省稀土研究中心已建成多个省、部级研发平台和产学研合作中心，拥有完善的材料制备加工、分析表征设备，是四川大学材料科学与工程学科极其重要的组成部分。

涂铭旌院士膝下桃李——现任四川大学材料科学与工程学院院长的刘颖教授，带领一支 60 余人的高素质技术研发团队，以稀土钒钛材料技术、先进多孔材料、军民融合新材料、材料制备加工新技术等为主要研究方向，取得了一系列代表性成果。科研团队先后承担国家级项目 25 项，企业合作项目 30 项，成为四川大学乃至四川省学术和技术的重要研发集体。

70 多年来，涂铭旌院士将自己深深扎根在祖国的材料科学与工程学科，为国家的发展做出了巨大贡献。稀土研究像一粒种子，经涂铭旌院士之手，深埋在西南腹地的土壤里，而这片钟灵毓秀、人文荟萃的沃土——成都，仍旧持续孕育着这粒在"银灰色土壤"中生长的种子。

故事 讨论

1. 习近平总书记指出："青年是标志时代的最灵敏的晴雨表，时代的责任赋予青年，时代的光荣属于青年。"在纳米晶复合 NdFeB 永磁材料的研制过程中，面对西方国家的技术封锁，涂铭旌院士带领团队不断实践，最终成功战胜难关。如今中国又面临芯片技术遏制等困境，作为当代青年，你有什么思考？

2. "50 年来，国家给我的太多，而我却回报的太少。然而，一个人的精力有限，只能在有限的岁月里，再为共和国、四川故乡尽点余热，为故乡建设添砖加瓦，尽点赤子之心。"这是涂铭旌院士回到故乡四川后，写给老友陈湛清先生的信。对此你有什么感触？

原理分析

涂铭旌院士团队在纳米稀土永磁粉的一系列研究最终获得了故乡四川和国家的肯定，获得 2000 年科技进步奖，他负责的国家"863"重大项目也获得了圆满成功。

涂铭旌院士带领团队开展研究，无数桃李门生在他的指导下走上自己独立的科研道路，成为四川大学乃至四川省学术和技术带头人，承担国家重大项目，为我国稀土资源发展提供了巨大动力。涂铭旌院士的事迹体现了实践与认知的发展规律。

其一，实践是认识发展的动力。实践的需要推动认识的产生和发展，推动人类的科学发现和技术发明，推动人类的思想进步和理论创新。恩格斯说，"社会一旦有技术上的需要，这种需要就会比十所大学更能把科学推向前进。"涂铭旌院士的大部分研究成果都是应社会需要而问世，他在材料科学与工程的一次革命——稀土的研究，也是出于工程领域及高新技术领域的需求。除涂铭旌院士团队外，国内外还有很多研究相同课题的其他团体，涂铭旌院士正是从各类研究和报告中获取灵感，结合自己的认识和实践，取得了瞩目的成果。同时，以"兆焦耳"永磁体为主题的研究，也因全球科研工作者的努力变得极其深入，极大地推动了工业的发展。

其二，人应该在实践中证明自己思维的真理性。科学的实践观为人们能动地认识世界和改造世界提供了基本的思想方法和工作方法。实践是认识的基础，实践在认识活动中起着决定性的作用。在纳米晶复合 NdFeB 永磁材料的研制过程中，材料最终的组成、配比、实验条件等，都是涂铭旌院士团队脚踏实地，通过反复实践得出的结果。涂铭旌院士致力于在实践中前进，不断通过实验证实自己思维的真理性，突破了当时材料科学与工程学科的已有知识，培育了大批材料科学与工程学科领域的杰出人才。

其三，价值评价要以真理为根据，要有利于人类主体的生存和发展，与社会历史发展的客观规律相一致，推动社会历史进步，以最广大人民的需要和利益为根本。涂铭旌出生于四川巴县（今属重庆）一个清苦的小商人家庭，这样的成长环境使得他非常关心民生。涂铭旌院士常向四川省政府提出"科技兴川，人民安康"的建议，他还将自己取得的许多成果交付企业，以造福西南地区。他对广大人民的关切与对社会进步的奉献获得了国家的认可和人民的赞誉。

其四，将个人前途与国家命运紧密结合起来，在推动国家社会进步的过程中贡献自己的力量，才能更好地实现个人价值。涂铭旌将收集到的稀土永磁体资料复印、装订以供学生传阅，并先后承担了一大批国家"985"和"211"工程建设项目，国家"863"计划新材料项目和国家重大科技专项课题，真正做到把个人价值和国家命运紧密联系，"为共和国尽点余热，尽点赤子之心。"

 **教学建议**

本案例适用于《马克思主义基本原理》第二章"实践与认识及其发展规律"第一节"实践与认识"、第二节"真理与价值"的教学。

讲授重点：通过案例，让学生理解什么是实践。要从主体和客体两个层面来理解实践。从客体来说，要掌握客体的发展规律，回应社会对客体发展的现实需要。从主体来说，要发挥人的主观能动性，树立崇高的个人理想，要有社会责任感，为社会作出自己的贡献。

实践探索：请学生分析各自所学专业有哪些亟待解决的重大难题，哪些是社会所亟须攻克的难题。通过对专业领域目前发展现状和主要问题的判断，帮助学生进行专业研究方向或者未来求职方向的规划。

学习思考

1. 涂铭旌院士将个人前途与国家命运紧密结合起来，在推动国家社会进步的过程中贡献了自己的力量，也实现了个人价值。一个人要取得成功，需要具备哪些条件？怎么理解人的成功？

2. 科学技术在社会发展中发挥着怎样的作用？为什么我国要在关键技术领域取得领先地位？

[1] 曹萍，等. 材料人生·涂铭旌传 [M]. 上海：上海交通大学出版社，2017：105
－112.

[2] 涂铭旌，刘颖，朱达川. 纳米稀土材料的研究进展 [J]. 四川大学学报，2002，34
（4）：1－4.

[3] 中国稀土：硬核的"工业维生素"[J]. 发明与创新·大科技，2019（8）：40－41.

[4] 涂铭旌. 充分利用四川丰产稀土资源，促进稀土工业持续发展 [J]. 世界科技研究与
发展，2003，25（1）：1－5.

[5] 涂铭旌，徐迪，唐英，等. "少人区""无人区"科技谋略 [J]. 重庆高教研究，2013，
1（1）：32－35.

延伸阅读：

1. 张国圣. 涂铭旌：不断创新的"材料人生"[N]. 光明日报，2016－
10－25（5）.

2. 中国科学家博物馆. 金属材料专家 涂铭旌[EB/OL]. [2022－12－30].
http://www.mmcs.org.cn/gz/1224/3469/4327/index.shtml.

日心说*

——物质与意识的辩证关系

段振南

在远古时期，人类就曾好奇地仰观天空。西方神话中流传着上帝创造日月的故事："上帝创造了两个光，大的光掌管着白天，小的光掌握着黑夜。又创造了无数的星宿，将这些星宿置于天空中，照耀大地……"那时的人们认为宇宙中的一切全是神的旨意。但是，还有许多问题无法在神话中找到答案。

1543 年 5 月的一天，一位白发苍苍的老人奄奄一息地躺在病榻上。他的学生把刚刚出版的凝结着他毕生心血的《天体运行论》送到他的手中，但他已经没有力气翻开这本书了，只是用手摸了摸，不久，就与世长辞了。

在他死后，这本书在社会上掀起了轩然大波。有人咒骂书中的内容是异端邪说，不惜使用暴力禁止它的传播；有人赞美这本书揭示了科学真理，不惜为捍卫它献出自己的生命。

这本书的作者，就是伟大的天文学家哥白尼，在《天体运行论》这部不朽的著作中，哥白尼向世界庄严宣布：地球是绕着太阳旋转的！

远古时代，人类站在洪荒漠野上，抬头望着天空中的日月星辰，产生了无穷的遐想。

有人说，天是由站在地上的擎天神扛在肩上的。"盖天说"由此形成了：地是平的，天是圆的，中间隆起，四周下垂，就像盖在地上的一个半球形的大帐篷。后来，人们在观察中发现，"盖天说"无法解释日月星辰的东升西落，只有

---

* 故事来源：哥白尼. 天体运行论 [M]. 叶式辉，译. 北京：北京大学出版社，2006.

在"盖天说"的半个球壳下面再加上半个球壳才对。于是,"浑天说"产生了。

到了公元前 4 世纪,亚里士多德创立了"地心说"。亚里士多德认为,宇宙是一个有限的球体,分为天地两层,地球位于宇宙中心,所以日月围绕地球运行,物体总是落向地面。地球之外有 9 个等距离天层,各个天层本身都不会运动,是上帝推动了恒星天层,才带动了所有的天层。人类居住的地球,岿然不动地居于宇宙中心。

作为古希腊的最后一位大天文学家,托勒密全面承袭了亚里士多德的"地心说",把亚里士多德的 9 层天扩大为 11 层。

托勒密设想,各行星都绕着一个较小的圆周运动,而每个圆的圆心则在以地球为中心的圆周上运动。他把围绕地球的圆叫"均轮",各行星环绕的较小的圆叫"本轮",同时假设地球并不恰好在均轮的中心,而是偏开一定的距离,均轮都是一些偏心圆。日、月、行星除了作上述轨道运行外,还与众恒星一起,每天绕地球转动一周,从而使计算结果与实测结果一致,取得了航海上的实用价值。

托勒密的"地心说"恰好符合基督教的教义,后者认为宇宙和地球都是上帝耶和华创造的,地球位居宇宙中心,圣地耶路撒冷位居大地中央,人类是神的骄子,宇宙间的万物都是神为了满足人的需要而创造出来的。

托勒密的"地心说"

于是,托勒密的"地心说"成了天文学界的"圣经",这种状况一直延续到哥白尼时代。

1473 年，哥白尼出生在波兰托伦小城的一个商人家庭。10 岁那年，瘟疫夺去了他父亲的生命。从那时起，哥白尼开始跟舅父务卡施生活在一起。18 岁的时候，舅父把他送进了克拉科夫大学，在那里，思维敏锐的哥白尼对天文学和数学产生了极大的兴趣。他钻研数学，广泛涉猎古代天文学书籍，潜心研究"地心说"，并开始用仪器观测天象，在头脑里孕育新的天文体系。

哥白尼

后来，哥白尼来到意大利留学，在学术氛围十分活跃的帕多瓦大学学习。该校的天文学教授诺法拉对"地心说"表示怀疑，认为宇宙结构可以通过更简单的图式表现出来。在他的思想熏陶下，哥白尼萌发了地球自转和地球及行星围绕太阳公转的想法。

回到波兰后，哥白尼继续进行天象观测和研究，更进一步认定太阳是宇宙的中心。他认为，行星的顺行逆行，是地球和其他行星绕太阳公转的周期不同造成的假象，表面上看起来好像太阳在绕地球转，实际上则是地球和其他行星在绕太阳旋转。这就像人坐在船上时，明明是船在走，但却感觉是岸在往后移一样。

哥白尼夜以继日地观测着，计算着，终于冲破重重阻力，创立了以太阳为中心的"日心说"。

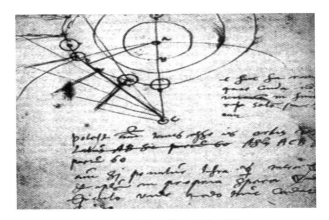

哥白尼测算天体运行的手稿

哥白尼曾把他"日心说"的主要观点写成一篇《浅说》，抄赠给一些朋友。这一观点立即引起了欧洲各国的重视和罗马教廷的惊慌。他们意识到，哥白尼的"日心说"严重威胁着基督教教义的重要支柱——"地心说"。1533 年，罗马教皇克莱门特七世听到"日心说"的内容后大为震惊，千方百计地索取哥白尼的手稿，但遭到了哥白尼的拒绝。随着时间的推移，教会对哥白尼的迫害越发严重。教会势力不仅迫害哥白尼本人，还加害他的亲朋，拘捕他的知己，甚至强迫哥白尼与恋人安娜脱离关系，并把安娜驱逐出境。

哥白尼曾经说过："人的天职在于探索真理。"在这一强烈信念下，他还是在踌躇中开始了《天体运行论》一书的写作。

当他要发表这份论文时，曾经一再地检查自己的论点，而在书中的序文里，他作了如下说明："我这种想法，并不是没有理论根据的。为了害怕受到别人的蔑视，我以前只好将它搁置在一边"。

也曾经有人劝他，不妨在序文中再加上说明，指出这个理论体系只是对日历的计算有所帮助，而不是绝对的真理，不过是一项假设罢了，但哥白尼并没有接受这个建议。1543 年初，《天体运行论》在纽伦堡正式出版。1543 年 5 月 24 日，书被送到哥白尼面前，这时他已因病卧床 1 年多，眼睛也看不见了，只摸了摸书的封面，便与世长辞了。虽然这本书的手稿被纽伦堡的出版商篡改过，原序言被伪序所替换，但这本不朽著作的出版，仍具有划时代的意义。

哥白尼的日心体系学说，推翻了长期统治天文学界的"地心说"，从此自然科学开始从神学的桎梏中解放出来。开普勒、伽利略及其他众多学者，继续发展哥白尼的理论，而牛顿则集其大成。没有哥白尼的"日心说"理论，开普勒就无法发现行星运行的正常轨道。没有"日心说"作为基础，牛顿也无法提出万有引力的概念。

《天体运行论》明确地提出所有的行星都是以太阳为中心并绕着太阳进行圆周运动的。书中写道：

"地球是动的。"

"地球除了旋转外，还有某些运动，还在游荡，它其实是一颗行星。"

"在所有这些行星中间，太阳傲然坐镇……太阳就这样高踞于王位之上，统治着围绕膝下的子女一样的众行星。"

《天体运行论》虽然也存在缺点，但它在人类历史上第一次描绘出了太阳系的真实图景，揭示了地球围绕太阳运转的本质，把颠倒了1000多年的日地关系扶正，引发了中世纪宇宙观的彻底革命，沉重打击了封建教会的神权统治。

哥白尼观测天体运行

"日心说"的科学价值在于突破了"地心说"的局限性，是人类对宇宙构成说的一次重大突破。从"地心说"到"日心说"，表明了人类认识是不断从低级走向高级，从"经验—直观"走向"科学—实证"的。"地心说"是"旧"，而"日心说"是"新"，表面上看，后者对前者的颠覆是知识上"新"与"旧"的更替，实质上却是"真理"与"谬误"的较量。科学研究就是要以探究真理、发现新知为使命，科学的探索永无止境！

故事讨论

1. 故事中的"盖天说"和"地心说"体现了什么哲学观点？其与辩证唯物主义的根本区别是什么？

2. 虽然"盖天说""地心说"颠倒了日地关系，但对"日心说"的提出与发展同样具有积极作用，对此应如何理解？

3. 请从哲学的角度思考从"地心说"到"日心说"的进步意义。

原理分析

经过了近一个世纪的研究探索和斗争，"日心说"的理论终于战胜了统治西方近一千年的"地心说"理论。人们对科学的探索和追求永远没有停歇，新事物的产生和旧事物的灭亡具有历史必然性，新事物必将取代旧事物，虽然这一过程是曲折的，是螺旋式发展的，但前途是光明的。我们不仅要学习科学家们刻苦钻研的探索精神，更要体会在当时的环境下他们所做的斗争，只有这样，科学才能不断进步，才会有更多的真理展现在我们的面前。

第一，世界是物质的，对物质的正确理解是我们认识和把握世界本质和规律的前提。马克思主义从客观存在着的物质世界中抽象出了万事万物的共同特性——客观实在性。所谓物质，就是不依赖于人的意识而存在，并能为人类的意识所反映的客观存在。托勒密的"地心说"迎合了基督教义，被基督教用来维护《圣经》学说，这显然是唯心主义的。哥白尼通过对天体运动的长期观察和科学计算提出了"日心说"，并提出关于地球自转和地球及行星围绕太阳公转的看法。哥白尼白摆脱了长期居于统治地位的"地心说"的思想禁锢，转而提出了更有利于认识和把握世界本质和规律的"日心说"。虽然"日心说"仍具有一定局限性，但在当时的技术条件下，"日心说"是相对于"地心说"的飞跃式发展。当然，随着人类实践和科学技术的发展，对天体运动的科学认识也将不断扩展和深化。

第二，发展是前进的、上升的，发展的实质是新事物的产生和旧事物的灭亡。不论是"盖天说"，抑或是"地心说""日心说"，均说明了发展是前进的、上升的。随着科技水平的提升，人类对事物的发展和认识更为全面，在新的环境条件下，无论旧事物存在的时间多长、多么根深蒂固，其走向灭亡是不可避免的。"地心说"否定了"盖天说"，并舍弃了"盖天说"消极的部分，又保留了其中合理的因素；此后的"日心说"同样如此。旧事物既是将要被消灭的因素，又是新事物不断涌现的动力和源泉。

第三，辩证唯物主义认为，物质是不依赖于人类意识而存在，并能为人类的意识所反映的客观实在。这说明了物质相对于意识的独立性、根源性，以及意识对物质的依赖性、派生性，同唯心主义划清了界限。"日心说"的科学价值在于突破了"地心说"的局限性，是人类对宇宙构成说的一次重大突破，从"地球"中心到"太阳"中心，表明人类观察宇宙的参照系发生了一次巨大的变化。"日心说"没有发现神，而发现了客观存在的天体，在思想上进一步推动了欧洲走出被神学笼罩的中世纪。

教学建议

本案例适用于《马克思主义基本原理》第一章"世界的物质性及发展规律"第一节"世界的多样性与物质统一性"、第二节"事物的普遍联系和变化发展"的教学。

讲授重点：通过案例，让学生理解世界的物质统一性、事物的联系与发展等基本原理，正确认识和把握物质与意识的辩证关系，处理好主观能动性与客观规律性的辩证统一关系。

实践探索：请学生结合自己所学专业，深化关于事物本质及其发展过程的认识，并尝试利用世界的物质统一性与多样性等原理分析所学专业内容。

学习思考

1. "盖天说"认为天是由站在地上的擎天神扛在肩上的，"地心说"认为"是上帝推动了恒星天层"，试分析上述学说的哲学来源以及辩证唯物主义同上述哲学观点的根本区别。

2. 如何理解马克思主义的物质观及其现代意义？

 参 考 文 献

[1] 中共中央马克思恩格斯列宁斯大林著作编译局. 马克思恩格斯选集：第 4 卷 [M]. 北京：人民出版社，2012.

[2] 哥白尼. 天体运行论 [M]. 叶式辉，译. 北京：北京大学出版社，2006.

延伸阅读：

泰森. 给忙碌者的天体物理学 [M]. 孙正凡，译. 北京：北京联合出版公司，2018.

量子理论的曲折发展[*]
——对立统一是事物发展的根本规律

吴超强

在量子理论中，光被认为具有波粒二象性。它指的是所有的粒子或量子不仅可以部分地以粒子的术语来描述，也可以部分地用波的术语来描述。爱因斯坦这样解释这一现象："好像有时我们必须用一套理论，有时候又必须用另一套理论来描述（这些粒子的行为），有时候又必须两者都用。我们遇到了一类新的困难，这类困难迫使我们要借助两种互相矛盾的观点来描述现实，两种观点单独是无法完全解释光的现象的，但是合在一起便可以。"通俗地说，光的波动性是能量传递的一种特性，它无法被直接观测，只能通过粒子表现出来；而光的粒子性是物体固有的一种特性，它可以被直接感知，我们日常所说的物体都具有一定的质量，这就是其粒子性的体现。在经典力学理论中，物质要么是可以看得见摸得着的实物粒子，要么就是看不见摸不着但是可以传输能量的波，然而光却同时具有这两种属性，这就如同水和火可以共存一样，这点直到今天还让很多人无法理解和接受。而在经典力学理论占主导地位的 20 世纪初，量子理论一经提出，便一石激起千层浪，在物理学界引发激烈的争论，最终引起了物理学界划时代的革命。

在 20 世纪初，经典物理学已经发展地相当成熟和完备，以经典力学、经典电磁学和经典统计力学为基础的三大物理学基石几乎可以对所有的物理现象

---

[*] 故事来源：约翰·波尔金霍恩. 量子理论 [M]. 张用友，何玉红，译. 南京：译林出版社，2015.

做出解释，当时的物理学家曾一度骄傲地认为，后世的物理学家只需做一些修补工作即可。在 1900 年的英国皇家学会上，英国著名物理学家开尔文总结了过去几百年物理学的光辉发展历程，并表示："物理大厦已经落成，所剩只是一些修饰工作。"然而，他在展望 20 世纪物理学的前景时，却若有所思地讲道："动力理论肯定了热和光是运动的两种方式，现在，它的美丽而晴朗的天空却被两朵乌云笼罩了，第一朵乌云出现在光的波动理论上，第二朵乌云出现在关于能量均分的麦克斯韦－玻尔兹曼理论上。"殊不知，在他的讲话发表后的十几年里，这两朵"乌云"便给物理学带来了天翻地覆的变化，并最终发展成相对论和量子力学这两门现代物理学说。

开尔文勋爵

在开尔文发表世纪讲话后的十几年里，经典物理学就开始遇到各种无法解释的难题，大有"山雨欲来风满楼"之势。早在量子理论提出之前，物理学家就已经在研究黑体辐射时遇到了各种困难，并出现了"紫外灾难"的世纪难题。其中最具代表性的是维恩公式和瑞利公式。1896 年，维恩从经典热力学出发，并在假设辐射波长为麦克斯韦分布的基础上提出了维恩公式。尽管维恩公式在短波范围与实验符合很好，但在长波段则会明显偏离，且偏离量随温度的增加而增大，在长波和高温的条件下，辐出度变得与波长无关，显然与实验不符。瑞利和金斯分别于 1900 年和 1905 年，根据经典电磁理论和能量均分原理得到了瑞利－金斯公式。瑞利－金斯公式在波长较长时与实验相符，但是在波长较短时不仅与实验不符且结果趋于无穷大，这显然是十分荒谬的。由于瑞利－金斯公式的这一严重缺陷发生在紫外波段，因此被称为"紫外灾难"。

　　对于瑞利公式和维恩公式存在的问题，德国物理学家普朗克合理地指出，黑体辐射公式必须在长波段符合瑞利－金斯公式，且在短波段符合维恩公式。1900年，为了更好地符合实验数据，在经过一系列缜密的推导后，普朗克创造性地摒弃了物理学家秉持的能量连续化思想，认为能量可能是某个最小数值的整数倍，即能量是不连续的。虽然这个理论可以很好地解释黑体辐射实验数据的公式，但是绝大多数物理学家甚至普朗克本人都难以接受这个新思想，普朗克曾对他的儿子说，自己的发现"要么是荒诞不经的，要么是继牛顿力学以来物理学最伟大的发现之一"。经典理论与现代理论出现了第一次交锋，而对光电效应的研究则将这一冲突推向了高潮。

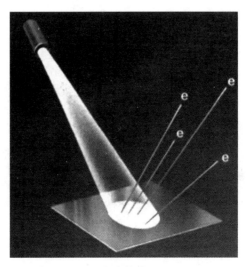

光电效应

　　"光波"，顾名思义，即认为光是一种波。但在对于光电效应的解释中，这一经典理论却遇到了难题。光电效应是指光在照射到金属电极时产生电流的现象。在实验中，当光波低于截止频率照射金属电极时，无论光强如何变化，始终没有光电流产生。而在光波高于这个特定频率时，瞬时就会有光电流产生，并且逸出电子的初始动能与入射光的频率成线性的变化关系，光强仅影响饱和光电流的大小。

　　如果我们用经典波动理论分析这一现象，则会出现与实验现象截然不同的结论：首先，在经典电磁理论中，光波的能量正比于振幅的平方，也即正比于光强，因此与频率无关。根据动能定理，电子的初始动能应当与入射光强呈线性关系，而与光波频率无关。此外，根据经典电磁理论，当光强足够大或照射时间足够长时，电子总能获得足够的能量挣脱束缚，而不会出现频率较低的光即使照射足够长的时间也无法产生光电流的情况。并且当光强较低时，光电子溢出应该会有时间累积，而不会出现入射光刚一照射就出现光电流的情况。在这里，经典理论遇到了无法解释的难题。

普朗克的理论在接下来的十几年里都没有被广大物理学家接受，爱因斯坦是少数认同这种思想的物理学家之一。爱因斯坦接受这个观念并将能量量子化扩展到光的量子化。1905 年，他创造性地提出了光量子理论：光在空间中仍然是以粒子形式向外传播，即以一份一份电磁波的形式进行，称为光子。单个光子的能量为 $\varepsilon = hv$，其中 h 为普朗克常数，v 为电磁波频率，即单个光子的能量只与频率有关。光源发光是以单个光子的方式进行传输的，光子与金属的作用也对应于单个电子，电子吸收能量后，一部分用于挣脱金属对电子的束缚，另一部分成为电子离开金属表面后的初始动能。在此理论的基础上他提出了光电效应方程：$hv = \frac{1}{2}mv^2 + w$。

光量子理论可以很好地解释上述实验现象：根据光电效应方程，电子溢出需要克服金属内部的束缚而损失一部分能量，而电子能量只与吸收的光子频率有关。因此存在一个截止频率，当小于截止频率时，电子无法溢出，也就没有光电流产生。而原子对单个光子的吸收几乎是一瞬间的事，当大于截止频率的光照射时，即使光强很弱也没有时间累积，也立刻有光电流产生。

虽然光量子理论可以很好地解释光电效应的实验现象，但它与经典物理学的根基——能量连续化相悖。因此，在 1916 年密里根通过实验进一步验证爱因斯坦理论的正确性之前，这个理论仍被物理学界排斥多年。后来，凭借在光电效应领域做出的杰出贡献，爱因斯坦于 1921 年获得了诺贝尔物理学奖。

值得一提的是，在证明光量子理论的过程中，中国物理学家也做出了卓越的贡献。1925 年，中国著名物理学家吴有训在康普顿的指导下，用 X 射线对石墨、炭、石蜡等物质进行散射实验，并用摄谱仪对散射光的波长和相对强度进行测量。实验发现，X 射线的散射会产生波长变长的情况，这与米氏散射和瑞利散射的散射规律不同，后者属于弹性散射，波长成分不会发生变化；其次，波长的增加量仅仅决定于散射的角度，且对应的散射光强度也会变化，这种现象被称为康普顿效应。从光量子理论的角度可以很好地解释这一实验现象，该效应也因此充分地证明了光量子理论的正确性。

光量子理论说明了光不仅具有波动性，还具有粒子性，即具有波粒二象性，而关于量子理论的发展也还在继续。黑体辐射中能量的不连续性和光量子理论颠覆了人们传统的物理学认识，也给人们对微观世界的认识提供了新的思路。在这种背景下，科学界开始探讨实物粒子是否也具有波粒二象性。1924年，法国青年物理学家德布罗意率先在光的波粒二象性的启发下想到：自然界在许多方面都是明显地对称的，既然光具有波粒二象性，则实物粒子也应该具有波粒二象性。他在他的博士论文《量子理论的研究》中提出所有物质粒子都具有波粒二象性的假设，认为任何物体都伴随着波，物体的运动和波的传播不可分离。这个理论一经提出，就在当时的物理学界引起了巨大的争议，因为这意味着各种物体乃至人体也是一种振动并传输能量的波。尽管这听起来十分令人难以接受，然而爱因斯坦却在给洛伦兹的信中写道："我相信这是揭开物理学最困难谜题的第一道微弱的希望之光。"1927年，美国物理学家戴维森通过实验观察到了电子的衍射波，从而证实了物质波理论，德布罗意也因此荣获1929年的诺贝尔物理学奖。在现实世界中，物体之所以无法被观测到波动性是因为其波长太小，而物质波理论也意味着现代量子力学的开端。

针对光和粒子的波粒二象性，玻尔提出了互补原理，从哲学角度对其进行了概括。玻尔认为，虽然光和粒子具有波粒二象性，但两种特性不能在测量中同时出现，也就是在描述微观粒子时，波和粒子的经典概念是互斥的，两种现象不可能同时存在；但是，在描述微观现象时，不能独立运用某个概念进行解释，而需要共同运用两者才能进行全面的描述，它们之间又是互补的、并协的。

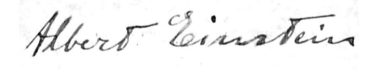

隐藏着宇宙深处奥秘的公式——质能方程

从1900年普朗克提出能量量子化，到1927年物质波理论得到证实，已经过去了几十年。在这几十年里，物理学界经历了持续而又激烈的辩论和不断的实验，最终实现了自我革命，接受了量子化的观点。然而量子力学的发展并没有止步于此，在波粒二象性的条件下衍生出的不确定性关系，使得玻尔和爱因斯坦关于"上帝是否会投骰子"这个问题的争论成为著名的世纪论战。而"薛定谔的猫"这个四大物理学"神兽"之一，则更是将这个学术问题带到了每个普通人的生活中。尽管相对论和量子力学在各自的领域中得到了很好的证实，但是它们之间却存在着本质性的矛盾。科学发展的前路究竟在何方？真理究竟掌握在谁的手中？这都需要科学家们做长久的探索。

故事 讨论

1. 波动性和粒子性这两个相互矛盾的属性却同时被光拥有，这体现了什么哲学原理？

2. 为什么量子理论在已经很好地符合实验规律的情况下，还是经历了很长一段时间才得到科学界的认可，这反映了事物发展的什么规律？

3. 普朗克提出能量不连续时，在科学界受到了极大的质疑，而德布罗意提出实物粒子具有波粒二象性时，科学界却以验证的态度为主，这反映了人的认识具有什么规律？

4. 相对论和量子力学的本质性矛盾说明真理具有哪些特性？

原理 分析

20世纪初的几十年是物理学最辉煌的几十年，也是物理学最煎熬的几十年。在这段时间，物理学实现了继牛顿力学以来最伟大的革命。量子理论也在经过几十年的发展后趋于完善并被物理学界所接受，由此开启了现代量子力学的篇章。"量子理论"的曲折发展，给我们带来多方面的启示。

其一，事物发展是前进性和曲折性的统一。事物发展的总趋势是前进的，新事物必然战胜旧事物，任何事物的发展都是前进性与曲折性的统一，在前进中有曲折，在曲折中向前进，是一切新事物发展的途径。在量子理论的发展过程中，每一次对旧理论的否定都使得物理学出现了质变，使其进入一个新的发展阶段。从普朗克提出能量量子化到爱因斯坦提出光量子理论，再到德布罗意提出实物粒子的波粒二象性，每一位物理学家做出的贡献对物理学都有划时代的意义。他们的贡献并不是一蹴而就的，在量子理论的每一次发展过程中，都受到了来自经典物理学的强大阻力。但是，在经过十几年甚至几十年的曲折后，它们终被物理学界接受，为量子理论的发展开辟了新的道路，使物理学进入了一个新的篇章。

其二，事物发展是渐进性和飞跃性的统一。事物在发展过程中，既要体现渐进过程中的连续性，又体现出由一种质态向另一种质态的飞跃，反映了事物发展过程中渐进过程和连续性的中断，由此构成渐进性和飞跃性的统一。在量子理论的发展中，不仅有普朗克、爱因斯坦和德布罗意等人在理论上做出的突出贡献，也有密立根、康普顿和戴维森等实验物理学家为了对这些猜想进行验证而做的努力。正是每个人所做的贡献不断积累才使得量子理论变得成熟，完成了从经典物理到量子力学的转变。在经过了量变的积累后，新事物终将战胜旧事物，完成质的飞跃。

其三，对立统一规律是事物发展的根本规律。事物运动、变化、发展的根本原因在于事物内部的矛盾性，事物普遍联系的实质就是事物之间由多方面的对立统一构成的矛盾体系；事物发展的实质就是新事物扬弃旧事物的过程，它体现着事物内部肯定方面与否定方面的对立统一的关系。波动性和粒子性这两个相互对立的性质却同时存在于所有的粒子中，只是在不同的应用场景下体现出不同的性质；经典物理学和量子力学这两个相互矛盾的理论体系如今也仍在宏观和微观两个不同的领域发挥着它们的作用；尽管经典物理学已经在某些领域被证伪，但是它仍然在日常生活等适合它的领域发挥着重要作用。由此可见，矛盾虽然普遍存在，但是矛盾双方仍然可以有机地结合在一起，在对立和统一中共同发展。

总之，量子理论的光辉发展历程，深刻说明了事物的发展既是对旧事物的否定又是与旧事物联系的过程，是对立统一的过程。

 **教学** 建议

本案例适用于《马克思主义基本原理》第一章"世界的物质性及发展规律"第二节"事物的普遍联系和变化发展"的教学。

讲授重点：通过案例，让学生深刻理解"对立统一规律是事物发展的根本规律"。理解对立统一规律是唯物辩证法的实质和核心，理解矛盾的同一性、斗争性及其辩证关系。

实践探索：请学生结合自身专业学习，举例说明某一现象内在的同一性、斗争性及其辩证关系是如何推动事物发展的。

 **学习思考**

对立统一规律是唯物辩证法的实质和核心，矛盾分析法为我们提供了认识世界和改造世界的根本方法。我们如何认识矛盾分析法？

参 考 文 献

[1] 中共中央马克思恩格斯列宁斯大林著作编译局. 马克思恩格斯选集：第 4 卷 [M]. 北京：人民出版社，2012.

[2] 约翰·波尔金霍恩. 量子理论 [M]. 张用友，何玉红，译. 南京：译林出版社，2015.

延伸阅读：

斯通. 爱因斯坦与量子理论 [M]. 北京：机械工业出版社，2019.

天空中的强者*
——认识世界与改造世界

陈　幸　陈黎梅

　　从远古先祖仰望星空时开始，像鸟一样翱翔天际便成了人类不灭的梦想。中国古代有嫦娥奔月的传说，明朝的万户等人更是做出了极其悲壮的尝试。直到那两个人出现，才真正为人类拉开征服天空的序幕！

　　19世纪是人类历史上热衷于发明飞行器的时代，自由飞翔于天空的梦想在这一时期高涨。早在今人熟知的莱特兄弟发明出"飞行者一号"之前，就已经有许许多多的民间高手或科学家研制出可以在天上飞行的机器，如滑翔机等。但这些发明都有一个致命的缺点——无法载人，因而也就不能实现人类的飞天梦。莱特兄弟真正解决了载人飞行这个问题。

　　出生于美国俄亥俄州的代顿市郊的威尔伯·莱特、奥维尔·莱特，来自一个普通的家庭，他们从小就对自然现象及其中的原理感到好奇。他们经常观察风吹树动，观察鸟儿振翅飞行，痴迷于自然的神奇，在他们的幼小心灵里早早就萌生了飞上蓝天的梦想。这个梦想也一直影响着他们的人生。兄弟俩虽然都没有接受过学校的正规教育，但他们对自然科学和工程技术却十分热爱，更喜欢幻想和追求新奇事物。

---

　　*　故事来源：谢建南. 莱特兄弟［M］. 西安：陕西人民出版社，2014.

莱特兄弟

长大后，莱特兄弟先后创办了《西边新闻》报、莱特自行车公司，生意越做越大，挣了不少钱，这为他们日后研制飞机做了必要的技术和资金准备。在1896年的一天，莱特兄弟在报纸上看到一则信息，其中讲到德国的一位市民因驾驶滑翔机发生失误，最终身亡。这则信息触动了他们的内心，两人心中埋藏了几十年的种子终于在那一刻破土而出：是时候追寻儿时的梦想了。莱特兄弟决定开始研究可靠的载人空中飞行器。

莱特兄弟首先要弄明白的是飞行器的发展已经到了哪一步了。1899年，威尔伯·莱特写信给史密森研究院，索取有关航空飞行的文献资料，他在信中说："我坚定地相信，人类的飞行是可能的，也是现实的，我准备系统地进行这一课题的研究，并实际去工作。我是一个热心者，但绝非幻想者，因为我已拥有一定的制造飞行机器所需要的理论基础。我希望任何已知的理论知识都对我有所帮助。如果我有可能做出一份微薄贡献，会对那些未来最终成功者提供有益的借鉴。"史密森研究院非常大方且及时地为他们提供了有关航空的书刊以及各方面实验资料与数据。莱特兄弟从中受益良多：一是学到了比较系统的航空知识，特别是飞机的基本结构及其部件，以及空气动力学知识；二是认识到飞机发明的难度所在，以及前人未能取得成功的经验教训。

从此，这两位连大学都没有念过的门外汉，开启了他们传奇的一生。莱特兄弟首先找到了研制飞机的正确途径，那就是先从滑翔机开始，解决稳定与操纵问题，从中积累飞行经验，然后给它加装动力，使之成为一架有动力、可操纵、能保持稳定的载人"飞机"。

兄弟二人首先开始了滑翔机的改造与创新性设计。由于滑翔机的制作工序十分复杂且耗时，要获得机翼的空气动力学数据，就必须进行一次滑翔机的飞行，但这样的飞行实验风险和代价都很大，新设计的不成熟的机翼极易发生事故而造成机毁人亡。这是他们面临的第一道大关。莱特兄弟开始一次又一次地做滑翔机实验，不过他们很快发现前人总结的升力数据并不完全可靠，为了得到大量更为可靠的实验数据，他们设法简化实验过程。

　　某一天全家外出郊游，弟弟在一旁放风筝的时候，哥哥在一旁看到，在没风的时候，弟弟必须拽着风筝线不停地跑，才最终让风筝飞上了天。而有风的时候就简单多了，弟弟站在原地就可以让风筝飞起来，甚至还可以把风筝线绑在石头上，自己坐在一旁野草地的毯子上和家人一起吃着美味的零食。哥哥突然灵光一闪：不论是奔跑还是刮风，让风筝飞起来的条件只有一个，就是要风筝和空气产生相对运动。他发现如果要测滑翔机的气动性能，让它"奔跑"往往比较困难，那么换一个角度，把它停在风中就好了——但这个风要可控、可测。基于这一想法，他们制造了一个微型风场——"风洞"。当前辈和同行们为了获得升力数据一次又一次冒着生命危险趴在滑翔机上控制飞行时，他们兄弟二人把机翼固定起来，给机翼吹风。

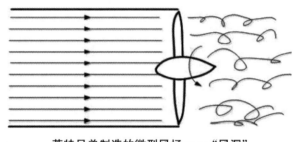

莱特兄弟制造的微型风场——"风洞"

　　有了风洞，莱特兄弟可以以极小的代价重复上千次实验，不断修正他们的机翼形状，最终得到一个非常理想的设计。

　　在不到两个月的时间内，他们进行了700多次试飞和改进，最远的飞行距离达到了190米，稳定性和可操纵性能相当出色。他们制成的第三架滑翔机与正式的飞机之间只有一步之遥了。莱特兄弟非常兴奋，决定沿着正确的道路继续走下去。莱特兄弟曾经说："滑翔机的设计经验对我们而言实在太重要了。因为有了它的基础，'飞行者1号'飞机的机身设计很快就完成了。"

　　在解决了这个难题后，真正的困难出现了——那就是如何自如地操控飞机。此前，驾驶员多是通过改变身体位置来控制滑翔机的飞行速度与方向，不可控因素过多。为了高效安全地操控飞机，他们必须造出一个前所未有的飞行器控制系统，以保障飞机实现各种动作与机上人员的安全。他们回想起小时候观察到的鸟儿在天空中翱翔，每一次转弯时，鸟儿的翅膀都是不对称地弯折。通过对鸟儿飞行的观察与记录，他们终于找到了控制飞机自由转向、俯仰翻滚的方法——"翘曲机翼"技术。所谓翘曲机翼，也就是通过控制索扭转机翼，进而改变飞机的姿态，产生不平衡升力。正是这项技术，让莱特兄弟掌握了飞机升空后保持平衡的核心。"飞行者1号"就此闪亮登场，打开了人类飞行史的大门。

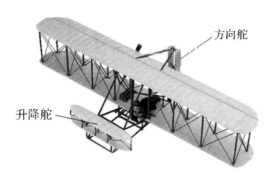

莱特兄弟制造的第一架飞机"飞行者1号"

基于莱特兄弟对载人飞行器的突破性创造与贡献，寇蒂斯改用副翼控制，在机翼外段后缘增加可动的控制面，用控制面的上下偏转控制横滚力矩。这一设计带来了比翘曲机翼更好的控制能力，是一项足可载入史册、至今仍被应用的伟大发明。

1903年12月17日，莱特兄弟制造的装有内燃发动机和螺旋桨的飞机，首次进行了持续的、有动力的、可操纵的载人飞行，开辟了人类航空史上的新纪元，从此人类真正插上了翅膀，得偿飞翔天空的夙愿。飞机的发明及其发展，给世界带来了巨大的变化，是人类20世纪最伟大的成就之一。

100年来，通用航空业也实现了长足的发展。飞机已广泛地应用于工业、农业、林业、牧业和渔业，应用于地质勘探、起重吊装、医疗救护、空中测绘和摄影等众多行业。飞机作为这些行业的先进生产工具，改变了作业方式，提高了作业效率，获得了很高的经济效益与社会效益，在许多情况下成了无可替代的作业工具。飞机还广泛应用于治安监控、边海防巡查、消防、救治和救援等应急性强的社会管理和保障领域，大大提高了社会管理和保障的效率。

1. 莱特兄弟认识到，制造飞机首先要对滑翔机进行改造与创新性设计，解决稳定与操纵问题。他们从放风筝和鸟儿飞翔的事例中得到启发，制造了一个简单的风洞，以此进行了700多次试飞和改进，不断修正机翼形状。莱特兄弟发明飞机的历程，体现了认识世界和改造世界的哪些原理？

2. 有人说"这些飞行原理幼儿园小朋友都会，这算什么伟大发明啊"，你如何看待这种说法？

原理 分析

100多年来，航空工业、航空运输和通用航空以及军用航空事业的发展，深刻地影响着人类军事文明和政治文明的演进。飞机的发明和航空事业的发展，是人类认识世界、改造世界活动的生动展现。

其一，认识世界与改造世界是密切结合的。认识世界，就是主体能动地反映客体，获得关于事物本质和发展规律的科学知识，探索和掌握真理；改造世界，就是主体按照有利于自己生存和发展的需要，改变事物的现存形式，创造自己的理想世界和生活方式。认识世界和改造世界是相互依赖、相互制约的辩证统一关系。一方面，认识世界有助于改造世界，正确认识世界是有效改造世界的必要前提；另一方面，人们只有在改造世界的实践中，才能不断地深化、拓展对世界的正确认识。认识世界和改造世界的统一，决定了理论与实践必须相结合。莱特兄弟从史密森研究院获得许多有关航空的书刊以及各方面实验资料与数据，学习到了飞机的整体架构和空气动力学知识，并通过观察和思考放风筝、鸟儿飞翔等实际情况，制造风洞来解决滑翔机试飞问题。两人在全面认识飞机的基础上，将理论与实践相结合，以理论指导实践的发展。

其二，认识世界与改造世界是一个充满矛盾的过程。世界不会自动地满足人，人也不会满足于世界的现存形式。人类主体总是受着目的性和能动性的驱使，要求外部客观世界满足自身的需要。但客观世界是按照固有规律运行的，不可能自动满足主体的愿望和需要，因而主观和客观经常处于矛盾之中。主观和客观的矛盾是人类认识和实践活动中的基本矛盾，也是人类认识世界和改造世界的根本动力。正是在这一矛盾的驱使下，人类对世界的认识和改造不断深入。矛盾是在实践基础上产生的，也只能在实践中解决。认识世界和改造世界统一的基础是实践。莱特兄弟从小就对机械有着天生的爱好，萌生出将来一定要制造出一种能飞上蓝天的东西的愿望。这个愿望一直影响着他们。他们在掌握已知理论知识的基础上，找到了研制飞机的正确途径，然后解决了如何自如地操控飞机的问题，最终制造出"飞行者1号"，打开了人类飞行史的大门。

其三，认识世界与改造世界的过程是从必然走向自由的过程。必然与自由的关系贯穿于人类存在和发展的始终，并成为人类存在和发展的永恒矛盾，因此也是人类存在和发展的永恒动力。人类在不断追求自由中完善自己，也在不断解决必然与自由的矛盾的过程中实现发展。建设中国特色社会主义是一个从必然向自由不断前进的过程，经过社会主义现代化建设的不懈探索和经验积累，我们党逐步深化了对中国特色社会主义建设与发展规律的认识，并自觉运用这些规律推进中国特色社会主义事业。我们将更有能力妥善解决必然与自由的关系，更有能力推进社会全面进步和实现人的自由而全面的发展。从莱特兄弟首次发明飞机后，人类对天空的探索飞速发展，以至于可以不局限于地球表面，进而探索宇宙，更加自由地认识世界、改造世界。

其四，实现理论创新和实践创新的良性互动。实践创新具有基础性意义，为理论创新提供不竭的动力源泉。理论创新不仅要以实践创新为基础，还要发挥科学的指导作用"反哺"实践。理论创新与实践创新相互促进、辩证统一。习近平提出："要根据时代变化和实践发展，不断深化认识，不断总结经验，不断进行理论创新，坚持理论指导和实践探索辩证统一，实现理论创新和实践创新良性互动，在这种统一和互动中发展21世纪中国的马克思主义。"正是因为莱特兄弟对于载人飞行器的突破性创造与贡献，才有了寇蒂斯在莱特兄弟的基础上改用副翼控制的改进。莱特兄弟利用空气动力学知识发明、制造了飞机，这一实践的发展又推动了人类对天空、宇宙的认识，正体现了实践与理论的良性互动。

教学建议

本案例适用于《马克思主义基本原理》第二章"实践与认识及其发展规

律"第三节"认识世界和改造世界"的教学。

讲授重点：通过案例分析，引导学生深刻把握认识世界和改造世界是人类创造历史的两种基本活动。认识活动的任务不仅在于解释世界，更在于为改造世界提供理论指导，实现主观与客观、认识与实践的统一。坚持这种统一，归根到底要将认识世界和改造世界密切结合起来。

实践探索：创新是一个民族进步的灵魂，是一个国家兴旺发达的不竭动力。请学生从自己所学专业出发谈谈如何实现理论创新和实践创新的良性互动。

1. 习近平提出："要根据时代变化和实践发展，不断深化认识，不断总结经验，不断进行理论创新，坚持理论指导和实践探索辩证统一，实现理论创新和实践创新良性互动，在这种统一和互动中发展 21 世纪中国的马克思主义。"作为新时代的青年，我们应如何理解习近平新时代中国特色社会主义思想？

2. 马克思主义认为，自由是表示人的活动状态的范畴，是指人在活动中通过认识和利用必然所表现出的一种自觉自主的状态。但自由是有条件的，相对的，会随着实践的深入而不断扩大。结合自己的学习历程，谈谈你对上述内容的理解。

[1] 谢建南. 莱特兄弟 [M]. 西安：陕西人民出版社，2014.
[2] 孙实. 莱特兄弟 [M]. 北京：新华出版社，1988.

延伸阅读：

1. 中共中央马克思恩格斯列宁斯大林著作编译局. 马克思恩格斯文集：第 1 卷 [M]. 北京：人民出版社，2009.

2. 张自粉. 莱特兄弟：为人类插上翅膀的兄弟 [M]. 北京：中国社会出版社，2012.

从都江堰水利工程看人与自然的和谐共存[*]

——主观能动性和客观规律的辩证统一

胡 萍

故事呈现

　　水是生命之源，世界文明无一例外都发源于水。水孕育了文明，同时又在毁灭文明。长江上游的重要支流岷江，就是这样一条变幻无常、神鬼莫测的河流。人们对她又爱又恨。早在秦代，岷江就被列为国家祭祀的十八处山川之一，它孕育了成都平原，衍生出江源文明，堪称我们的母亲河。但它同时又易泛滥成灾，冲毁庄稼，卷走牛羊。在都江堰水利工程修建之前，岷江两岸的人民可能上午还在载歌载舞，欢庆丰收，下午就要抱头痛哭——丰收的五谷被洪水冲走，颗粒无归。历代治蜀者都明白：治蜀必先治水。

　　最早治理岷江的是大禹，他采用"疏导"的治水思想，开创了"岷山导江，东别为沱"的治水经验，继而推广至九州，成为后人的治水法宝。继禹之后，蚕丛、柏灌、鱼凫、望帝、丛帝等古蜀王都为治理岷江水患做出了巨大贡献，但因为种种原因，岷江一直没有得到根本性的治理，在人们眼里这仍然是一条喜怒无常、难以降伏的"恶龙"，蜀人依然时常过着"几为鱼鳖"的悲惨生活。到了战国时期，一个大禹似的德才兼备的治水英雄——李冰出现了。

　　公元前276年，秦昭王任命李冰担任蜀郡守，李冰到任后的第三年，也就是公元前274年，开始着手修建都江堰。岷江出山口那片平坦的区域成了壮观的建设工地，修建者多达十万人，李冰则以蜀郡太守和大国工匠的双重身份成为这项工程的总设计师。经过数次溯江而上或顺流而下的认真勘测，李冰决

　　* 故事来源：常璩. 华阳国志·蜀志 [M]. 济南：齐鲁书社，2010.

定，用鱼嘴分水堤、宝瓶口和飞沙堰来构建都江堰的渠首工程，三大工程首尾呼应，三位一体，道法自然，天人合一。这一设计使堤防、分水、泄洪、排沙、控流相互依存，共为体系，保证了防洪、灌溉、水运和社会用水综合效益的充分发挥；而密如蛛网的沟渠则是蜀国农业生生不息的经络与血脉。

严格来讲，我们平时所称的都江堰，全称应为"都江堰渠首工程"。都（dōu）者，总也。都江堰，即总揽岷江之意。不过现在都读成了"dū"江堰。

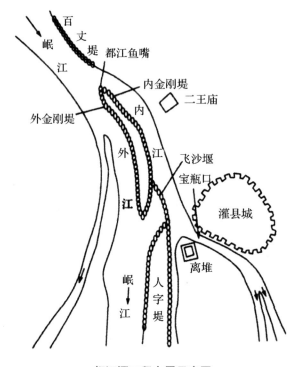

都江堰工程布置示意图

分水

都江堰的作用主要分为三个方面：分水、飞沙、泄洪。

鱼嘴的作用就是分水。在鱼嘴上游，有两三个"小岛"，叫马足沱，又名韩家坝，实为几个江心洲。冬天岷江水量小的时候，马足沱露出来，把水导向内江；夏天水量大时，马足沱被淹没，江水就直扑外江。由此，这一分水的效果自然显现：分四六、平涝旱。也就是说，冬天水少的时候，大部分水流向内江，灌溉成都平原；夏天水多的时候，大部分水流向外江，确保成都平原安全。分水实际上是马足沱和鱼嘴共同作用的结果。

飞沙

大江大河总会携带大量的泥沙，甚至巨石，由此而生的河道淤塞、工程报废的困窘，古今中外，比比皆是。那么，都江堰是怎么做到自动排沙的？

当江水从鱼嘴进入内江之后，沿岸的河道是弯的。湍急的江水沿着弯曲的河道流动，泥沙因径向压力压向圆心即水流旋涡的中心。这个时候，在金刚堤开个口，泥沙就自动跑向圆心，飞向外江，这个开口的地方就是飞沙堰。

当江水经过飞沙堰后，快速地正面直扑离堆。水被离堆挡住，一部分水左拐进入宝瓶口，另一部分水会往下然后回流。所以，在离堆前面的这一段江水，上面是从上游往下流，下面是从下游往上流。在江底回流的水，会带上江底残留的泥沙，再次经过飞沙堰，飞到外江。据相关资料显示，进入内江的沙石，接近80%都能从飞沙堰排到外江。

泄洪

江水过了飞沙堰，就到了宝瓶口。宝瓶口河道较窄，可起到控制水量的作用。在丰水期因水量大，进入内江的水相对较多，必然会抬高水位。此时，飞沙堰的作用再次体现，大量的江水从飞沙堰排入外江。若水量仍然较大，在离堆和人字堤之前，还有一条泄洪道，洪水将通过泄洪道进入外江，确保内江水量不至过大。飞沙堰的高度是可以调节的，筑得高，内江水就多；筑得低，江水外流多，内江水就少。简单地说，飞沙堰的高低，可以根据成都平原的用水量来进行调节。

公元前256年，李冰率领民工耗时18年，终于完成了这项举世无双的水利工程。鱼嘴、飞沙堰、宝瓶口三大主体有机配合，相互制约，协调运行，分洪减灾，终使成都平原沃野千里，水旱从人，不知饥馑，时无荒年，谓之天府。

都江堰的伟大之处还在于，如此庞大的一座水利工程却没有修建一道水坝。李冰没有刻意征服自然、改造自然，而是遵循顺应自然、师法自然的原则，利用山势、地势与水势，因势利导，因时制宜，实现了自动分流、自动排沙和自流灌溉的功效，使人、地、水三者高度协调统一。即使到了两千多年后的今天，都江堰也依然是人与自然和谐相处的典范，是全世界迄今为止年代最久、唯一留存、以无坝引水为特征的宏大水利工程。它开创了中国水利史上的新纪元，并在世界水利史上写下了辉煌的篇章。它当之无愧地成为中国古代劳动人民勤劳与智慧的结晶，成为中华文明划时代的杰作。

2000年，在联合国世界遗产委员会第24届大会上，都江堰由于其水利工程历史悠久、规模宏大、布局合理、运行科学，且与环境和谐结合，在历史和科学方面具有突出的普遍价值，被确定为世界文化遗产。

2008年，都江堰市成为5·12汶川大地震的重灾区，但都江堰水利工程却经受住了8级地震，处于岷江中的水利工程几乎未有受损，据说这是因为其设计具有相当的防震性，这让我们不得不更加佩服古人的智慧与能力。如今，都江堰已被打造成集水利工程、风景观光、文化传播为一体的国家级风景名胜区，未来仍将绽放出璀璨光辉，发挥巨大作用。

除了都江堰，在中华五千年的文明发展史中，还诞生了很多其他伟大的水利工程，如古代的郑国渠、灵渠、京杭大运河等，现代的红旗渠、长江三峡水利枢纽工程、葛洲坝水利枢纽工程、南水北调工程等，它们的历史成就，既是我们宝贵的工程知识财富，又具有独特的文化精神内涵。

故事 讨论

1. 通过以上内容的学习，联系实际，并结合马克思主义理论，谈谈你从中学到了哪些做人做事的道理。

2. 你如何认识"绿水青山就是金山银山"这句话的深刻含义？在实际生活中又该如何贯彻践行？

 **原理** 分析

　　早在 2000 多年之前，中国人就已经在治水方面展示出了举世无双的才华和智慧，能够巧妙运用山势、地势、水势，变水患为水泽。李冰为了造福百姓，带领民工艰苦作业 18 年，是当代党员干部为人民服务的遥远折射。都江堰每一处精妙的设计都是中国人智慧的集中体现。迄今为止，都江堰仍然是屹立在世界水利史上的一座丰碑，这不仅是中国的骄傲，也是可与世界共享的财富。我们从中可以得到许多宝贵的启示。

　　其一，坚持人与自然和谐共生，建设生态文明，是中华民族永续发展的千年大计。自然界是物质的，人类的实践活动能够改变自然事物的形态和面貌，在自然界打上人类的印记，使之成为人化的自然，但不能改变自然界的客观实在性。古往今来，人类始终在找寻与自然的平衡关系中繁衍生息。人因自然而生，人与自然是共生关系，人类的发展活动必须尊重自然、顺应自然、保护自然，这是人类必须遵循的客观规律。近年来，国家不断推进环境保护和生态文明建设，党和国家领导人提出和强调的"人与自然是生命共同体""绿水青山就是金山银山""要像保护眼睛一样保护生态环境，像对待生命一样对待生态环境"等理念和重要思想，无一不说明了生态环境是人类生存最为基础的条件，是我国持续发展最为重要的基础。水利工程建设，正是人类在认识自然的过程中，运用智慧和科技，正确处理人与自然生态关系的历史见证，它见证了人类从受制于自然到征服自然，最后实现人与自然和谐共生的发展历程。

　　其二，实践是检验真理的唯一标准。辩证唯物主义认识论科学地解决了真理标准问题。从根本意义上说，实践是检验真理的唯一标准，此外再也没有别的标准。无论是大禹还是李冰，他们的治水功绩并不只停留于理念和想法，而是在实践当中摸索与前行，也正是在不断的实践与改进当中，才造就了伟大的工程，并在 2000 多年的风风雨雨中得到检验。我们党和国家也一直以史为鉴，脚踏实地地践行社会主义核心价值观。

　　其三，尊重客观规律是正确发挥主观能动性的前提。规律是事物变化发展过程中本身所固有的、内在的、本质的、必然的联系。人们只有在认识和掌握客观规律的基础上，才能正确地认识世界，有效地改造世界。都江堰的伟大之

处还在于，如此庞大的一座水利工程却没有修建一道水坝。李冰没有刻意地去征服自然，改造自然，而是遵循顺应自然、师法自然的原则，利用山势、地势与水势，因势利导，因时制宜。这也指导我们做事要根据实际情况，搜寻事物发展规律，客观认识和看待世界。

其四，只有充分发挥主观能动性，才能正确认识和利用客观规律。承认规律的客观性，并不是说人在规律面前无能为力、无所作为。经过数次溯江而上或顺流而下的认真勘测，李冰决定，用鱼嘴分水堤、宝瓶口和飞沙堰来构建都江堰的渠首工程，三大工程首尾呼应，三位一体，道法自然，天人合一。在这一过程中，李冰认识、了解了岷江的客观情况，并独具匠心地设计出了堪称完美的渠首工程，这正是其发挥主观能动性的体现。

都江堰作为千年水利——"无坝引水"工程，至今仍然发挥重要的水利灌溉作用，使成都平原水旱从人、不知饥馑，有了"天府之国"的美誉。这项水利工程是中国人智慧的结晶，是中华民族的骄傲，也是中国带给世界的财富。当前，正处在我国民族复兴的伟大阶段，作为祖国未来栋梁之材的大学生、青年人更应由此感受到强烈的自豪感和使命感，以民族腾飞为己任，担任起民族复兴的伟大使命，为建设更美好的祖国而奋斗。

教学建议

本案例适用于《马克思主义基本原理》第一章"世界的物质性及发展规律"第一节"世界的多样性与物质统一性"、第二章"实践与认识及其发展规律"第二节"真理与价值"的教学。

讲授重点：通过案例，让学生理解物质与意识的辩证关系。在此基础上，还要处理好主观能动性和客观规律性的关系。一方面，尊重客观规律是正确发挥主观能动性的前提；另一方面，只有充分发挥主观能动性，才能正确认识和利用客观规律。

实践探索：从都江堰的无坝引水，到今天党中央和习近平总书记提出的"绿水青山就是金山银山"，都揭示了大自然的客观规律与人的主观能动性之间的关系。请同学们分析建设生态文明的重大意义。

学习思考

1. 有人说 2000 多年前的古人并不懂得物理与力学的原理，都江堰水利工程中的结构及其作用都是巧合，你如何看待这一观点？

2. 都江堰的设计中，包含有哪些现代物理学或力学的基本原理？

[1] 内蒙古自治区中国特色社会主义理论体系研究中心. 人与自然是个生命共同体 [N]. 内蒙古日报，2016—09—05 (5).

[2] 司马迁. 史记 [M]. 北京：北京联合出版公司，2016.

[3] 毛泽东. 在战争与和平问题上的两条路线——五评苏共中央公开信 [M]. 北京：人民出版社，1963.

[4] 老子. 道德经 [M]. 北京：中华书局，2021.

延伸阅读：

1. 王世舜，王翠叶. 尚书·禹贡 [M]. 北京：中华书局，2018.

2. 习近平. 共同构建人类命运共同体——在联合国日内瓦总部的演讲 [N]. 人民日报，2017—01—20 (2).

用中国智慧破解"电网难题"*

——实践与认识的辩证关系

王兴铭

每逢夏季高温,用电负荷猛增,我国部分地区就开始限电,给人们的生活、生产带来不便。2007年,华中科技大学潘垣院士团队就针对其中的技术难题展开攻关,目标就是让民众用电不再受束缚。本着科研的初心,该团队踏上了这段"未知"的征程,一走就是11年,他们打破了过去我国在高压开关电器技术领域跟随国外的局面,探索出了一套自主创新的中国解决方案。没有经验借鉴,没有资料可查,这支团队立足本土、探索创新。

用电负荷激增会导致电流急剧增大,而当时控制电流通断的开关——断路器承载不了那么大的电流,于是很容易出现跳闸现象。以前,电网企业普遍采取限电的措施解决用电负荷猛增的问题,但这种方法治标不治本。其情形就像现在城市采取的交通单双限号,虽然可以部分解决交通问题,却牺牲了出行的便利,也没有从根本上扭转局面。但是潘垣提出的设想从根本上解决了这个问题。

潘垣提出的设想在当时显得有些"异想天开",不同于其他人提出的提升单个断路器的开断能力,他提出要通过高耦合电抗器实现断路器并联连接,将断路器的开断能力成倍提升。这其中的一个设计关键,就是高耦合度空芯分裂电抗器,通过它可以实现开关电弧的并联。而在此之前,开关电弧的并联被认

＊ 故事来源:高翔,张雯怡. 用中国智慧破解"电网"难题[N]. 中国教育报,2019-03-25 (7).

为是无法实现的。

把设计落地并非一帆风顺。团队核心成员何俊佳还记得，技术方案刚提出时，外界的质疑声不绝于耳。"这明明就是两个不可能放在一起的东西！""就算做出来也用不上啊！咱们现在电网没有这么大的短路电流，以后的事情以后再说。"

实际上，开展此类研究并非异想天开。当时，国外有些公司已经投入大量资金对大容量断路器进行研发。他们研制的 252kV 断路器已可以实现 90kA 短路电流的开断。何俊佳透露，国外技术垄断的大容量开断装置一套大约要花费一两千万元，十分昂贵。当然，涉及的核心技术也是对方公司专利，绝不会轻易透露。

面对这样的质疑，潘垣斩钉截铁地说："做，一定要做！一定要做！满足国家需求是一个科研工作者的责任，虽然现在大家还没意识到大容量开断的重要性，但等到问题真正出现了再去解决，那不就晚了吗？我们不能被现在所局限！"

潘垣的团队在西安做试验，去时穿的短袖，做完试验回来时却都要穿最厚的羽绒服了。一次出差做实验便是一个冬夏。从理论到实验的艰辛，没有人比他们更有体会："白天做实验，晚上找问题，每天就这么循环着，几乎没时间去宾馆休息。试验站很大，空荡荡的，还冷风阵阵，可把我们冻坏了。"

在长达 11 年的科研"探险"中，团队遇到的很多问题都是世界首次，掉进"坑"里也只能一点点"爬出来"，没有科学经验共享、没有资料可查，甚至连相同的科研思路都无可借鉴。这注定是块难啃的"硬骨头"。

模型构建好了就要做出实物。浇注模具的尺寸、导线绕制松紧程度，进出线焊接角度……看似微不足道的细节在实验中却举足轻重。为了让实际效果与模型预测一致，潘垣团队去车间盯着工人做模具，遇到工人不能很好理解模具构造时，还得亲自上手。对他们来说，去车间已是家常便饭。

凭着精益求精的工匠精神，他们面对困难永不言弃，不对就再来，还不对，就继续重做……团队和工人们一起苦熬，顽强地把实验室里的图纸变成了实物。但是理论与实践之间有一条鸿沟。设计方案时，反复推演理论得到的结果很可能和实际有较大出入，常常需要将之前的验算推倒重来。每当团队遇到困境时，潘垣就像是黑暗中的灯塔。这位耄耋之年仍坚持科研的老科学家，常常在大晚上跑到实验室与团队成员讨论方案细节。久而久之，团队里的年轻人也被他的热情和恒心感染，在日常工作中向潘垣学习，打起十二分的精神。

潘垣有过纠结和怀疑，但最终还是选择坚持。因为这是国家的需求，也是科研工作者应有的责任担当。从 2007 年到 2018 年，整个团队一路奔跑，完成了"从无到有"，在遍布"荆棘"的途中收获了丰硕的成果。

2012 年，团队研制出 15kV/160kA 大容量断路器产品，开断能力优于国际领先企业的同类产品，并应用于西安高压电器研究院、国家电网常州电气设备检测中心等大容量电器试验站。2013 年，团队研制出 126kV/5000A－80kA 真空断路器，在武汉供电局挂网运行。2018 年，团队研发出 220kV 系统用大容量短路电流开断装置，并成功通过 100kA 级短路电流开断实验，为我国电力系统大容量短路电流开断的难题提供了更经济、有效的解决方案……

"科研人员克服了工期要求紧、技术难度大、业主要求持续增加等困难，不厌其烦地为项目做了大量扎实的工作……"2018 年 12 月，广州供电局特意给团队发来了感谢信，还表示将在后续国家重点研发计划项目合作中继续开展合作。

潘垣团队与广州供电局的合作始于 2013 年。当时，广州供电局在认真考察对比了包括 ABB 等跨国公司的产品后，主动叩响了团队大门。他们希望通过断路器开断能力的提升，增加电网的可靠性与电力调度的灵活性，从而解决大规模电网短路问题。团队中的何俊佳自豪地说："我们的设计原理与方案是独一无二的，不仅技术参数、成本优势明显，更存在可延续性的特点，能满足电网持续发展的需求。"

按照预定计划，此次合作的成果是设计出 252kV/80kA 的断路器，该参数已经远超当时国内 252kV 断路器最大开断能力——63kA。而更大的短路电流开断能力就意味着更大的可靠性、更高的安全系数，为此，广州供电局希望把并联型断路器的开断能力进一步提升至 85kA。

从 63kA 到 85kA，简单的数字背后蕴含着极大的技术难度，这意味着方案要重新调整设计，试验难度将进一步增大。对此，团队的技术人员倍感压力。然而，他们最终交出了一份让人惊叹的答卷——100kA 的断路器，比最初设计时足足提高了近两倍。11 年前的"异想天开"如今变成了现实。

潘垣总说，"国家发展这么快，一定会有新的需要"。在潘垣心目中，做科研永远只有进行时，没有完成时。同时，他始终将国家的需要作为科研工作者的目标。如今，潘垣依然把这些话挂在嘴边，还反复叮嘱团队一定要做到"人无我有，人有我强，人强我新"。团队成员早已把他的话当成了座右铭。

故事 讨论

1. 有人说"实践是认识的来源，所以认识总是落后于实践"，认为潘垣院士团队最初针对"电网难题"超前提出的解决措施是片面的、不正确的。你如何看待这种说法？

2. "用中国智慧破解'电网难题'"的故事如何体现出认识发展的总过程，即实践—认识—再实践—再认识？

原理 分析

其一，实践是认识的来源。首先，实践产生了认识的需要。人成为认识主体的根本原因是由于人改造客观世界活动的需要。潘垣院士团队面临的"电网难题"是中国本土长期存在的问题。"电网难题"是民生问题的绊脚石，亟待高效解决。实践的需要提出了相关的科研任务，而科研任务则围绕着实践需要这个中心展开。其次，实践还为认识的形成提供了可能，并把这种可能变为现实。

其二，实践是认识发展的动力。首先，实践的发展不断地提出认识的新课题，推动着认识向前发展。其次，实践为认识发展提供必要的条件。潘垣院士团队解决"电网难题"时，在长达十一年的实践过程中，面临的困难都是国内首次。但潘垣院士团队在一次次积极探索中找到了大容量断路器的研发关键，为我国电力系统大容量短路电流开断的难题提供了更经济、有效的解决方案，填补了国内大容量断路器领域的知识空白。

其三，认识对实践具有指导作用。实践和认识是相互作用的，认识，特别是反映事物本质和规律性的理性认识，对实践具有能动的反作用。潘垣院士团队发现国外已有公司投入大量资金研发大容量断路器，这证明大容量断路器是可行的。而后续实践的发展不断揭示客观世界的越来越多的特性，为解决认识上的新课题积累越来越丰富的经验材料。正确的认识指导实践，会使实践顺利进行，达到预期的效果。在国外实践优于国内时，潘垣院士做了正确的选择，加紧推动国内实践的脚步，最终这些实践又提供了日益完备的物质手段，不断强化主体的认识能力，使得国内在大容量断路器领域处于领先水平。这些认识又更有效地指导实践。认识指导实践、为实践服务的过程，即是认识价值的实现过程。

其四，实践是检验认识真理性的唯一标准。潘垣院士团队用理论构建客体模型，并根据这个客体模型推导出应当具有的未知性质，再用实践加以检验。当理论与客体的实践结果不一致时，就证明模型与实际不符，需要修改模型参数。当理论与客体的实践结果一致时，证明模型是正确的，可依照模型实现大容量断路器的设计。

教学建议

本案例适用于《马克思主义基本原理》第二章"实践与认识及其发展规律"第一节"实践与认识"的教学。

讲授重点：通过2022年夏天成都的限电实例，引出上文案例。尽管科学研究在不断发展，但是在2022年夏天极端天气情况下，部分地区仍存在电负荷过高、电力供应不足等问题。借此，引导学生思考如何看待科学研究与现实问题之间的辩证关系。

实践探索：组织学生考察电力供应相关部门，展开社会调研，了解电力发展中还有哪些亟待攻克的问题。

学习思考

1. 在科学研究中，正是通过不断修正理论的适用范围，使理论不断得到发展。"做科研永远只有进行时，没有完成时"，如何看待理论的客观性与相对性？

2. 结合毛泽东的《实践论》，谈谈如何理解实践与认识的辩证关系。

 参 考 文 献

[1] 陈轩恕，尹婷，潘垣，等. 基于单元化真空断路器串并联结构的大容量高压断路器设计方案［J］. 高电压技术，2011，37（12）：3157－3163.

[2] 贾申利，赵虎，李兴文，等. SF_6 替代气体灭弧性能的研究进展综述［J］. 高压电器，2011，47（11）：87－91.

[3] TANG Q，JIA S，SHI Z，et al. Post-arc current measurement and interruption performance of vacuum interrupter in DC interruption［J］. Journal of Physics D：Applied Physics，2022，55（14）：145204.

延伸阅读：

1. 毛泽东. 实践论［M］//毛泽东选集：第 1 卷. 北京：人民出版社，1991.

2. 习近平. 在哲学社会科学工作座谈会上的讲话［M］. 北京：人民出版社，2016.

爱迪生与特斯拉关于交流电与直流电的世纪之争[*]
——真理与价值的辩证统一

伍鹏伟

爱迪生青睐直流电

1879 年，爱迪生发明了白炽灯，之后又主持研究发展了直流配电系统，为人类生活带来了光明。随后，直流电得到了相当广泛的应用。不过在实际应用中，直流电也显示出很大的缺点。爱迪生的输电系统是用 110V 的电压输出，电能输送中不仅浪费了大量的铜线，电能损耗也很大，不能用于远距离输送。通常来说，在约 1.5 平方公里的地区就需配备一台独立的发电机组来供电，这显然很不经济，对电厂和用户都不方便。

爱迪生和他的直流发电机

* 故事来源：戴吾三. 科学史上的直流电与交流电之战 [J]. 科学，2014，66（6）：44—48，4.

1882 年，特斯拉——后来的交流电系统的开创者，正在巴黎的欧陆爱迪生公司担任电气工程师一职。这家公司是美国爱迪生电灯公司在法国的分公司。由于仰慕爱迪生，1884 年特斯拉拿着他的前老板巴特切罗所写的推荐信，决定去美国闯荡。巴特切罗在写给爱迪生的推荐信中，这样说道："我知道有两个伟大的人，你是其中之一，另一个就是这个年轻人了。"

凭着推荐信，特斯拉走进了爱迪生电灯公司，并很快凭着过人的才智成为爱迪生的得力助手。然而，特斯拉在看到爱迪生的电力事业展示出诱人前景的同时，也看到了直流输电系统的局限，他不断思考和探索，以求用更好的输电方法替代直流输电系统。为此，特斯拉大胆向爱迪生提出利用交流电来产生电能，但爱迪生对此态度冷淡。因为在爱迪生看来，由他制造的直流电照明系统已足够使用了，只需在直流电系统基础上进行改进即可。

特斯拉支持交流电

19 世纪下半叶，电动机使用的都是直流电，几乎所有人都认为不可能使用交流电，因为交流电会反复使电流的大小和方向发生变化。

但早在 1881 年，特斯拉在匈牙利布达佩斯为一家电报公司工作时，便利用业余时间研究电动机问题：任何一种电动机都有整流子电刷，外部的电流通过它们进入转子线圈，产生电磁感应和力矩，那么电刷和整流子能被改动吗？一次与朋友在郊外散步时，特斯拉灵机一动，头脑中构思出一种全新的电动机模型：它完全不用电刷和整流子，转子不接电路而悬空转动——今天被广泛使用的多相交流异步电动机即源于此。但当时这仅仅是一种设想。

1882 年，特斯拉经过严谨的数学分析，拟订了一个新的实验方案，他利用两个异相交流电换相器，以保证有充分而强大的电流使发动机运转。1883 年，特斯拉制造出了世界上第一台小型交流电动机，1885 年他发明了多相电流和多相传电技术。

1886 年春天，特斯拉研制的 3000V 交流电、6.4 公里的输电系统在纽约州巴伐洛市诞生了。每当夜幕降临，成千上万只电灯把整个城市照耀得灯火通明，成为一大奇观。这是交流输电最早的实际应用，在当时的美国引起了轰动。

特斯拉在 1887 年演示的交流感应电机

当特斯拉获悉有人取得了变压器专利技术后，便果断买下了这个专利，并从结构上对它加以改进，解决了远距离输送电能的难题。这时，特斯拉很需要有财务上的支持，来进一步试验和推进自己的发明，幸运的是，他得到了乔治·威斯汀豪斯的支持。威斯汀豪斯不仅是一位商人，也是一位科学家，在参观了特斯拉的实验室后，他敏锐地察觉到特斯拉的发明具有光明的前景，当即决定出资支持特斯拉的交流电研究。特斯拉与威斯汀豪斯结盟，不仅一举摆脱了穷困的窘境，还得以大展宏图，把交流电的发明设想变成现实。

1888 年，特斯拉成功创建了一个交流电电力传送系统。他设计的交流发电机比直流发电机简单、灵便，而他的变压器又解决了长途送电中的固有问题，一时间，特斯拉的交流电系统开始显露头角。

爱迪生挑起"电流大战"

直流电是爱迪生的领地。1887 年，威斯汀豪斯开始利用轻型电缆把高压交流电输到美国各城市。在爱迪生看来，这是对他的直流电电网的公然挑战。当特斯拉进一步开发和完善交流电系统的时候，爱迪生为了维护自己在直流电系统上的巨额投资利益，顽固地坚持只有直流输电才是唯一的供电途径，并向对手发动了猛烈的攻击。

爱迪生联合当时电学界的一些知名专家学者，动用报纸、杂志、街头广告画等形式，广造舆论，一方面大力抨击特斯拉，称其为"科学异端"；另一方面拼命宣传使用交流电并不安全，会电死人。除了在舆论上压倒对方，爱迪生还专门建立实验室，雇用小学生到街上抓捕小猫小狗，在众多记者面前用高压交流电做了一系列可怕的实验。比如，将一块白铁皮板与一台可达 1000V 电压的交流电发电机相连，然后残忍地将小猫小狗电死。这样，人们便可以目睹交流电的致命效果。《纽约时报》就曾这样报道："实验证明，交流电是目前科学中最致命的力量，只要用该系统在本市给电灯照明一半的电压（1500V）的话，就足以迅速致人死亡。"

电椅也是在这样一系列展示的"启发"下问世的。爱迪生疏通了纽约州监狱的官员，让他们答应将绞刑改为电刑，改用特斯拉专利所提供的交流电来处死罪犯。1890 年 8 月 6 日，杀人犯凯姆勒被首次判处电刑。由于没有经验，当局所使用的交流电流太弱，犯人在多次被电击后才宣告死亡，而媒体对这一惊骇景象的报道，让许多人将交流电等同于死神。

特斯拉不得已应战

爱迪生在舆论和实验上别有用心的种种宣传，引起了许多人对交流电的恐惧；加上交流电刚刚问世时本身就有的缺点，使得敢于使用交流电的用户越来越少。特斯拉的交流电应用事业遭到了严重挫折。

针对爱迪生的做法，特斯拉不得不应战。他在报纸上竭力阐明自己的观点："这种民用电是通过变压器减压的，不会招致任何危险。"

同时，他为了眼见为实地改变公众对交流电的印象，还亲自在舞台上进行了很多"电魔术"表演。1893 年的一次演示会上，特斯拉身穿晚礼服，头戴大礼帽，脚蹬一双软木底鞋，把手放在带电的一端，让电流流过身上，点亮了一个灯泡，而他却毫发无损——以此证明交流电的安全性。舞台上的特斯拉全身产生了大量电火花，就像被火包围了一样，但这个包裹在电光里的人，像操纵自己的手指一般自如地操纵着电能。观众被这神奇的一幕深深地震撼了，仿佛看到了神迹一样。这场"电魔术"表演获得了极好的宣传效果，改变了公众对交流电的看法，打破了交流电应用的僵局。

同年，特斯拉经过激烈的竞争，夺得了在纪念哥伦布发现美洲大陆 400 周年博览会上点亮电灯的精彩展品生意。在这次博览会的开幕式上,当总统格罗夫·克里夫兰按下按钮时,25万只使用交流电的电灯瞬时点亮,在夜幕下光耀夺目,把整个展区照得亮如白昼,向人们充分展示了交流电的实力和魅力。在全场10万观众的欢呼声中,特斯拉的交流电取得了阶段性胜利。

被灯光照亮的芝加哥国际博览会建筑(1893年)

之后,特斯拉又承揽了建立交流水电站的巨大工程。1897年,举世知名的尼亚加拉水电站的第一座10万匹马力发电站建成,成为35公里外的纽约州水牛城的主要供电来源。这项百年奇迹,就是来自特斯拉在30多岁时的一项设计,其中用到了他的9项专利,包括他所发明的交流电发电机和交流电输电技术。

特斯拉的交流电系统的普及和成功,意味着爱迪生的直流电系统彻底战败。爱迪生也因坚持错误的主张,被迫退出了电气公司的领导岗位。不久之后,连爱迪生创立的电气公司都决定改用交流电供电,其公司名称中的"爱迪生"也去掉了,最终变成了今天著名的"通用电气公司"。

故事讨论

1. 电学发展史上的这场交流电与直流电之争具有纪念性的意义,它最终推动人类进入了电力时代。面对赫赫有名的科学家爱迪生,作为晚辈的特斯拉为什么能突破权威,最终赢得研究上的成功?请运用真理与价值的相关原理进行分析。

2. 习近平指出，"全党同志要把人民放在心中最高位置，坚持全心全意为人民服务的根本宗旨，实现好、维护好、发展好最广大人民根本利益，把人民拥护不拥护、赞成不赞成、高兴不高兴、答应不答应作为衡量一切工作得失的根本标准"。根据这段话并结合材料，谈谈如何在学习和科研中寻求真理与价值的统一。

 原理 分析

人们的实践活动总是受着真理尺度和价值尺度的制约。实践的真理尺度是指在实践中人们必须遵循正确反映客观事物本质和规律的真理。实践的价值尺度是指在实践中人们都是按照自己的尺度和需要去认识世界和改造世界。爱迪生和特斯拉关于直流电和交流电的争论，实质上也反映了真理与价值的相关原理。

其一，真理是标志主观与客观相符合的哲学范畴，是对客观事物及其规律的正确反映。真理原则体现了不依赖于人和人的意识的客观尺度。在这场直流电与交流电的大战中，交流电的胜利正是对于"真理的客观性"的体现。爱迪生青睐直流电，他认为直流电已经足够先进，任何改进都只需要在直流电的基础上修改即可。但他并没有相应的证据支撑这一说法，对于直流电的肯定只是他主观上的感觉和臆断，究其原因，是因为他没有从实践出发，并忽视了真理的客观性。就客观事实而言，爱迪生的输电系统是用 110V 的电压输出，电能输送中不仅浪费大量的铜线，而且电能损耗过大，不能用于远距离的输送，并不经济。在发电量相同的情况下，交流电的升压和降压都很简单，通过在输送过程中采用高压输电，可以降低对铜线直径的要求，并大大减少输电过程中的电力损耗。特斯拉的成功，是因为他尊重真理的客观性，通过科学的实践，用事实证明交流电的优越性，而不是片面迷信当时声望极大的爱迪生。真理的客观性表明，要想发现真理，必须要尊重实践，并正确反映客观事物及其规律。

其二，实践是检验真理的唯一标准。判定认识或理论是否是真理，不是依主观感受而定，而是依客观实践的结果而定。爱迪生发明了白炽灯，随后在其主持下又研究发展了直流配电系统，为人类生活带来了光明。在之后的一段时间里，几乎所有的电动机都是使用直流电，并且人们都认为交流电的使用是不可能的。正是在这样的情形下，实践打破了以往认识上的误区。特斯拉通过严谨的数学分析，利用实验证实了交流电的使用是可能的，并制造出了世界上第一台小型交流电动机，从而发明了多相电流和多相传电技术，弥补了直流电电能损耗过大，不能用于远距离输送的缺点。因此，实践是检验真理的唯一标准。爱迪生与特斯拉的争辩不是靠理论和主观来证实的，而是依托确切、科学的实验结果来证明的。

其三，任何成功的实践都是真理尺度和价值尺度的统一，是合规律性和合目的性的统一。爱迪生通过大量的实验，在实践中正确认识和把握了客观真理，使自己的思想和行为符合客观规律，从而有效地影响和改造了客观世界，实现了价值追求，为人类生活带来了光明，实现了真理尺度和价值尺度的一次统一。但是实践是不断发展的，人们在一定条件下对客观事物及其本质和发展规律的正确认识总是有限度的、不完善的。因此，当特斯拉发明交流电系统后，爱迪生基于自身的经济利益，忽视了实践中真理尺度和价值尺度的统一，不仅从舆论上打压交流电系统，同时建立了实验室，在众多记者面前用高压交流电做出一系列可怕的实验来抹黑交流电。但是，当特斯拉用科学的实验来反击时，谣言便不攻自破，并取得了最终的成功。任何成功的实践都是真理尺度和价值尺度的统一，是合规律性和合目的性的统一。

教学建议

本案例适用于《马克思主义基本原理》第二章"实践与认识及其发展规律"第二节"真理与价值"的教学。

讲授重点：通过案例，让学生学习和把握真理与价值的基本原理，着重了解和认识真理的内涵，并在学习思考中，引导学生理解为什么说实践是检验真理的唯一标准，以及成功的实践为什么要实现真理尺度和价值尺度的统一。

实践探索：要想达到实践的目的、满足人类自身的需要，就必须认识真理，掌握真理，信仰真理，捍卫真理。因此，在掌握真理与价值原理的同时，也要引导学生在学习、科研中自觉从事实出发，正确对待客观事物及其规律，从而实现真理与价值的统一。

学习思考

1. 对于中国的社会主义经济建设，陈云一贯坚持实事求是的原则，他从长期实践和切身体验中总结出来的一个经验就是，"不唯上、不唯书、只唯实，交换、比较、反复"。你如何看待陈云的这句话？

2. 习近平总书记指出，"科技立则民族立，科技强则国家强"。请分析科学技术在国家发展中的重要作用，并结合自身情况谈谈青年学生应当如何做。

［1］戴吾三. 科学史上的直流电与交流电之战［J］. 科学，2014，66（6）：44—48，4.

［2］吕建平. 才如江海命如沙：被遗忘的超级发明家尼古拉·特斯拉［J］. 中国发明与专利，2010（1）：33—38.

［3］张国宝. 交、直流之争的历史和现实趣闻［J］. 国家电网，2012（11）：14—15.

［4］殷占宝. 高压直流输电和交流输电的优缺点分析［J］. 科技信息（科学教研），2007（33）：615.

延伸阅读：

1. 习近平. 在中国科学院第二十次院士大会、中国工程院第十五次院士大会、中国科协第十次全国代表大会上的讲话［N］. 人民日报，2021-05-29（2）.

2. 习近平. 在科学家座谈会上的讲话［N］. 人民日报，2020-09-12（2）.

医学伉俪的特殊"重逢"*

——真理与价值之辩证统一

许璐莹

故事呈现

"我做了一辈子的医生，死了以后也要拿这身'臭皮囊'为医学做一些贡献，学生在我身上练熟后，病人就可以少受些痛苦。我患过脑腔梗、高血压、血管硬化，可以做病理解剖；解剖切完用完之后，再做成一副骨架，供教学使用。"

李秉权、胡素秋夫妇骨骼标本在昆明医科大学"重逢"

---

* 故事来源：中新社. 医学伉俪捐献遗体 时隔 10 余年"重逢"在"讲台"上[EB/OL]. (2019—10—10)[2022—12—30]. https://www.chinanews.com.cn/sh/2019/10—10/8974967.shtml.

2005 年 3 月，云南神经外科奠基人、昆明医科大学第一附属医院神经外科教授李秉权在昆明逝世。按照其生前遗嘱，他的遗体被捐献给昆明医科大学。其中骨架被制作成医学标本，陈列在学校生命科学馆内，供教学使用。

10 年后的 2015 年冬，李秉权的妻子、昆明医科大学第二附属医院妇产科教授胡素秋追随丈夫而去，也将遗体捐献给昆明医科大学。她在遗嘱中称："眼角膜、进口晶体、皮、肝、肾等供给需要的病人，最后再送解剖。"

2019 年 9 月 25 日，两位老人的骨骼标本"会面"，被一起安置在昆明医科大学生命科学馆入口处的屏风前。

时隔多年，他们以一种特殊的方式"重逢"在母校。

"生为医学教授，逝做无语良师①。"学校如是注解这对杏林伉俪的人生。夫妇的后人看到他们再次并肩站在一起，落下眼泪，"我感到他们'重生'了，一起回到另外一个讲台。"

胡素秋的遗嘱

---

① 无语良师，即 silent mentors 的中译，系对遗体捐献者的尊称。

医学伉俪相守 50 余载

李秉权和胡素秋是云南著名的医学教授。他们一个是云南神经外科奠基人，在云南率先施行开颅手术、显微神经外科手术和颅内外血管吻合术等；首次施行"人体大脑半球切除术"；与昆明医科大学第一附属医院五官科合作施行全国首例"经颅中窝硬脑膜外进路面神经移植术"；开创"颅骨大骨瓣切除并脑室外引流联合减压法"抢救颅脑火器伤员，被授予解放军一等功；在国内首次为一双头畸形人成功切除寄生性小头等。一个是云南妇产科专家，开创了多项省内新手术，编写了中国第一部《妇女更年期卫生》及多种培训教材、讲义和讲稿，培养了众多年轻医师。

同时，他们也是云南的传奇伉俪。他们一个是来自腾冲的寒门孤儿，幼年时父母先后因病去世，靠兄嫂用三架织布机织布卖布读到高中毕业，后又步行两个月到昆明投靠同乡——辛亥革命元老李根源，考取云南大学医学院（昆明医科大学前身）。一个是护国战争名将、曾任云南省代主席胡瑛的千金。

1949 年 12 月底，两人缔结婚姻。彼时，著名抗日爱国将领、云南起义领导者卢汉还来参加喜宴，送上"绣花喜帐"。

新中国成立后，夫妇两人作为医学人才于 1950 年被聘到云南大学医学院附属医院工作，成为新中国的首批医师。1956 年昆明医学院建立，夫妇俩成为昆明医学院首批教师和医生。自那时起，他们再没离开过医学领域，直到去世前几年，还坚持在专家门诊坐诊。

在李秉权、胡素秋的儿子李向新的记忆中，小时候，父母太忙，一家人过着一种奇特的生活：大家都是各自去食堂吃饭，甚至过年也吃食堂；父母难得一同在家吃饭，谈的也都是各自新收了什么病人、怎样处理；往往一天忙了十几个小时后，两人还在深夜读书著文；有时深夜当班回家，来不及做饭，家里就常备点心和饼干以便充饥。

"两老把一生都投入到他们热爱的医学事业中，无暇照顾子女，常常也顾不上彼此。"李秉权、胡素秋的大女婿林文俏在回忆岳父岳母的文章中曾写道："胡素秋子宫切除手术中发生大出血休克，李秉权因为有病人要抢救，未能守护妻子。后来，胡素秋跌倒脑出血，近七十高龄的李秉权亲自操刀，把妻子从死亡线上抢救回来。"

双双捐献遗体，只为了医学事业

晚年，李秉权、胡素秋夫妇又做了同一个决定——百年后把遗体捐献出来。2000年，夫妇俩一起填写了遗体捐献表。

李向新称，父亲公开要捐献遗体的决定时，同为医生的他也难以接受，沉默着走出房间。在冷静一段时间后，他回到房间，选择尊重父亲的意愿。

"在我选择学医时，父亲就跟我说，'从医不是职业，而是事业；作为一份事业，你要奉献一生'。"李向新说，"父亲晚年时常常感慨，他大学时代由于教学标本极少，只能和同学顶着日机的轰炸去圆通山乱葬岗找无名尸骨做医学标本。我想，作为医生和老师，他比谁都明白医学标本的重要性。"

事实上，李秉权去世后，在捐献遗体时，遭到部分家属的反对。

"'礼有五经，莫重于祭'，遗体捐了，让后人去何处祭拜？"李秉权、胡素秋的大女婿林文俏称，当时，他还打电话给在美国的姨妹，劝她不要签字，阻拦捐献。劝说未能成功后，他也劝妻子，如果一定要捐献，可留下一点骨灰，葬于公墓。但姨妹和夫人都断然拒绝了他，因为这有悖于李秉权的遗愿。

"2012年，我们回到昆明，第一次在昆明医科大学的生命科学馆里见到岳父的骨骼标本，当目光落到骨架左侧的'李秉权教授生平'几个字时，夫人顿时热泪盈眶。她没有想到，一别七年，父女竟会以这种方式重逢。"林文俏说，那一次，他理解了岳父，也理解了自己的妻子。

死亡，是生命的另一种开始

2019年9月25日，看到岳父岳母重新并肩"站"在一起，林文俏再次热泪盈眶。

"感觉他们'重生'了，以一种特殊的方式在延续他们的爱情，也回到他们热爱的讲台，向学生传授人体骨架奥秘，传授这种精神。"林文俏说。

当日的这场"重逢"，也深深震撼了昆明医科大学的"90后""00后"学生，大家纷纷为李秉权、胡素秋献上致敬的鲜花。

"李秉权、胡素秋教授无私奉献的事迹，让我们感受到医者的情怀，也明白生命的意义。我想，有时，死亡不是终结，而是另一种开始。"昆明医科大学学生农天棋说。

事实上，在李秉权、胡素秋夫妇"重逢"的生命科学馆内，还有着众多捐献者的标本。

数据显示，1990年至2016年，向昆明医科大学申请志愿捐献遗体的民众已达600人，其中85名捐献者完成了夙愿。他们中，有离退休干部、高级工程师，也有中学校长和老革命家。

"生为人民服务，逝为医学献身。"在昆明医科大学生命科学馆的捐献墙上，赫然写着这么几个大字。而在入馆须知里，学校告诫学子："人体标本是具有非凡勇气的遗体捐献者们生命的另一种延续。敬重无语良师，志做医学精英。"

昆明医科大学生命科学馆的捐献墙

故事讨论

1. 人们普遍认为现代医学是一门经验主义指导的学科，以本文中提到的医学解剖课为例，你如何理解医学的"经验主义"？

2. "李秉权、胡素秋教授无私奉献的事迹，让我们感受到医者的情怀，也明白生命的意义。我想，有时，死亡不是终结，而是另一种开始。"你如何理

2

解死亡不是终结而是开始？作为当代青年人，你从他们无私奉献的事迹中感悟到了什么？

 原理分析

　　人的实践活动总是受着真理尺度和价值尺度的制约。躯壳在没有了思想后便只是一种物质存在，但即使知道这一点，绝大多数人依旧难以做出捐献自己遗体的决定。遗体捐献者们在价值选择上体现了追求真善美的无私无畏情怀，从人类社会的存在和发展需要的角度将自己的价值发挥到最大化，这不仅仅发掘了他们死后作为客体的价值，而且彰显了更深层次的人生价值。

　　从李秉权、胡素秋夫妇的感人故事中，我们可以领悟到以下马克思主义基本原理：

　　其一，实践对认识的决定作用。首先，实践是认识的来源。我们对人体的了解源于在实际操作中一步步建立起对于骨架、躯体的认知。这显示了认识的内容是在实践活动的基础上产生和发展的。其次，实践是认识发展的动力。恩格斯指出："社会一旦有技术上的需要，则这种需要就会比十所大学更能把科学推向前进。"从古希腊名医希波克拉底开始，到安德烈·维萨里奠定现代解剖学，这些医学文明理论的发展都离不开救死扶伤的需要的推动。二老做出捐献遗体的决定，也正是因为认识到这种医学发展的需要。最后，实践是认识的目的。人们通过实践获得认识，其最终目的是为实践服务，指导实践。李秉权、胡素秋夫妇崇高的个人价值观体现在他们无私奉献的实践当中。

　　其二，真理与价值的统一。主体对客体的价值及价值大小所作的评判或判断被称作价值评价。正确进行价值评价，要以真理为依据，要与社会历史发展的客观规律相一致，要以最广大人民的需要和利益为根本。李秉权在大学时代由于教学标本极少，只能和同学顶着日机的轰炸去圆通山乱葬岗找无名尸骨做医学标本，因此，作为医生和老师，他比谁都明白医学标本的重要性，并甘愿贡献自己的遗体；胡素秋在遗嘱中表明把眼角膜、进口晶体、皮、肝、肾等供给需要的病人，最后再送解剖。李秉权夫妇为了医学发展、为了人民需要甘愿贡献自己的遗体，以别样的方式延续自身的生命，体现了以社会发展和人民需要为根本的最高价值尺度，体现了追求医学真理、促进社会发展和实现人民利

益的最高价值评价标准。

其三，改造客观世界与改造主观世界是辩证统一的。只有认真改造主观世界，才能更好地改造客观世界；只有在改造客观世界的实践中，才能深入改造主观世界。二者相辅相成、相互促进、缺一不可。改造主观世界既包括提高人的认识能力，也包括丰富人的情感世界和提升人的意志品质。李秉权与胡素秋作为医生，主观世界里有着正确的医师观，把悬壶济世作为崇高理想，早在大学里面就已经完成了主观世界的改造，在具体的实践中，他们又把这种世界观用于改造客观世界，努力做到主观符合客观，最终知行合一。

 教学建议

本案例适用于《马克思主义基本原理》第二章"实践与认识及其发展规律"第一节"实践与认识"、第二节"真理与价值"、第三节"认识世界和改造世界"的教学。

讲授重点：通过案例，让学生理解什么是实践。要从主体和客体两个层面来理解实践。从客体来说，要掌握客体的发展规律，要回应社会对客体发展的现实需要。从主体来说，要发挥人的主观能动性，树立崇高的个人理想，要有社会责任感，为社会做出自己的贡献。

实践探索：请学生分析各自所学专业有哪些知识是通过实践途径得到的，哪些是目前尚无法解决的难题，哪些是社会急需攻克的难题。通过以上分析和判断，帮助学生们进行专业研究方向或未来职业方向的规划。

学习思考

1. 李秉权、胡素秋教授将自己的遗体捐献出来用于医学研究，为推动医学教育事业以及医学研究的发展贡献了全部的力量，也实现了另一种意义上生命价值的永恒。你会做出这样的选择吗？我们该如何理解这样的生命价值？你能从他们身上得到什么生命感悟？

2. 医学解剖课为什么被称为医学的"奠基石"？为什么我们要利用实践与创新提升医学类科研技术？

张晓娴. 仁医良师李秉权 [M]. 昆明：云南人民出版社，2015.

延伸阅读：

1. 医者仁心：中国医学界院士口述访谈 [M]. 北京：中国大百科全书出版社，2020.

2. 金红，李伦，刘铭，等. 尊重人体尸体：人体解剖教学的伦理原则 [J]. 医学与哲学：人文社会医学版，2006（3）：33.

开启有机化学新纪元[*]
——真理与谬误

王子睿

"简直是胡扯！""你这是在蔑视化学！"

嘈杂的争吵声在会议室里如浪潮般翻涌，围坐在一起的几位年长的科学家在齐声指责着面前不为动摇的年轻人。

弗里德里希·维勒

　＊ 故事来源：叶永烈. 科学家故事 100 个 ［M］. 成都：四川科学技术出版社，四川人民出版社，2017.

"这确实很违反常识，但是事实胜于雄辩，实验结果就摆在我们的眼前。"年轻人坚定不移地回答道。

这是 1828 年一次震惊化学界的会议，这个年轻人的实验结果打破了化学界"生命力论"的神话，开辟了有机化学的新大陆。这个年轻人是谁？面对实验数据，权威的科学家们为何会有如此态度？

初识化学

1800 年，维勒生于 Eschersheim①。小维勒的父亲是当地一名德高望重、妙手回春的医生。小维勒的父亲非常严格，一心希望维勒能够子承父业，学习医学知识，成为一名救死扶伤的医生，光大门楣，受人敬仰。然而维勒却有自己的想法。尽管父亲为维勒安排了周密的课程，从小辅导他学习医学、病理学、生理学知识，但是维勒丝毫不感兴趣，更愿意去探索外面的自然世界。

有一天，维勒走进父亲的书房，看到地上掉了一本旧的泛黄的书。他捡起一看，这本书名叫《实验化学》。抱着好奇的心理，维勒翻开了书。这本书每一页都讲述了一个化学实验，并且附有各种精密的仪器装置图。维勒越看下去，越是难以自拔。硝酸铵、尿素、二氧化硫、高锰酸钾……怎么有这么多各式各样、色彩纷呈、性质各异的化学物质。氯化钠、氯化钾、氯化镁、氯化钙，怎么这些化学物质的名字如此相似！氧气、氮气、二氧化碳、水蒸气，居然连空气中都是各种化学物质！这一下给小维勒高兴坏了。他如痴如醉地看完了整本书，沉迷在其中无法自拔。每一个实验、每一种物质都勾起了维勒的兴趣。维勒恋恋不舍地合上了书，然而，他没有在书房里找到其他化学课本。

正当沮丧之时，他突然想到：既然书上已经写得这么细致了，那我为什么不自己尝试做一个实验呢？从此，化学的种子便在维勒的心里深深扎了根，在他今后的成长路上慢慢发芽、茁壮成长。

维勒遵照父亲的叮嘱，学好学校规定的课程，以及父亲安排的医学知识。之后，他便利用课余时间自学化学知识。每天放学回到家的第一件事，便是扔下书包，钻进自己的屋子里，按照化学课本上的实验步骤，开始摆弄起烧杯、

---

① Eschersheim：德国美因河畔法兰克福的一座小镇。

量杯、坩埚、曲颈瓶等实验仪器。一做便是几个小时，废寝忘食，沉浸在实验的海洋里。在这间小小的实验室里，维勒踏上了寻找真理的征途。

锲而不舍，铁杵成针

维勒父亲的一位至交好友名叫布赫，也是一位德高望重的医生。布赫医生年轻时也曾是一位化学迷，他非常喜欢小维勒，经常将自己收藏的大量化学专著送给小维勒看。小维勒大开眼界，沉迷在书本里，舍不得离开。每当小维勒实验失败时，他就会跑到布赫医生家里请教。布赫医生从来不会不耐烦，他总是亲切地摸摸小维勒的头，然后鼓励小维勒重新做实验。

实验就是这样的，一次做不对，再做一次，两次做不对，再接着做。不断地调整、尝试、重复，在成千上万次的试错与修正之后，真理便会慢慢显现出来。布赫医生在空闲时间便会来指导小维勒，陪同小维勒重复实验，寻找问题所在：可能是装置的连接问题、方向问题、顺序问题，也可能是物质受潮变质、分量不足、未经打磨处理，等等。他会耐心地给予小维勒提示，引导他去发现问题，再让他自己不断尝试。就这样，"不断尝试"成为小维勒的座右铭。在之后的学习与科研中，他刻苦钻研无法解释的问题，不断尝试着做实验，找到问题的答案。布赫医生也常常和小维勒讨论有趣的化学问题，鼓励他不断地思考，培养了他追求真理的勇气与批判性思维。

推翻"生命力论"

在学习和实验过程中，维勒会遇到很多问题。这些问题或通过自己的深入学习来解决，或通过布赫医生的指导来解决。

这一天，小维勒遇到了一个大难题。他在书中学习理论知识时，接触到了"生命力论"① 的概念。这个概念使小维勒在好几天里都陷入了沉思。因为他

---

① 19世纪，人们认为糖、油、酒等物质，通常来自生物界，与生命有关，都属于"有机物"；而金、银、铁、水、土等物质来自天空、海洋、土壤和火焰，与生命无关，都属于"无机物"。无机物既不能构成生命体，也不能从生命体中产生出来。有机物和无机物之间横亘着难以逾越的鸿沟，永远不可能相互转化。

发现有很多自己做过的实验的结果并不符合这个理论，而且与自己之前学习过的知识也有些矛盾之处。他又跑去向布赫医生请教，但布赫医生也没有清楚的解释。尽管布赫医生自己对这个理论也持质疑和批判态度，但是由于该理论提出者在化学界的权威地位，加之自己拿不出确凿的科学证据，他也不敢提出质疑。

虽然布赫医生也没有更好的理论来解释，但是他鼓励小维勒："这个理论还有很多不完善的地方，正等着你去修正呢。"对"生命力论"的疑惑由此深深地埋在小维勒的心里，他心想：我一定要找到一个合适的解释。

1822 年，维勒凭借着优异的成绩升入海德堡大学，主要研究氰酸①和氰酸盐的性质，同时从尿液中分离出了纯净的尿素②，测定了尿素的一些重要性质，积累了大量有机化学的研究经验。

尿素的结构式

1823 年，维勒取得博士学位，并被推荐给瑞典化学大师、"有机化学之父"——贝尔塞柳斯（也译作贝采里乌斯）③。巧合的是，这位大师便是"生命力论"的提出者。因为欣赏维勒出色的科研能力，贝尔塞柳斯对维勒的关怀远超其他学生。在刻苦的学习和导师悉心的关照下，维勒学习着最前沿的理论、最丰富的实验方法，每天都在不停地实验、交流，去发现新问题、解决新问题。

一年后，维勒离开了贝尔塞柳斯教授，回到德国。师生二人虽然相处只有一年多，但因为老师对学生的欣赏和学生对老师的敬仰而结下了深厚的友谊。

---

① 氰酸：化学式为 HCNO，是一种有挥发性和腐蚀性的液体，高毒，有强烈的醋酸气味，在水溶液中呈现强酸性，性质不稳定，易聚合，水解时生成氨气和二氧化碳，属于无机物。

② 尿素：最简单的有机化合物之一，是哺乳动物代谢分解的主要终产物，可用作农业肥料和工业合成药品，属于有机物。

③ 贝尔塞柳斯：实验化学家，他观察精确，描述清晰严密，系统化的能力强，对化学各分支的知识都有深邃的见解，因此他的实验工作横跨许多领域，建树众多。著有《化学教程》《动物化学》《矿物学新系统》等，1821—1848 年编辑出版《物理化学进展年报》等。

尽管二人经常在学术观点上产生巨大分歧，但这丝毫不影响二人的师生情谊，这份真挚而深厚的感情一直延续到贝尔塞柳斯去世。

回到家乡之后，维勒在家继续对氰酸进行研究，他要寻找一种能简便制出氰酸铵的方法。在大量的实验之后，他认为氰酸和氨气合成法是可靠且安全的方法。他着手用氰酸与氨气进行实验，意图直接制取氰酸铵。但实验结果让维勒十分诧异，两者反应后的生成物并不是氰酸铵。在几次重复实验之后，维勒确认实验产物确实不是氰酸铵。在打算更换思路之时，维勒对产物进行分析，发现居然是草酸[①]！他怀疑可能是实验过程出了差错，因为氰酸和氨气都是无机物，而草酸是有机物，两种无机物发生化学反应居然合成出了有机物，这是非常违背"生命力论"的。他又进行了多次实验，每一次的结果都是一致的，都是草酸！他感到非常不可思议。但是，他也意识到，实验结果是准确无误的，那是不是理论错了呢？他想起了对"生命力论"的困惑。这个困惑伴随着他的求学之路有数十年之久，难道这个理论真的是错的？

为了验证自己的想法，维勒再改用氰酸与氨水进行反应，结果生成了草酸和尿素。按照当时的理论，这次反应应当合成氰酸铵，结果却意外合成了尿素。维勒大为震惊，同时也极度兴奋，困惑了他多年的谜题仿佛已经拨云见日，真相已经逐渐显现在他的眼前！

1828 年底，维勒以《论尿素的人工制成》为题，将论文发表在了当年的《物理学和化学年鉴》[②]第 12 卷，引起了化学界的震动。亦师亦友的贝尔塞柳斯看到这篇论文后断然不信，打趣道：可以在实验室里造出一个孩子来吗？

虽然维勒的发现被许多人质疑，但他并没有放弃。他给布赫医生写信，得到了布赫医生的大力支持，使他信心大增。在 1828 年那次震惊化学界的会议上，他拿出了强有力的实验数据和结论，并详细论述了他发现的有机合成的新理论。虽然维勒的新理论在会议上并没有得到认可，但是在这之后，大量的有机合成的实验结果如雨后春笋般涌现。醋酸、葡萄糖酸、柠檬酸、苹果酸等有机酸，以及油脂类物质、糖类物质等有机物相继实现人工合成。

---

① 草酸：生物体的一种代谢产物，广泛分布于植物、动物和真菌体中，可降低矿质元素的生物利用率，是一种矿质元素吸收利用的拮抗物，属于有机物。

② 《物理学和化学年鉴》即 *Annalen der Physik and Chemie*，是当时物理学界与化学界最权威的学术杂志之一。

贝尔塞柳斯等大师不得不承认维勒等人的成就。至此，横亘在无机化学与有机化学之间多年的鸿沟终于被逾越，曾经支配化学界的"真理"也被打破，新的化学合成体系得以建立。到 19 世纪下半叶，化学家已经合成出了绝大多数简单有机物，为人类在 20 世纪合成蛋白质、核酸等生物大分子奠定了坚实的基础。

功成名就，享誉世界

因尿素的人工合成，维勒一时间享誉世界。1836 年，维勒被德国著名学府哥廷根大学聘为化学教授；1854 年，维勒成为英国皇家学会会员、法国科学院院士，并于 1872 年获得英国皇家学会的科普利奖。

可以说，维勒一生中的每一个成就，都足以载入化学史册：发现了"同分异构体"；制备了铝单质；发现了铍、钇元素，并且命名了"铍"；分离出硼；对硅烷和钛及其化合物的基本性质进行了阐述；与李比希一道发现了苯甲酸基团和苦杏仁苷；证明了碳化钙与水反应生成乙炔；发现了对二苯酚。他不仅是尿素的首位合成者，更纠正了有机化学与无机化学之间长期存在的认识误区，开启了有机化学发展的春天。

1882 年 9 月 23 日，弗里德里希·维勒在哥廷根逝世。此时，他所开创的有机化学的人工合成方向已经成为一股推动有机化学向前发展的巨大洪流。维勒开创了有机合成的新时代。1982 年，在维勒逝世 100 周年之际，德国为纪念他特地发行了纪念邮票，以此提醒人们永远铭记他的功绩。

纪念维勒逝世一百周年的邮票

故事 讨论

1. 如同哥伦布提出"地心说"一般,维勒推翻"生命力论"的过程也充满了艰辛。维勒面对权威和各种质疑,发扬坚持不懈的奋斗精神和实事求是的科学精神,始终追求真理、勇于修正错误,最终打破了具有权威性的"生命力论",开启了有机化学的新纪元。对此,你有什么感想?

2. 维勒在理论上取得的成果离不开科学实验。你如何理解真理与实践的关系?

 ## 原理 分析

一、真理与谬误的对立统一

由于受到主观和客观因素的多重限制,人的认识活动往往会产生真理与谬误这两种不同的结果,真理和谬误是人类认识中的一对永恒矛盾。

真理和谬误存在着原则界限。真理是标志主观与客观相符合的哲学范畴,是对客观事物及其规律的正确反映;而谬误是同客观事物及其发展规律相违背的认识,是对客观事物及其发展规律的歪曲反映。坚持和发展真理,就必须同谬误进行斗争。敢于坚持真理、勇于修正错误,对推动科学理论发展是非常重要的。维勒秉持着对真理的执着追求和坚定信念,克服困难,深入研究,力排众议,修正谬误。面对化学泰斗的权威和质疑,他没有屈服。凭借着非凡的毅力和勇气,他成功推翻了谬论,修正了理论,开创了有机化学的人工合成新方向。正确的东西总是在同错误的东西做斗争的过程中发展起来的,认识的发展和真理的获得,正是在对谬误的不断纠正中实现的。

真理与谬误的对立又是相对的,人的认识的不断深化,就是一个在实践基础上无限趋近绝对真理的发展过程。恩格斯指出,"真理和谬误,正如一切在两极对立中运动的逻辑范畴一样,只是在非常有限的领域内才具有绝对意义",超出了这个范围,二者的对立就是相对的。其一,真理在一定条件下会转化为谬误。在维勒通过实验人工合成有机物之前,"生命力论"一直被认为是符合客观事实的真理,当维勒在实践中反复研究合成草酸、尿素,以及被更多科学实验所印证之后,"生命力论"这一认识转化为不符合客观实际的谬误。其二,在批判谬误中发展真理,是谬误向真理转化的另一种形式。"生命力论"认为有机物和无机物之间横亘着难以逾越的鸿沟,永远不可能互相转化。然而,维勒在实验中得到的结果与这个理论相悖,而且与自己之前学习过的知识也有些矛盾之处。他通过持续的科学研究,以雄辩的事实和客观的实验数据论证了无机物可以合成有机物,打破了"生命力论"这一所谓的真理,使困惑了他多年的谜题终于拨云见日,促进了真理的发展。

真理总是同谬误相比较而存在、相斗争而发展起来的。这种斗争永远不会完结,这是真理的发展规律,也是马克思主义发展的规律。习近平总书记指出:"只要我们善于聆听时代的声音,勇于坚持真理、修正错误,二十一世纪中国的马克思主义一定能够展现出更强大、更有说服力的真理力量!"诚然,今天的我们更需要学习维勒坚持真理、修正错误的精神,去开创科学发展的新境界!

二、实践是检验真理的唯一标准

辩证唯物主义认识论科学地解决了真理标准问题,从根本意义上说,实践是检验真理的唯一标准,此外再也没有别的标准。这是由真理的本性和实践的特点决定的。"生命力论"的提出者在化学界具有权威地位,人们普遍将其视为合乎事实的真理。当维勒对这个理论产生怀疑,并向布赫医生求证的时候,囿于缺乏确凿的科学证据,他们不能从根本上推翻这一理论。但维勒将化学实验这一实践过程作为主客观联系的桥梁,把"有机合成理论"的主观认识和"人工合成有机物"的客观事物联系起来,最终证明了"有机物可以人工合成"的真理。实践是真理最公正、最权威的审判官,资质、地位、权威、常识等并不能成为真理的护身符,只有通过实践才能检验、证明一条真理的正确性。

三、实践标准是确定性和不确定性的统一

坚持实践是检验真理的唯一标准,还必须正确理解实践标准的确定性和不确定性,准确把握实践检验真理的辩证发展过程。实践作为检验真理的标准,既有确定性,又有不确定性,实践标准是确定性和不确定性的统一。

确定性,即绝对性,亦即离开实践,再无其他公正、合理的标准。如果不是维勒亲身进行科学实验,有机化学的大门可能仍旧封锁,即使得出来一些结论,也无法令人们信服。不确定性,即相对性,实践作为真理的检验标准是有条件的。一方面，任何实践都会受到主客观条件的限制。譬如，不可控的人为因素为维勒的实验带来偶然性和不确定性，故在当时的条件下，维勒也不能得出完全正确的结论，进而去证实自己的设想。另一方面，实践具有社会历史性，具体的实践往往只是在一定的社会条件下证实认识与它所反映的客观事物是否相符合，而不可能绝对地、永恒地、一劳永逸地予以确证。当维勒及之后的化学研究者通过实践证实有机物可以通过人工合成之后，"生命理论"这一"常识"就被证明是错误的。

教学建议

本案例适用于《马克思主义基本原理》第二章"实践与认识及其发展规律"第二节"真理与价值"的教学。

讲授重点：通过维勒开启有机化学新纪元的故事，引导学生认识真理与谬误的对立统一关系。真理与谬误是人类认识中的一对永恒矛盾，它们既对立又统一。在确定的对象和范围内，真理和谬误的对立是绝对的，不能混淆是非；超出了确定的范围，真理和谬误的对立又是相对的，两者在一定条件下可以相互转化。真理总是同谬误相比较而存在、相斗争而发展，面对谬误要敢于斗争、善于斗争，始终追求和坚持真理。

实践探索：可以邀请学生针对几种不同的论点展开辩论或讨论，并请学生结合自身所学专业讨论在学科史上有哪些类似的"真理与谬误交锋"或"真理由实践检验"的故事。

学习思考

1. 党的二十大报告提出："我们要以科学的态度对待科学、以真理的精神追求真理……以满腔热忱对待一切新生事物，不断拓展认识的广度和深度，敢于说前人没有说过的新话，敢于干前人没有干过的事情，以新的理论指导新的实践。"真理是时间的女儿，不是权威的奴仆，科学只相信真理，不相信权威。在加快建设科技强国的现代化征程中，当代青年应该培养什么样的精神品质？

2. "马克思主义的科学性和真理性在中国得到充分检验，马克思主义的人民性和实践性在中国得到充分贯彻，马克思主义的开放性和时代性在中国得到充分彰显。"结合实践是检验真理的唯一标准，谈谈如何理解马克思主义的真理性。

[1] 叶永烈. 科学家故事 100 个 [M]. 成都：四川科学技术出版社，四川人民出版社，2017.

[2] 刘超. 材料星故事（一）——弗里德里希·维勒 [J]. 新材料产业，2019（11）：72—77.

[3] 何法信，毕思玮. 化学史上的双子星座李比希与维勒 [J]. 化学通报，2000（8）：60—64.

延伸阅读：

1. 董德沛. 瑞典化学家贝采里乌斯的生平及其贡献 [J]. 化学教育，1987（2）：61—63.

2. 中共中央文献研究室. 习近平关于科技创新论述摘编 [M]. 北京：中央文献出版社，2016.

人工智能绘画作品的艺术价值*
——意识与人工智能

郭天仪

2022 年 9 月，在美国科罗拉多州博览会的一场艺术比赛中，游戏设计师杰森·艾伦（Jason Allen）使用 AI 绘图工具 Midjourney 创作并使用图片处理工具进行了后期润色的作品《太空歌剧院》（Thétre D'opéra Spatial），获得了"数字艺术/数字修饰照片"一等奖。

《太空歌剧院》的获奖，引起了巨大争议。据 CNN 报道，许多艺术家为这件事感到愤怒，认为这是钻了比赛规则的空子。有人认为艾伦使用 AI 生成图像是在作弊，并说："这太恶心了，通过 AI 生成一幅画就声称自己是艺术家?"也有人不满艾伦把 AI 生成的图像与艺术品混为一谈，表示"我们正在目睹艺术死亡"，"这甚至没有意义、没有灵魂，是可悲的"。

面对这些争议，作者艾伦说："我不会为此道歉，我赢了，我没有违反任何规则。"艾伦认为，他在提交作品时明确表示了这幅作品为人工智能绘画作品，并且创作过程中也包含着许多个人的努力。"我多次调整了输入的提示词，用 Midjourney 生成了 100 多幅画作，经过数周的修改和挑选，才选出了 3 幅最满意的作品。我还使用 Photoshop 及 Gigapixel 进行了后期处理。"两位评委此前并不知道 Midjourney 是 AI 工具，但二人随后都表示，即使他们知道，同

* 故事来源：王伟，黄轶. 协同、价值与奇点：人工智能挑战下的艺术反思 [J]. 艺术学界，2018（2）：1-12.

刘润坤. 人工智能取代艺术家? ——从本体论视角看人工智能艺术创作 [J]. 民族艺术研究，2017（2）：71-76.

样也会授予艾伦最高奖项，因为此次比赛的评判规则是"懂得讲述故事以及有灵魂的作品"，而《太空歌剧院》确确实实做到了。

杰森·艾伦的作品《太空歌剧院》

人工智能绘画技术其实早在上个世纪就已经萌芽，一直处于发展之中。《太空歌剧院》的夺冠引起了全世界的关注，成为推动人工智能绘画走入公共视野的一个标志性事件。

人工智能绘画的原理及发展历程

那么，什么是人工智能绘画呢？

人工智能这 概念可以分成"人工"和"智能"两个部分，"人工"即人造的、人为设计的，而"智能"即为人所制造的智能，强调技术的独立性。安德烈亚斯·卡普兰（Andreas Kaplan）和迈克尔·海恩莱因（Michael Haenlein）将人工智能定义为"系统正确解释外部数据，从这些数据中学习，并利用这些知识通过灵活适应实现特定目标和任务的能力"。人工智能实质上是对人脑组织结构与思维运行机制的模仿，是人类智能的物化。人工智能绘画便是计算机利用人工智能算法和计算机视觉技术，生产出创新性图片作品。

人工智能的发展需要三个要素：大数据、软件以及硬件。人工智能通过大数据进行学习，其用于模型训练的数据量越大，学习效果就越好；硬件和软件的升级能提高计算机的计算能力，丰富计算机的功能。人工智能通过对人脑运行逻辑的模拟，对大量艺术作品进行深度学习，其中 GAN 算法最为典型。GAN 算法，即生成对抗网络，包括一个生成网络和一个判别网络。这种算法包含着一定的随机性，即生成网络需要从潜在空间中随机取样输入，其输出结果会不断调整，直到判别网络无法区分其输出结果是否真实。这种算法生产的艺术作品具有一定的独创性，接近人类的艺术作品，有时甚至能够以假乱真。

人工智能绘画的发展可以追溯到 20 世纪。1949 年，亚当斯基于一定几何规律生成的作品《弹球》被广泛视作最早的计算机绘画作品。20 世纪五六十年代，计算机绘画主要是利用计算机进行几何图形、色彩的搭配，欧洲出现了一些相关展览。随着技术的发展，计算机变得更加便捷高效，计算机绘画的灵活性和丰富性也得到了一定提升。20 世纪 80 年代，伦敦大学斯雷德艺术学院实验与计算机系的哈罗德·科恩（Harold Cohen）参与研发了计算机程序"Aaron"，利用演算法使计算机画出的线条接近于人类徒手画出的线，并进行了公开演示。

"阿诺菲尼"系列 1-4，哈罗德·科恩

进入 21 世纪，计算机算法发展迅速，神经网络等相关技术飞速发展，前文提到的 GAN 算法诞生。2016 年，来自微软、代尔夫特理工大学、莫瑞泰斯皇家美术馆以及阿姆斯特丹伦勃朗博物馆的专家团队耗时 18 个月，利用人工智能创作了一副模仿艺术家伦勃朗绘画风格的作品《下一位伦勃朗》，不论是造型、色彩还是笔触，都仿佛出自伦勃朗本人之手。同年，谷歌使用其自主开发的 DeepDream 绘画系统创作出的 29 张作品在旧金山举行了一场义卖，筹得 9.8 万美元。2018 年 10 月，法国艺术团体 Obvious 使用人工智能创作了《埃德蒙·贝拉米肖像》，最终以 43.2 万美元的价格拍卖成功，比预估价格高出了好几倍。

《下一位伦勃朗》

人工智能绘画给艺术领域带来的冲击

人工智能绘画的飞速发展，对艺术界造成了不小的冲击。就目前而言，主要有以下四个方面：

第一，人工智能绘画的技法高超，堪比优秀人类艺术家。由于人工智能绘画是通过对大量图像资料的学习，提取特征，配对元素，从而编辑出新的图像，因此其输出作品能够在技法上与输入作品保持相对一致。同时，人工智能绘画包容度高，可以很快学习并创作各种风格的作品，从技法水平的层面上来讲具有很大的竞争力。

第二，人工智能绘画的效率非常高，被市场喜爱。随着技术的发展，人工智能绘画作品中的错误越来越少，可以直接使用的作品越来越多。比起人类艺术家，人工智能绘画有着培养成本小、创作高效快捷、风格多样化、限制因素少等特征，能够满足市场上大规模的需求。

第三，随着人工智能绘画的算法不断完善，部分作品已经能够以假乱真。部分人用 AI 生成的图片造假，声称是自己绘制的并且以手工绘制的价格卖出。这种现象为艺术市场提出了新的难题：如何鉴别人工智能绘画和纯手工绘画？如何确定人工智能绘画作品的价格区间？这对纯手工绘画作品价格会造成怎样的影响？

第四，人工智能绘画造成了一定的版权问题。人工智能的学习速度非常快，能够根据输入图片的特征生成新的具有相同特征的图片，这使得许多画师独特的画风有了可复制性。画师的作品被大量利用，便造成了一系列版权问题。目前已有不少画师在发表作品时明确表示禁止使用其作品"投喂"人工智能。由此还衍生出人工智能绘画作品的版权归谁所有、人工智能创作物"作品"属性界定等问题。

如何评价人工智能绘画作品的艺术价值？

艺术从何而来？这是一个没有标准答案的问题。学界有一种认可度较高的观点是"巫术说"，即远古人类举行巫术祭祀等活动时产生了艺术。除此之外还有"模仿说""游戏说"等观点。这些观点都强调了人在艺术创作过程中的主体性，肯定了人的主观意愿在艺术创作中的重要性。英国艺术史家贡布里希说："现实中没有艺术这回事，只有艺术家而已。"在艺术发展的长河中，我们可以看到每一件艺术作品里都透露着不同的时代精神和风俗习惯，每一次流派的变革都离不开艺术家们独特的生命经历。也正是不同文化的差异、艺术家独特的灵魂造就了艺术的独特性。

我们该如何评价人工智能绘画的艺术价值呢？从技法的角度讲，人工智能绘画拥有很强的优势。它降低了一些美术作品的生产成本，为市场提供了大量新鲜血液。它也降低了艺术创作的门槛，使得没有艺术基础的大众能够直接进行创作，给人们的奇思妙想以落地的可能性。在这个方面，人工智能绘画也可以提供传统绘画的价值。从人工智能绘画的作品来看，目前许多作品已经能够带给人们美的享受。以场景作品为例，人工智能很擅长画出恢宏又细腻的大场景作品，善于营造出磅礴迷幻的氛围，虽然一些具体的细节部分仍然会有不合理之处，但基本能够符合人们的审美。人工智能绘画的审美价值从对"可计算的美"的分析开始，这与人类艺术家绘画作品的艺术价值又存在较大的共通之处。

然而，人工智能绘画本质上还是一种计算机算法的视觉呈现，是大数据库中的拼贴和模仿。人工智能绘画拥有纯熟的技法和特定的创造力，但这种创造力更多体现在图像视觉风格的多样性上，并不是人类独有的创造新事物的能力。深度学习算法使得人工智能越来越接近人类大脑，人工智能艺术创意则是数据和算法结合之下的产物。而"接近人类大脑"就代表着人工智能尚不能取代人类智能，艺术家仍然是一切人工智能艺术创意的幕后主导者。艺术作为一个历史悠久的领域，在生产力极不发达的时期就已经存在。它陪伴了人类千万年，除去特定时代的现实用途，给予了一代又一代人情感温度。当我们看着梵高笔下的《向日葵》，想到那个患有严重精神疾病却仍然心怀众生热爱艺术的男人，我们被他的精神深深打动；当我们看着天才少年王希孟留下的《千里江山图》，想到中华文化灿烂辉煌的历史长河里无数的文化瑰宝，想到中华民族的伟大与智慧，我们为自己的国家感到无比自豪。王尔德在《谎言的衰朽》中曾说："艺术有独立的生命，正和思想有独立的生命一样。"优秀艺术品给人们的思想启发和情感共鸣，是冰冷的算法无法替代的。

《向日葵》，文森特·梵高

人工智能绘画会走向何方？

科技的发展给艺术带来了全新的面貌，也给艺术从业者们带来了全新的机遇和挑战。人工智能艺术创作可分为两个发展阶段：对既有图像的风格化改造、独立创作艺术作品。这两个阶段的划分依据是人类在其中的参与程度。同第一个阶段相比，在第二个阶段人类的参与程度降低，人工智能的主体性增强。我们可以发现人工智能的主体性增强已经成为一种趋势，然而这就意味着人类艺术家一定会被人工智能所取代吗？1839 年照相机问世，当时许多人对绘画的理解仅仅是再现真实世界，因此当效率更高效果更好的照相机出现时，艺术界充满了绘画将被取代的观点，法国艺术家德拉洛奇也曾发出悲叹："绘画已死！"然而历史的进程告诉我们，照相机的出现不仅没有让绘画死亡，反而发展出了全新的艺术领域——摄影。

四川大学艺术学院教授、博士生导师吴永强坚信，虽然新技术的时代大潮蜂拥而至，但传统艺术仍然不会消失。"这就像摄影未曾取代绘画，电影、电视和影像艺术也没有导致绘画消失一样。绘画最终并没有死亡，它不但维持了广大的受众，而且在新表现主义绘画那里卷土重来，创造出新的繁荣。"他说，只要人的肉身还存在，人类就会有对肉身感知、表达的持续渴望，其结果是手工、手感将会反复地焕发生机，让传统的作画方式不断地回到艺术领域收复失地。

新事物出现时，我们既不能全盘否定也不能全盘肯定，而是应该辩证地看待问题。人工智能作为一种辅助工具，能够帮助艺术家进行艺术创作。我们不妨发挥人工智能绘画效率高、内容丰富的优点，以人类艺术家的经验、观念为理论指导，使二者互相融合、互相促进，推动技术完善，拓宽艺术边界。人与人工智能协同工作，共同寻找新的平衡点，不仅能够提高工作效率，甚至能够驱动艺术创作迎来更大的创新和发展，走向新的时代。

故事 讨论

1. 习近平总书记针对文艺发展的关键问题，对广大文艺工作者提出明确要求："要正确运用新的技术、新的手段，激发创意灵感、丰富文化内涵、表达思想情感，使文艺创作呈现更有内涵、更有潜力的新境界。"优秀的艺术作品和其传达的文化思想密不可分。你认为我国文艺工作者应该如何面对技术更新，创作出贴合时代潮流、弘扬中华文化的艺术作品呢？

2. "新事物出现时，我们既不能全盘否定也不能全盘肯定，而是应该辩证地看待问题。"结合人们对待照相机出现的态度变化，谈谈你对于人工智能绘画发展趋势的思考和设想。

进入21世纪以来，计算机视觉技术、神经网络算法等技术的飞速发展，促进了人工智能绘画的飞速进步。2022年9月，由人工智能生成的画作《太空歌剧院》在美国科罗拉多州博览会的数字艺术类美术比赛中获得第一名，引起了很大争议。人们心情复杂：在艺术领域，我们究竟会不会被人工智能取代？从本质上看，人工智能是一种辅助工具，能够帮助艺术家进行艺术创作，仍然体现出人在艺术创作过程中的主体性。目前，人工智能未达到人类智能的层级，不能真正具有人的意识，不能取代或超越人类智能。

其一，意识是人脑这样一种特殊物质的机能和属性，是客观世界的主观映像。人工智能是人的意识能动性的一种特殊表现，是人的本质力量的对象化、现实化。人工智能实质上是对人脑组织结构与思维运行机制的模仿，是人类智能的物化。人工智能绘画是计算机通过对大量图片的学习，以特定的算法生产出具有创新性的图片作品。人工智能绘画作品虽然已经能够满足人们一部分审美需求，但人工智能本身并不具有意识，而是一种辅助工具，能够帮助艺术家进行艺术创作。

其二，人类意识是知情意的统一体，而人工智能只是对人类的理性智能的模拟和扩展，不具备情感、信念、意志等人类意识形式。人工智能的情感模拟并不能取代人们在社会交往中的真情实感。人工智能可以辅助人们决策，但不能代替人们以知情意统一为基础的整体决策。人工智能是人类创造力的产物，其绘画作品本质上还是一种计算机算法的视觉呈现，是大数据库中的拼贴和模仿。人工智能绘画拥有纯熟的技法和特定的创造力，但这种创造力更多体现在图像视觉风格的多样性上，并不是人类独有的创造新事物的能力。人工智能绘画的产出逻辑决定了它无法如人类意识那样创作出知情意统一的作品，它的价值产出离不开对人类理性的模拟。

其三，社会性是人的意识所固有的本质属性，而人工智能不可能真正具备人类的社会属性。人工智能可以在一定程度上承担某种社会功能，如一定的社会管理和社会交往功能，甚至机器人还可以成为人的生活伙伴。但是，机器人从根本上说是机器而不是人类，它不可能真正具备自立、自主、自觉的社会活动，难以成为独立的具有行为后果意识、自律意识和社会责任感的社会主体。深度学习算法使得人工智能越来越接近人类大脑，人工智能艺术创意则是数据和算法结合之下的产物。而"接近人类大脑"就代表着人工智能尚不可能取代人类智能，它只是一种辅助工具，艺术家仍然是一切人工智能艺术创意的幕后主导者。艺术家创造的优秀艺术品能给人们带来思想启发和情感共鸣，这是冰冷的算法无法替代的。

其四，人类的自然语言是思维的物质外壳和意识的现实形式，而人工智能难以完全具备理解自然语言真实意义的能力。人工智能以机器语言为基础，是对思维的一种物化和模拟，其思维方式是纯逻辑、理性的，而人类思维是与自然语言相联系的，其思维方法常常是多样而跳跃的。而且，自然语言总是与一定情境有关，很难被彻底形式化并被计算机完全掌握。人工智能通过对人脑运行逻辑的模拟，对大量艺术作品进行深度学习，从根本上讲是单调处理数字或规则性地操作符号，既缺乏自然语言的意义向度，也不具有自然语言以言行事的实践功能。

教学建议

本案例适用于《马克思主义基本原理》第一章"世界的物质性及发展规律"第一节"世界的多样性与物质统一性"的教学。

讲授重点：通过案例，让学生理解什么是意识，理解意识的创造性和指导实践改造客观世界的作用。通过对人工智能绘画和人类艺术家作品的区别分析，让学生从知情意、社会性和自然语言三个方面深入认识意识与人工智能。

实践探索：请学生尝试使用人工智能绘画软件进行创作，体会人工智能绘画和自己动手创作的不同之处。请学生了解自己所学专业领域的新兴技术，思考它对传统生产模式带来了什么样的冲击，以及作为新时代的青年应如何面对时代的考验。

学习思考

　　21世纪，科技飞速发展，人工智能绘画的发展只是其中一个很小的部分。技术的更新给人们带来了便捷，同时也引发了一系列问题。你认为在评价新事物时什么是最重要的？怎样才能利用新技术创造出更多价值？

[1] 邱月，张颖聪. 人工智能艺术的美学审视：基于人文主义美学的视角 [J]. 江海学刊，2019 (6)：133－138.

[2] 王伟，黄铁. 协同、价值与奇点：人工智能挑战下的艺术反思 [J] 艺术学界，2018 (2)：1－12.

[3] 刘润坤. 人工智能取代艺术家？——从本体论视角看人工智能艺术创作 [J]. 民族艺术研究，2017 (2)：71－76.

延伸阅读：

　　1. 贡布里希. 艺术的故事 [M]. 南宁：广西美术出版社，2008.

　　2. 尤瓦尔·赫拉利. 未来简史：从智人到智神人 [M]. 林俊宏，译. 北京：中信出版社，2017.

工业工程的曲折发展史[*]

——实践与认识的辩证关系

夏亦诗

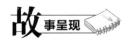

作为一门研究如何使复杂系统有效运作的科学，工业工程对经济社会发展起到了巨大推动作用，受到全球各国的高度重视。

工业工程发源于美国，与机器工程、电子工程、土木工程、化学工程、计算机工程和航空工程一起并称为七大工程。美国的许多管理型人才都是工业工程专业出身，例如苹果公司当前的首席执行官（CEO）蒂姆·库克（Timothy Donald Cook）便是其中之一。

在讨论工业工程的历史时，我们很难绕开一个人——"工业工程之父"泰勒（F. W. Taylor）。在他的身上，我们不仅能发现工业工程作为一门学科是如何从无到有建立起来的，也能看到一个科学家之所以能够获得成功的原因。

1856 年，泰勒出生于宾夕法尼亚州费城日耳曼敦的一个清教徒家庭。在之前的 18 世纪，工业工程开始萌芽。亚当·斯密在 1776 年出版的《国富论》中首次提出了劳动分工概念，他认为采用劳动分工的方式可以提升生产效率。1799 年，美国的惠特尼提出了"互换性"的概念。1832 年，英国的巴比奇在《论机器和制造业的经济》一书中提到了专业分工。而在当时的美国，因为产业革命和资本主义的快速发展，大量的工厂产生。泰勒的家庭十分富裕，其父亲毕业于普林斯顿大学，是一名律师。对于当时在欧洲四处游历的泰勒来说，

* 故事来源：江志斌. 论新时期工业工程学科发展 [J]. 工业工程与管理，2015，20 (1)：1—7.
张新媛. 浅谈工业工程在国内外的发展 [J]. 发展，2007 (7)：122.

人生的目标无非就是进入当时的顶尖学府哈佛大学，成为和父亲一样的律师。

"工业工程之父"弗雷德里克·温斯洛·泰勒

但命运并不如他意，在以高分顺利考入哈佛大学之后，他的眼疾迅速恶化，使得他不得不放弃了这条道路，选择成为一名学徒制模师和机械师，在费城的一家液压工厂积攒车间工作经验。在完成了四年的学徒期之后，他在1878年成为米德维尔钢铁厂的一名机器车间工人。在这里，他开始真正观察工厂的管理问题。

在米德维尔钢铁厂工作的时候，泰勒发现许多工人的工作效率低下，远没有达到之前制定的标准，从而导致公司的劳动力成本居高不下。在当时，很多工厂采用的是计件工作制，米德维尔钢铁厂为了弥补这种制度的缺点，还采用了利润分配制度，旨在鼓励工人高效工作，但是结果依然不尽如人意。在泰勒看来，工人们实际的产量只达到了理想状况的1/3。他认为这是由两个原因引起的：一个原因是经营者的不明智。如果工人拼命干活，产量当然会提高，工人的收入也会相应地增加。看到这一情况，经营者就会调低单位产量的工资水平，于是引起单位产量的工资率下降，致使工人非常努力地干活也达不到原先的工资水平，这样一来工人就不愿意再继续提高产量。另一个原因是工人存在关于就业的担忧。他们认为如果自己过分努力工作，那么同伴们的就业机会就会减少。从帮助同伴的角度来说，他们应该减少自身的工作量，从而防止不必要的竞争和失业的可能，所以努力增加产量的必要性也就不存在了。

泰勒在晋升为车间主管之后，打算对工厂的这一现状进行整治。在这一时期，他的科学管理理论初见雏形。

但整治的过程并非一帆风顺。泰勒最初亲身示范如何提升生产效率，但是工人仍然不理解他的行为，也并不愿意效仿他在生产中提升自己工作量的行为。于是泰勒挑选了他认为聪明能干的工人，让他们学会了如何高效地使用机器。但是当这群工人熟练掌握泰勒教会他们的内容之后，却加入了那群"懒惰"的工人，并未利用自己所学的知识提升自己的生产效率。泰勒扣了他们一半的工资，作为对他们不信守承诺的处罚。这些工人则向经理告状，但因为泰勒早已和经理说明了事情的原委，泰勒取得了暂时的胜利，工人不得不接受了合理的产量安排。但是新的情况产生了，时常有工人故意破坏机器，想以此说明机器超负荷运转，进而反对泰勒提出的方案。泰勒针对工人破坏机器的情况制定了新的规则：凡是故意破坏机器的人必须自己承担一部分修理费，否则就坚决辞退，同时对这类工人处以罚款，将其作为工人互助金使用。这种反复的斗争是泰勒在米德维尔钢铁厂工作时的大部分内容。

泰勒始终坚信自己提出来的科学管理思想可以使得原材料没有任何浪费。他同时认为，通过对工作进行分析，就能找到完成工作的"最佳方式"。他最著名的研究之一与铁锹有关。他注意到工人们总是用同一把铁锹铲各种材料，对工作效率产生了不利影响。经过研究，他确定了工人铲运材料时最有效的载荷是 21.5 磅，并设计出了针对不同材料都能恰好铲起这个重量的铲子。同时，他把铲法分解成一系列动作，通过深入分析，提出了更好的铲法（标准作业方法）。尽管泰勒的科学管理思想在一开始并未受到足够重视，但通过他的弟子们的努力（最著名的是亨利·甘特的努力），工业界最终接受了他的思想。在这一场漫长的科学管理探索之路上，泰勒笑到了最后，成为工业界声名显赫的管理大师。

泰勒之后，工业工程迎来了高速发展期：美国的吉尔布雷斯夫妇对动作和工作流程进行了研究，提出 17 种沿用至今的"动素"——完成一件工作所需的基本动作；亨利·甘特创造了"甘特图"——一种可以较为清晰地展示计划和计划所需的时间的图像；埃默森提出了"奖金计划"和提高个人效率的"十二原则"，逐步加深了对工人的管理。

工厂流水线

　　基于他们的研究提出来的工业工程的传统模型，也叫作古典模型。虽然古典模型受场地的局限，更多的是以现场作业为问题的中心，且解决生产力问题的办法也较为单一，局限于提高工作效率和降低成本，但是结合当时美国和欧洲的工业生产状况来看，这套模型无疑能够很好地解决当时因为工厂的扩张而产生的物料损失、生产力浪费、工作繁复、缺少有效的审核机制、无法对工人进行有效管理等问题。

　　工业工程是在后来者的推翻又重建中不断前进的。从 20 世纪 20 年代到第二次世界大战期间，研究者广泛将当时的数学、经济学、社会学和心理学的成果引入到工业工程学科。其中最重要的是引入了运筹学的成果。运筹学是一门以数学为基础的学科，包括实分析、矩阵论、随机过程、离散数学和算法基础等。运筹学帮助工业工程发展到了一个更高的水平，工业工程也促进了运筹学的发展，使得运筹学能够在实际的工业生产和运输过程中不断提升，从最开始的理论研究变成应用数学的模型。运筹学的广泛应用为决策者在多种方案中进行决策提供了强有力的科学武器。工程师将其应用到工厂和工人的日常管理中，使得工业工程的发展更为完善。

　　1924 年至 1932 年，梅奥进行了著名的"霍桑试验"。梅奥向之前的古典工业工程模型发起了挑战，认为泰勒等人的研究都着重强调管理的科学性、合理性、纪律性，而并未给管理中人的因素和作用以足够重视。在霍桑试验中，梅奥通过对工人进行访谈，发现工人长期以来对工厂的各项管理制度和方法存在很多不满，但是这些不满在访谈中得到了发泄，发泄后的工人心情舒畅，士气提高，使产量得到提高。这是工业工程从古典模型发展为现代模型的重要转折点，让人们意识到了生产过程中人的因素对生产效率提高更为重要，提高工人的士气是提高生产率的有效方式。

1924 年休哈特提出质量控制图，应用统计学推动了工业工程的进一步发展。在工业工程已经具备工作研究、质量控制、人事管理和工厂布置等内容后，随着机械化在第二次世界大战期间的大规模发展，费希将经济学的概念更多地引入到工业工程中，进行了"工程经济"的研究，从而解决了设备和人员存在的与经济相关的问题。

此后，工业工程不断吸收和融合新的思想和方法，对自身不断加以改进以适应时代需求。1945 年，希亚提出了"因数分析法"。1947 年，米鲁兹创立了"价值工程"技术，对如何在保证产品或作业的必要功能的同时降低成本进行了更多的分析。再后来，电子计算机的产生对工科产生了深远的影响，它使得复杂的数学问题能够更快地被解决。而从系统工程的理论出发，计算机可以帮助我们计算企业的复杂的系统模型，并且对其进行优化设计。在这一阶段，工业工程利用了计算机这一工具，更好地实现了人机一体的系统构建。正是因为这一时期自动化、电子化的进一步发展，工业工程关于人的因素的研究有了新的发展。"人因工程"就是在这一时期产生的工业工程下属学科，其研究方向是将人和系统结合起来加以分析。人的因素的大量引入使得工业工程中的工效学、组织理论、心理学和激励理论得到了很大的发展。不难发现，计算机技术的巨大提升使得工业工程更加倾向于定量化技术分析，实现了融合发展与再提升。

工业工程，正如当时身患眼疾的泰勒在工厂中夜以继日地观察铁锹的角度、螺丝的密度一般，是以严谨的态度对工业流程进行"压缩"。如何才能更高效？这是工业工程持之以恒的问题，也是当下中国发展所面临的重要问题。当我们从高校中走出，走进车间、厂房或办公室，我们依然需要有泰勒以及后继工业工程研究者的钻研精神。

故事 讨论

1. 唐代诗人寒山曾有一句诗："学业攻炉冶，炼尽三山铁。"泰勒在提出自己的科学管理理论的过程中也是屡次受挫，屡次不顺。在国家倡导大国工匠精神的当下，请结合大国工匠精神，谈谈人类社会如何进步与发展。

2. "科学管理就是把复杂的事情简单化，把简单的事情可操作化，把可操作的事情度量化、数字化，把度量化、数字化的事情考评化。"请结合大学生的日常学习生活以及你对泰勒的科学管理理论的理解，谈谈你的感受和获得的启示。

原理 分析

泰勒的一生跌宕起伏，他通过个人的才智和不懈的努力一步步地搭建了工业工程的基石。这个因眼疾而辍学的失意青年，从未有过放弃的想法。而他对现实细致入微的观察，则为他提供了另一双看待世界的"眼睛"。泰勒从勤杂工、技工、工长做到设计室主任，最后创立科学管理理论，成为工程工业代表性人物。从工程工业的发展史我们可以看到以下马克思主义基本原理。

其一，实践是认识发展的动力。实践的需要推动认识的产生和发展，推动人类的思想进步和理论创新。列宁认为："从生动的直观到抽象的思维，并从抽象的思维到实践，这就是认识真理、认识客观实在的辩证途径。"泰勒真正开始关注到管理问题是刚到米德维尔钢铁厂当工人的时候，他发现许多工人在干活时磨洋工、工作效率低下。当上了管理者之后，他开始向传统挑战，要设法提高生产效率，但遭到工人反对。他不断地通过实践更新自己的管理理念与方法，思考如何在实际工作中避免管理部门和工人之间的剧烈冲突，试图设计一个大家都能接受的客观标准，最终在与工人磨洋工的斗争中，强调从实践出发，首创时间研究。

其二，事物的普遍联系与变化发展。唯物辩证法认为，世界上的万事万物都处于普遍联系之中，普遍联系引起事物的运动发展。联系和发展的观点是唯物辩证法的总观点，集中体现了唯物辩证法的总特征。恩格斯指出："世界不是既成事物的集合体，而是过程的集合体，其中各个似乎稳定的事物同它们在我们头脑中的思想映象即概念一样都处在生成和灭亡的不断变化中，在这种变化中，尽管有种种表面的偶然性，尽管有种种暂时的倒退，前进的发展终究会实现。"工业工程的产生是同工业革命密切相关的，泰勒创立的科学管理理论，实际上就是 20 世纪初工业工程这个学科的名称。后来，工业工程在泰勒科学管理的思想基础上经历了推翻又重建的过程，这个过程体现了科学思想的普遍联系但又在不断变化发展。

其三，量变和质变是相互依存、相互贯通的，量变引起质变，在新质的基础上，事物又开始新的量变，如此交替循环，构成了事物的发展过程。量变和质变的关系体现了事物的发展既是连续的又是分阶段的，各个阶段既相互区别又相互衔接，事物的发展是连续性和阶段性的辩证统一。马克思认为，"物质世界是按照它本身固有的规律运动、变化和发展的"，这个本身固有的规律就是由量变到质变的过程。世界上所有事物的联系和发展都采取量变和质变两种状态和形式。工业工程的历史阶段大致分为：泰勒时期的科学管理阶段、引入运筹学的管理科学阶段、20 世纪 60 年代以后质量革命推动阶段以及近现代信息计算突破阶段。在工业工程的发展过程中，是泰勒、梅奥、希亚、米鲁兹等人不断地创新思想和发展方法，实现了工业工程发展从量变到质变的飞跃。

教学建议

本案例适用于《马克思主义基本原理》第一章"世界的物质性及发展规律"第二节"事物的普遍联系和变化发展"、第二章"实践与认识及其发展规律"第一节"实践与认识"的教学。

讲授重点：通过案例，让学生理解什么是发展。要坚持量变，不能停顿；同时把握突变，在时机成熟时不要犹豫，敢于突破。发展从根本上说是突变、质变，但是中间必然也有渐变、量变的过程。这就得一点一点地、一块一块地、扎扎实实地干，干成一个是一个，积小胜为大胜。

实践探索：请学生分析各自所学专业有哪些亟待解决的重大难题，哪些是社会急需攻克的难题。通过对专业领域发展现状和主要问题的分析，帮助学生进行专业研究方向或者未来求职方向的规划。

学习思考

1. 泰勒出生于富裕家庭，年轻时游历各国，对于他来说，本可以不去工厂从学徒做起，但是他还是选择了从最底层的员工做起，而这份经历，是他能够认识到工业中效率缺失问题的关键。人生的选择中，他错过了名校却还是因提出了科学管理理论而名留青史。我们应该怎么辩证地看待人生的得与失？

2. 工业工程的发展并未一蹴而就，而是经过数代人的推翻和改进，并不断吸收和借鉴其他学科优秀的成果，以螺旋式上升的形式发展起来的。参照工业工程这一学科的发展历史，我们该如何看待事物和思想的发展进程？

[1] TAYLOR. The Principles of Scientific Management [M]. Montana：Kessinger publishing，2013.

[2] TAYLOR THOMPSON. A Treatise on Concrete，Plain and Reinforced：Materials，Construction，and Design of Concrete and Reinforced Concrete [M]. New York：General Books，2010.

延伸阅读：

1. 孙杰. 全面精益管理概念的界定 [J]. 工业工程与管理，2009，14（2）：129-134.

2. 江志斌，周利平. 精益管理、六西格玛、约束理论等工业工程方法的系统化集成应用 [J]. 工业工程与管理，2017，22（2）：1-7.

"我是江南第一燕，为衔春色到云梢"*

——瞿秋白的新闻实践

袁　月　赵丹彤

　　瞿秋白生于素有"诗国"之称的江苏常州，家族世代为官，是地地道道的书香门第。正是这样的环境造就了博学多艺的瞿秋白。但上天并没有因为他的博才便更善待他，在瞿秋白十多岁时，其家庭陷入经济困境。因交不起学费，瞿秋白不得不在十六岁时辍学，他的母亲更是因为债务服毒自杀。但生活的苦难没有击垮这位才子，在母亲自杀后，瞿秋白随堂兄瞿纯白北上到北京，考入外交部办的俄文专修馆。正是在北京受到先进思想的影响，一度有悲观厌世思想的瞿秋白走出书斋，投身到轰轰烈烈的五四运动之中，他甚至走上街头，参加游行示威、请愿等活动，而他的新闻生涯也正肇始于这个时期。

无产阶级革命家、理论家和宣传家瞿秋白

---

　　* 故事来源：蓝鸿文，许焕隆. 瞿秋白［M］. 北京：人民日报出版社，2005：1—36，51—52.

五四运动：从枯寂中醒来的瞿秋白

1919 年的 5 月 4 日，学生们走上街头，呼喊着"拒绝在巴黎和约上签字""外争国权，内惩国贼"的口号。帝国主义的尖刀是如此无所顾忌地悬在中华民族头上，只要是还有一点热血的青年都不可能无动于衷。瞿秋白从他小小的书斋中"醒来"，投身到轰轰烈烈的五四运动之中并成为学生代表。他和其他青年一起走上街头参加游行示威、请愿活动，虽不幸被捕，但仍热血难凉。

群情激奋的反抗有了结果，中国代表拒绝在和约上签字。可不签字之后又该怎么办呢？不少人开始思考这个问题，但当时的报刊上竟没有一篇谈具体办法的文章。有人开始质疑：不签字的意义何在？学生们闹一场的作用又在哪里？正是在这种迷惘的时刻，瞿秋白写了《不签字后之办法》，公开发表在《晨报》上，试图来回答这个问题。该文章阐述了他对政府、国民、学生的主张，提出要办报、办通讯社，"以为一般社会之向导"。20 岁的瞿秋白在文章中告诫世人："然人患不能自立，苟有决心，何事不就"。这也成为他此后在新闻生涯中坚持一生的准则。

五四运动后，瞿秋白和友人亲戚共同创办了杂志《新社会》和《人道》。瞿秋白此时已经意识到："中国旧社会的黑暗，是到了极点了！他的应该改造，是大家知道的了！但是我们应该向哪一方面改造？改造的目的是什么？"而这些疑问都在他作为《晨报》和《时事新报》的特派员赴俄国采访后得到了答案。

瞿秋白去俄国怀着两个目的，一是向中国人民如实报道俄国人民的真实情况，二是对世界上第一个社会主义国家进行实地考察。他想找到改造中国社会的办法，求一个"中国问题"的相当解决。幸运的是，这两个目的他都实现了。在俄国的两年时间里，瞿秋白报道了很多重大事件，如第十次全俄共产党代表大会、共产国际第三次大会等，他还交了很多俄国朋友，这为他的通讯提供了很多有用消息。在瞿秋白写的通讯中，他把宣传列宁的思想理论作为一个重要任务。在两年约三个月的时间内，瞿秋白写了 4 本书、50 多篇以通讯为主的文章，和俞颂华、李宗武合作发了 30 多条电讯，总计数十万字。

瞿秋白的新闻报道及时传播了苏俄方面的信息，揭穿了世界敌对势力对苏俄的种种污蔑和谣言，为中国人民打开了一扇窗户，帮助中国人民正确认识世界上第一个社会主义国家，给中国人民带来了希望和光明。正如周扬同志在纪念瞿秋白就义四十五周年的大会报告中所说："这条路不是秋白同志一人的力量所能开辟的，但他是最早的开路人和领路人之一。"

《热血日报》：党在五卅运动中的喉舌

1925 年 5 月 30 日，上海发生了震惊全国的五卅惨案。当时的上海被一片白色恐怖笼罩，瞿秋白的家和他工作的上海大学被搜查，英租界工部局下令紧急通缉瞿秋白等人。当时，瞿秋白乔装后深入到工人区，听到工人抱怨现在的报纸不为工人说话，都向着外国人和资本家，且工人文化水平低，很多报纸上写的内容都看不懂。瞿秋白听后深受启发，虽身处生死攸关的境地，仍坚定地挑起创办中共党报史上第一份日报——《热血日报》的重任。他十分注意文字的通俗化，尽量使用方言、口语，文章力求简短明了，为的是能让更多的普通人读懂报纸。他冒着生命危险往来奔走于党中央与编辑部之间，是五卅运动中党的宣传战线上最得力的领导人。

《热血日报》

"病弱之躯仍不辍，要以热血注中国"是对瞿秋白当时工作条件与工作决心的真实写照。狭小的房间内，瞿秋白拖着病弱之躯，在昏暗的灯光下，与编辑们挤在一起，他白天耐着炎热编新闻、写社论、审阅大样、参加各种会议、组织写稿约稿，晚上在一声声咳嗽中为党中央起草文件、给党报写文章，常常彻夜不眠。他用大量的篇幅报道了帝国主义者压迫和屠杀中国人民的真相，也报道了上海和各地工人运动的浩大声势，以及苏联和其他被压迫民族同情和支援中国的消息，以这种方式唤起国人民族意识的觉醒和反抗压迫的决心。"虫响灯光薄，宵寒药气浓"，瞿秋白却不觉得十分辛苦，虽然身体状态很差，但他的精神却越来越好，在他看来，这样的工作比在大学讲台上有效得多。

在瞿秋白的主持下，《热血日报》办得生气勃勃。该报旗帜鲜明，编排新颖，内容充实，文字生动，集中宣传了中国共产党领导五卅运动的政治主张，对帝国主义新闻工具造谣污蔑、挑拨离间的欺骗宣传进行了有力的反击，大力抨击了封建军阀政府妥协卖国、镇压人民的政策，批判了资产阶级的动摇妥协行为，批评了当时号称"九大报"的新闻机构消极冷漠、麻木不仁的态度。《热血日报》引起了极大的反响，激发了国人强烈的民族自尊心，提高了人民的政治觉悟，指导人民进行不屈不挠的反帝斗争，在五卅运动中起了巨大的宣传、组织、批判和推动作用。

从容就义：眼底云烟过尽时，正我逍遥处

1935 年 2 月，瞿秋白不幸被国民党逮捕。1935 年 6 月 18 日，在福建长汀，瞿秋白走出牢狱大门，在吃生前最后一顿饭时，他说道："人之公余稍憩，为小快乐。夜间安眠，为大快乐。与世长辞，是真快乐也。"面对死亡，瞿秋白泰然自若，昂首挺胸，背手而立，他没有畏惧，毅然拒绝了敌人的劝降，保住了党的机密，保持了共产党员的坚定立场和革命气节。一路上，他高唱着《国际歌》，高喊着"中国共产党万岁""中国革命胜利""共产主义万岁"的口号，从容地走向刑场。

"慷慨赴死易，从容就义难。"走到一块草坪上，瞿秋白席地而坐，对身边的国民党士兵说："此地很好，开始吧，从正面来。"枪声响起，英雄逝去，瞿秋白穿着干净整洁的黑褂白裤，从容、冷静地离开了这个世界，他带着他的共产主义理想，永远地沉睡在了这片草地上……而他的精神宛如点点星火，照亮了我国无产阶级新闻理论的探索之路。

故事 讨论

1. 1920 年，瞿秋白以采访记者的身份，带着向国内人民报道社会主义新俄国真实情况的重要任务，远赴苏俄进行采访和实地考察。他同时以一个社会建设者的视角，对苏俄各个方面的情况进行了解，实地考察并总结了十月革命胜利的经验。对此，你有什么思考，获得什么启示？

2. 党的二十大报告指出："实践告诉我们，中国共产党为什么能，中国特色社会主义为什么好，归根到底是马克思主义行，是中国化时代化的马克思主义行。"瞿秋白对马列主义在中国的传播和坚持，发挥了"播火者和开拓者"的重大作用。请结合瞿秋白生平事迹，谈谈在新时代如何坚持理论指导和实践探索的有机统一。

原理 分析

瞿秋白是中国知识分子赴俄考察十月革命的优秀先行者，实地采访报道了俄国社会主义革命和建设情况，精心翻译马克思主义经典著作，传播马克思主义；是中国共产党人救国救民的勤勉思想者，为党的理论建设做出重要贡献，无限忠诚党的信仰和人民解放事业，将马克思主义与中国革命实际创造性地相结合，经世致用、文益天下。从瞿秋白身上，我们可以获得以下启示。

其一，坚持一切从实际出发，关键就是要注重事实，从事实出发。一切从实际出发，就是要把客观存在的事物作为观察和处理问题的根本出发点，这是马克思主义认识论的根本要求和具体体现。一切从实际出发，就是要从变化发展着的客观实际出发，从特定的社会历史条件出发。1920 年 10 月 16 日，瞿秋白奔赴俄国实地考察，向中国客观报道俄国情况。旅俄期间，瞿秋白尽其新闻记者的职责，以周密的调查、切身的感受，对"世界第一新国"苏俄的社会主义现实、共产党的情况以及共产国际的情况做全方位客观公正的报道。他以亲历者的身份，写文章介绍、宣传苏俄的社会主义、列宁主义学说以及国际共产主义运动。同时，他还比较系统地研读了马克思主义经典作家的著述，并根据获得的俄文版马列主义著作研究共产主义、俄国共产党、俄罗斯文化，对苏俄的社会主义革命和建设给予理性的观察、分析和思考，形成自己的"苏俄观"与"社会主义观"，并向国内进行传播。他以实际行动体现了马克思主义者只能以经过严格和确凿证明的事实作为自己认识事物的前提。

其二，坚持实事求是，根据时代变化和实践发展，不断深化认识，不断总结经验，培养与时俱进理论自觉。理论只有与实际紧密联系，才能发挥对实践的指导作用，实现自身的价值和意义。在中国共产党尚处于幼年时期，急需马克思主义科学理论的武装时，瞿秋白从无产阶级革命的需求出发，开始了对马克思主义的自觉传播。他不仅比较系统和完整地译介和传播了马克思主义的辩证唯物论和历史唯物论，而且对列宁主义学说做了较为系统、详细的解读和传播。瞿秋白对列宁主义科学内涵及其重大意义的阐释，无疑更便于中国革命者理解和把握它的精华。中国共产党人正是在对列宁主义的理解和把握中，加深了对马克思主义的理解。瞿秋白从一个稚嫩的青年成长为马克思主义的坚定信仰者，经历了从最初受到无政府主义、托尔斯泰主义的影响到开始了解并接受马克思主义再到坚定马克思主义信仰这一不断探索的漫长过程。结合不同时代的特征与背景，他在理论与实践的结合中深刻地体会着马克思主义的科学、先进理论，为马克思主义的广泛传播奉献了自己的一生。这也启示我们，只有清醒认识世情、国情、党情的变与不变，认真研究解决重大而紧迫的问题，才能真正把握住历史脉络，找到发展规律，推动理论创新。故此，坚持马克思主义，最重要的就是坚持马克思主义的科学原理和科学精神、创新精神，善于根据客观情况的变化，不断丰富和发展理论，培养与时俱进理论自觉，使理论更好地指导我们的工作。

教学建议

本案例适用于《马克思主义基本原理》第二章"实践与认识及其发展规律"第三节"认识世界和改造世界"的教学。

讲授重点：通过案例，让学生深刻领悟、掌握马克思主义的实践观与认识论的基本观点。即必须从实际出发运用马克思主义。一切从实际出发是马克思主义认识论的根本要求。要坚持一切从实际出发，实事求是，理论联系实际，实现理论创新和实践探索的有机统一。此外，要让学生认识到无产阶级是最为先进的阶级，代表了新的生产方式，是最有前途、最富有革命彻底性的阶级，具有强大的优势与力量，可以引领中国人民取得革命、建设和改革的伟大胜利。

实践探索：请学生运用马克思主义认识论的基本观点分析在日常生活和学习过程中遇到的具体问题和困惑。鼓励学生在解决问题时，要善于一切从实际出发，实事求是，具体问题具体分析，坚持和弘扬理论联系实际的学风。

学习思考

1. 瞿秋白同志在疾病缠身、被敌人通缉的情况下仍冒着生命危险主办《热血日报》，为中国革命事业的宣传工作做出了巨大贡献。为什么瞿秋白等新闻工作者要执着于党报的创办？党的形象宣传对于革命事业有着怎样的作用？

2. 在被问到明知有生命危险，为什么还要参加革命时，瞿秋白说："总要有人走在前面，准备牺牲，为大众开辟一条通向光明的出路。"对于瞿秋白等革命先辈的英勇事迹，你有什么感触？

[1] 蓝鸿文，许焕隆. 瞿秋白 [M]. 北京：人民日报出版社，2005.

[2] 李泽厚. 中国现代思想史论 [M]. 天津：天津社会科学院出版社，2003.

[3] 宋林飞. 瞿秋白对马克思主义社会学的贡献 [N]. 中国社会科学报，2021−06−23 (10).

延伸阅读：

瞿秋白. 瞿秋白游记 [M]. 北京：东方出版社，2007.

第二编

马克思主义政治经济学

成都公园城市建设的实践和成效[*]
——论劳动价值论中的生态资源价值

刘安凤

2018年2月，习近平总书记视察成都天府新区时，首次提出公园城市理念，指出天府新区是"一带一路"建设和长江经济带发展的重要节点，一定要规划好建设好，特别是"要突出公园城市特点，把生态价值考虑进去"。2020年1月，习近平总书记主持召开中央财经委员会第六次会议，进一步明确要求支持成都建设"践行新发展理念的公园城市示范区"。"践行新发展理念的公园城市"是对公园城市思想的进一步提升和深化，是全面体现新发展理念，"人、城、境、业"和谐统一的城市可持续发展新模式，是城市发展动力、发展形态、治理方式等的全方位变革。在开启第二个百年奋斗目标新征程的关键节点，习近平总书记亲自谋划、亲自部署、亲自推动成渝地区双城经济圈建设，赋予成都建设践行新发展理念的公园城市示范区的时代使命，为社会主义现代化成都建设擘画了宏伟蓝图、提供了战略引领。

"总书记有号令，党中央有部署，省委有安排，成都见行动。"4年来，从首搏地到示范区，成都义无反顾扛起政治责任，以高度的责任感使命感，专注发展定力，不断开拓创新，加快推进绿道生态价值转化，把天府绿道作为生态优先、绿色发展的引领性工程，以"绿道＋"模式推动"绿水青山"变为"金山银山"，积极探索"以道营城、以道兴业、以道怡人"的生态价值转化新路径。

---

[*] 故事来源：钟文，钟茜妮，王琳黎. 一场践行新发展理念的生动实践 [N]. 成都日报，2021－07－20 (1).

创新路径

打造公园城市"新引擎",没有先例可循,没有"作业"可"抄"。成都结合实际,创新前行,把发展新经济、培育新动能作为推动城市转型的战略抉择,创新设立新经济发展委员会。具体过程中,成都没有选择传统模式下的给优惠、给补贴等政策推动,而是独辟蹊径:供场景、给机会。

几年来,成都将公园城市作为最大场景,主动发布政府需求、政府供给和企业能力、企业协作四张"城市机会清单",释放约1.9万亿元机会,让整个城市成为新经济企业发展伙伴。

打造新引擎,构建新格局,离不开社区这个城市最小单元的共同发力。成都设立城乡社区发展治理委员会,把发展与治理有机统一,把社区工作提升到城市层面来统筹,首次明确以一个党委部门专责统揽做好此项工作,来积极回应人民对美好生活的向往。事实证明,这一举措有效解决了基层治理"九龙治水""小马拉大车"等问题,社区统筹指挥、资源调度、应急处置能力得到明显提升。

整合组建公园城市建设管理局,系统构建山水生态等6大公园城市场景体系,全面开启了成都建设美丽宜居公园城市的壮阔实践,同时引领城市发展方式、领导工作方式、经济组织方式、市民生活方式和社会治理方式深刻变革。

公园城市致力于"美",新经济致力于"活",社区致力于"稳",通过改革创新,成都统筹生态环境、经济发展和社会治理,为以人为本的新型城镇化探索了一条新路。

为民情怀

人本逻辑和生活导向,就是公园城市建设的逻辑起点和根本落点。以绿色空间为底色、以山水田园为景观、以历史人文为特质、以公园街区为场景,公园城市建设中,不仅仅城市发展方式、经济组织方式等发生深刻变革,市民生活方式也在绿色中转变和重塑。

从成都市星汉路拐进星科北街,在各色花卉、绿植围绕簇拥下,一段几百米长的"回家的路",串接起绿地、公园、社区、园区和商圈,很多人流连忘返。在成都,这样"回家的路"已经有1000多条。回家的路是城市慢行交通的一部分,解决人们出行、回家最后的一公里问题。"回家的路"是天府绿道体系的一部分。加快建设践行新发展理念的公园城市示范区,成都规划了总长1.69万公里的天府绿道。目前,已建成4600多公里,规模居全球第一。建成区人均公园绿地面积较2015年增加1.7平方米。

正是这些细若羊肠的"绿道",不仅串联起成都境内的绿地、公园、小游园、微绿地等多级城市生态体系,而且让公园城市的"大战略"变成了每个市民可感可及的"小确幸","身在公园,春暖花开"成为成都市民日常生活写照。像成都人那样生活,已经逐渐成为一种引领时尚潮流的价值选择。这正是公园城市示范区的应有之义:推动城市发展从工业逻辑回归人本逻辑,从生产导向回归生活导向,全方位构建"人、城、境、业"高度和谐统一的大美城市形态。

2020年,联合国开发计划署将成都公园城市建设案例列入报告,介绍成都以公园城市为统揽,推进以"人的城镇化"为核心、注重质量提升的新型城镇化阶段的典型成功经验。

澎湃动力

场景营城背后的逻辑考量,就是深刻践行"绿水青山就是金山银山"理念,推动公园城市示范区建设加快成形成势。以生态价值创造性转化推动可持续发展,是公园城市发展理念区别于传统城市发展理念的鲜明标识,更是生态文明时代营城模式变革的必然要求。

2021年6月,又一全国首店——拓高乐落户成都环城生态公园。该项目占地27000平方米,场馆建成后,将成为世界上迄今为止最大的拓高乐场馆,为市民提供从吃到耍的全方位体验。把首店搬进公园,拓高乐已不是第一家。通过场景营造,为企业创造新机会、为市民创造新生活,3年多来,成都已经完成30个特色园产业策划,落地达根斯马术、江家艺苑滑翔伞等28个特色项目,引进百胜集团公园概念店等多家国内首店,环城生态公园"自我造血"功能正日益彰显。

这背后，是成都注重营造生态场景，按照"政府主导、市场主体、商业化逻辑"，坚持"景观化、景区化、可进入、可参与"理念，推动生态场景与消费场景、人文场景、生活场景渗透叠加，深学细悟"绿水青山就是金山银山"理念，推进生态价值的创造性转化，努力把生态优势转化为竞争优势、把生态资源转化为发展资本，进而为公园城市建设注入了强大动能。以锦城公园为例，中国科学院水利部成都山地灾害与环境研究所对其生态价值开展评估研究，构建了锦城公园生态服务价值评估体系，具体包括气候调节、固碳释氧、土壤保持、水源涵养等 18 项生态服务价值指标。据初步估算，锦城公园建成运营后，每年生态服务价值量约为 269 亿元，预计可产生 40 年以上的持续性效益，总价值达 1 万亿元以上。

公园城市建设是一项浩大的系统工程，如何汇聚各方力量？成都的答案是统筹。一是统筹内与外。在立足本地的同时，成都始终坚持全球视野，高规格组建公园城市研究院，聘请国际国内一流的专家设立工作室，加强对研究工作的技术指导，提升研究成果的权威性，在规划建设阶段，也始终强调与国际一流团队合作，"借智""借力"。二是统筹新与旧。进入盛夏，龙泉山以东，打破盆地束缚，打开公园城市永续发展空间的主战场，东部新区建设如火如荼；市中心，天府文化公园的建设正加快推进。在保持原有城市肌理基础上，以公园城市建设引领城市有机更新，创新城市发展模式，增强城市永续发展动力。

2021 年春节前夕，作为"中优"战略①的重要内容之一，一环路"市井生活圈"改造提升工程正式点亮，它们和环城生态公园、锦江公园建设一道，成为成都打造"人民城市"幸福样本的重要抓手和生动实践。盛夏，站在龙泉山巅的"城市之眼"，举目眺望，广袤的大地上，交子公园、青龙湖公园等上千个公园和社区改造之"点"星罗棋布，数千公里的"绿道"和数百公里的"蓝网"之"线"纵横交错，串珠成链，"一山"连着"两翼"之"面"热火朝天，"点""线""面"共同发力，公园城市示范区建设加快成形成势。

习近平总书记在庆祝中国共产党成立 100 周年大会上强调，坚持人与自然和谐共生，协同推进人民富裕、国家强盛、中国美丽。

---

① "中优"是成都市城市规划的发展战略之一，即对中心城区进行优化提升，使其成为宜居宜业的生态家园。成都"中优"范围涉及锦江区、武侯区、金牛区、青羊区、成华区、龙泉驿区、温江区、新都区、郫都区、高新区、天府新区等区域，总面积达 1264 平方公里。

生态本底愈加厚实，人居环境不断改善，发展活力激荡，市民生活更加美好，生态环境与经济发展协同并进，这是有着约 3000 年建城史的成都的新风景，这是人类城市化进程的新示范。

取得成效

一是生态产品供给大幅提高。以绿道建设保育生态资源，梳理 1.15 万平方公里生态基底，设置三级共 73 条生态廊道。推动绿道串联生态区 55 个、绿带 155 个、公园 139 个、小游园 323 个、微绿地 380 个，增加开敞空间 752 万平方米，蓝绿交织、水城共荣的城市生态布局加快形成。

二是创新"绿道+场景营造"生态产品价值转化模式。在成都市场景营城理念指导下，以公园绿道为载体，按照"景区化、景观化、可进入、可参与"理念，在绿道有机植入创新文化、前沿科技和商业模式等新经济特色因子，打造绿道经济新业态，推动场景消费、扩大内需、促进就业。"绿道+夜市"的夜游锦江接待游客达 1.5 万人次，"绿道+美食"的沸腾小镇年营业收入近1000 万元。

三是天府绿道品牌效应逐步凸显，生态产品价值大幅提升。围绕打造天府绿道文旅 IP，深化"市场需求+精准营销"方式，统一品牌运营、推出精品游线，打造天府绿道文旅 IP，培育山水生态、天府绿道等 6 大公园场景，打造江滩公园、新桥社区、夜游锦江等场景品牌 120 余个，五岔子大桥、城市之眼、香香巷等网红打卡点位 380 余个。

四是绿道公园建设切实改善民生。以"绿道+公共服务"模式，统筹布局11 类重大公共服务设施，加快构建 15 分钟基本公共服务圈；提升绿道系统可达性，加快建设 1000 条"上班的路""回家的路"；开展各类文体活动 1000 余次，约 1500 万人次参与。

故事 讨论

1. 试以马克思的劳动价值论，分析成都的绿道、公园等生态资源的使用价值和价值。

2. 在推进绿道、公园的生态价值转化为经济价值时，其价格如何确定？如何用劳动价值论度量自然资源价值和价格？

 原理分析

一、生态资源的价值与使用价值

每一种生态环境资源都具有使用价值。生态环境资源作为一种客观存在，不仅为人类提供直接的生活资料、生产资料，还为人类提供赖以生存的环境空间，因此生态环境是有使用价值的。清新的空气、干净的水源、优美的生活环境，这是每个人都可以享用的，为我们提供直接的使用价值。马克思曾明确表示："一个物可以是使用价值而不是价值。这就使一个物可以对人有用而不必是人的劳动产品。例如空气、天然草地、处女地等等。"成都在公园城市建设中，主要通过政府的公共财政支出，组织开展了生态环境提升和打造等系列工程，生态环境使用价值的提升，主要是通过交换来更好地满足社会公众的需要。

天然存在的生态资源是否具有价值，取决于其是否蕴含了人类劳动。蕴涵了人类劳动的、经过人类劳动加工的这部分生态资源，具有价值。马克思认为："商品的价值是凝结在商品中的无差别的一般人类劳动，价值量是由劳动生产者生产商品所耗费的劳动量决定的，而劳动量则按照劳动时间来计量。"

二、土地是财富之母，劳动是财富之父

使用价值是构成社会财富的物质内容。使用价值的来源包括具体劳动和物质资料，因此使用价值的来源有两个，一个是人类的劳动，一个是物质资料。生态资源是人类发展必不可少的生产和生活资料，生产资料和劳动是构成社会财富的内容。而价值的来源只有一个，即是人的抽象劳动。

三、生态资源的价值和价格的衡量

以社会必要劳动时间计算生态资源价值增量，以政府的环境保护支出确定生态资源的价格。通过政府在保护和改善生态环境过程中，为提升生态环境使用价值所需要的社会必要劳动时间，来确定生态资源的价值量增量。在成都的公园城市建设过程中，政府用于污染防治、自然生态保护、污染减排、能源节约利用、城乡社区环境卫生等方面的支出属于政府的环境保护支出，构成生态

环境资源的价格。

成都的公园城市建设中，生态产品的交换价值，也就是生态产品的价格。生态产品价值的交换过程，有以下几种方式：一是政府通过人力、物力投入，提升了生态环境价值，同时政府通过公园的场景运营，吸引商家入驻，以良好的生态环境使用权、经营权做了等价交换。二是通过改善生态环境，使得周边土地出让的价格上升，以土地的使用权和生态环境的使用权做了等价交换。三是通过政府的投入，用于满足社会公众的需求，提升人民的幸福感，将生态环境的使用权和人民的基本生存权利做了等价交换。

 **教学建议**

本案例适用于《马克思主义基本原理》第四章"资本主义的本质及规律"第一节"商品经济和价值规律"的教学。

讲授重点：生态价值理论包括两大流派，第一种是以马克思的劳动价值论为基础的生态价值论，第二种是以西方古典经济学为基础的效用价值理论。根据马克思的劳动价值论，少数人认为自然状态下的各种自然资源，是自然界赋予的天然产物，不是人类劳动创造的产物，没有凝结人类的劳动，因而是没有价值的。另一种普遍的观点认为，人类的足迹几乎已经踏遍了地球表面的每一个角落，未经人改造的"纯自然"在地表上越来越少，当今社会经济发展中出现的生态危机表明，生态环境的价值就是人类为了保持社会经济发展与自然资源再生产之间的良性平衡，保护人类的生态环境付出的社会必要劳动。因此要从生产价值、价值补偿等角度来分析自然资源的价值。

教学实践：请学生课后去参观其所在地区的一个公园，并分析这个公园的使用价值包括哪些，价值又如何体现。

学习思考

1. 根据马克思的劳动价值论，天然存在的自然物是否具有价值？二者是否矛盾？

2. 日常生活中，一种自然资源越稀缺，这种自然资源的价格就越高，那自然资源的价值与自然资源的稀缺性之间是什么关系?

 参 考 文 献

[1] 唐小未,陈泳,洪继东,等. 坚决把习近平总书记的重要指示精神转化为公园城市示范区建设的具体行动和实际成效 [N]. 成都日报,2022-06-17 (3).

[2] 中共成都市委关于制定成都市国民经济和社会发展第十四个五年规划和二〇三五年远景目标的建议 [N]. 成都日报,2020-12-31 (1).

[3] 叶胥,武优勋,毛中根. 习近平关于城市发展的重要论述及实践探析——以成都建设公园城市为例 [J]. 邓小平研究,2019 (6):95-104.

[4] 赵建军,赵若玺,李晓凤. 公园城市的理念解读与实践创新 [J]. 中国人民大学学报,2019 (5):39-47.

[5] 李宏伟. 加强"两山"转化机制研究 促进公园城市生态价值实现 [N]. 四川日报,2021-06-21 (11).

[6] 张清宇,戚朱琳. 公园城市:美丽中国的未来城市形态 [N]. 学习时报,2020-04-22 (A7).

[7] 邓玲. 以绿色价值创造为主线建设公园城市 [N]. 成都日报,2019-02-27 (7).

延伸阅读:

1. 中共中央文献研究室. 习近平关于社会主义生态文明建设论述摘编 [M]. 北京:中央文献出版社,2017.

2. 成都市公园城市建设领导小组. 公园城市——城市建设新模式的理论探索 [M]. 成都:四川人民出版社,2019.

3. 埃比尼泽·霍华德. 明日的田园城市 [M]. 金经元,译. 北京:商务印书馆,2000.

关于钻石和水的价值悖论[*]
——劳动价值论的当代意义

付 华

在经济学领域，有一个非常著名的关于钻石和水的悖论（diamond-water paradox），又称"价值悖论"。价值悖论最初是由 18 世纪欧洲一个并不太出名的金融家约翰·劳（John Law，1671—1729）提出来的。后来，亚当·斯密在《国富论》第一卷第四章中借用了这个例子："水的用途最大，但我们不能以水购买任何物品，也不会拿任何物品与水交换。反之，金刚钻虽几乎无使用价值可言，但需有大量其他货物才能与之交换。"其大意是：就人类生存来说，水比钻石重要得多；但在市场上，钻石却比水要贵得多。这种强烈的反差就构成了这个悖论。

水和钻石哪个更有价值？

---

* 故事来源：亚当·斯密. 国民财富的性质和原因的研究 [M]. 北京：中国华侨出版社，2018：48—49.

关于价值悖论，一些著名的经济学家对此有过诸多讨论。例如亚当·斯密作为古典经济学的开山鼻祖，主张商品的价值来源于劳动，并且采用"二分法"，将价值区分为使用价值和交换价值。斯密认为：水的"使用价值"很高，但几乎没有"交换价值"；相反，钻石虽然"使用价值"很低（指在被用于工业之前），但"交换价值"却很高。

应该说，斯密关于使用价值和交换价值的二分法对此后整个经济学界的影响比他预想的更为深远，因为这一区分的本质是揭示了资本主义生产是"为赚钱而生产"而非"为使用而生产"。为此，二百多年来，西方主流经济学家对斯密的这一观点持批判态度。

后来，同样作为古典经济学的代表人物的大卫·李嘉图，在其著作《政治经济学及赋税原理》中将商品分为两类，一类是劳动不能大规模增加其数量的商品，另一类是劳动可以无限增加其数量的商品。他认为前类商品"有罕见的雕像和图画，稀有的书籍和古钱，以及只能在数量极为有限的土壤上种植的葡萄所酿制的特殊葡萄酒等，这类商品的价值单只由它们的稀少性决定，只随希望得到它们的人不断变动的财富和嗜好一同变动"。可见李嘉图也间接为水与钻石悖论提出了自己的看法，即钻石有很强的稀少性，追逐的人多了，因此价值也就上升了，并非完全由生产钻石的劳动量来决定。

然而古典经济学家们对此解答仍然不太满意，他们不知道为何会出现一种商品的使用价值和交换价值的严重分离，认为仅仅用稀少性不能很好地解决这一矛盾。他们想知道到底是什么决定了商品的交换价值，即"是因为人们潜入水中费力将珍珠取出，所以珍珠才有价值（即交换价值取决于人劳动），还是因为珍珠有价值，人们才潜入水中寻找珍珠（即交换价值取决于其对人类的效用的满足）"。

古典经济学家萨伊反对斯密和李嘉图的劳动价值论学说，他认为价格也即价值，取决于供求本身，而不是劳动量。水和钻石交换价值的巨大差异是各自供求的巨大差异所导致的。当然，萨伊的解答也没有令后世的西方主流经济学界感到满意，直到边际效用学派的兴起。

在当下的西方主流经济学界，对边际革命十分推崇，其很重要的一个原因即他们认为边际效用学派很好地解决了水和钻石悖论。

边际效用学派中，无论是以重视心理分析方法来建立其理论体系的奥地利学派经济学家门格尔和庞巴维克，还是以数学方法进行论证的英国经济学家杰文斯和瑞士洛桑学派经济学家瓦尔拉斯与帕累托，他们虽然所用的方法不同，然而其边际效用分析的本质是不变的。他们认为产品的价值取决于人们购买最后一单位该产品所产生的效用，即最后一单位的效用决定产品的价值和价格。

回到水和钻石悖论，边际效用学派认为水的价值取决于人们消费最后一单位的水的价值，也即边际价值。水无疑有很大的总效用，人类离开水将无法生存。然而水在世界上大部分地区的拥有量是很大的，而维持人生存的必要需水量是有限的，因此人们在满足必要用水后，还有很多多余的水量，可以满足人类次一点的需求，如牲畜饮水和农田灌溉；如果还有多余水量，则可以满足人类再次要的需求，如洗菜做饭、冲洗衣物等；如果还有多余的水，将会用来满足人类更次要的需求，如建游泳池、人工喷泉等。以此类推，如果该地区的水量足够大，则可使人类的需求得到充分满足，一直到饱和状态。

在此情况下，人们消费最后一单位水的边际效用为零，那么水的价值或价格也将为零。反观钻石，在地球上十分稀少，南非一钻石矿的开采报告称，平均每吨原矿中只能开采到不到一克拉的钻石，其数量之稀少远非水可以比拟，导致人们消费钻石最后一单位的边际效用非常大，因此钻石的价值或价格十分昂贵。如果改变条件，比如说在沙漠中，因为几乎没有水源，所以人们消费最后一单位水的边际效用将会非常巨大，远远大于钻石的效用。

因此，边际效用学派自认为其给出了水和钻石悖论的最终解答。这一分析方法随即被广泛运用在经济分析中，被不少西方主流经济学家认为是开创了经济学的新局面，是对古典经济学的终结。

然而，就在西方经济学向边际革命发展的同时，马克思却继承并发展了亚当·斯密的价值理论，创立了科学的劳动价值论。马克思区分了"价格"和"价值"两个不同的概念，并进一步指出，"供求"只是影响价格的因素，而"价值"才是价格的决定因素。马克思继承和完善了亚当·斯密的"交换价值"理论，指出交换价值的基础是价值，交换价值只是价值的表现形式。

故事 讨论

1. 白居易在《小岁日喜谈氏外孙女孩满月》中写道，"物以稀为贵，情因老更慈"，充分描述了事物因稀少而显得珍贵的道理，这与价值悖论有异曲同工之处。请你谈谈价值悖论的基本内涵及其重要意义。

2. 劳动价值论旨在揭示资本主义商品经济的基本矛盾，即私人劳动和社会劳动的矛盾，为从物与物的关系入手揭示人与人的关系提供理论依据。劳动价值论运思精妙，逻辑层层推进，意义不断深化，充分体现了马克思对黑格尔辩证法合理内核的深刻把握和灵活运用，闪烁着辩证唯物主义的思想光芒。请你谈谈如何在市场经济条件下正确理解并创造性发展劳动价值论。

 原理分析

马克思在分析价值的决定因素时，揭示出商品的个别价值与社会价值、生产与再生产同种商品的价值、生产价值与价值以及第一种含义社会必要劳动与第二种含义社会必要劳动的背离，产生了商品交换中最终形成的价值量与实际投入劳动量相背离的价值决定悖论。因此，需要正确理解和认识价值悖论与马克思劳动价值论的基本内涵与当代意义。

一、正确理解价值悖论的内涵

在主流西方经济学家看来，商品的效用越大，它的"价值"越大；反之，效用越小，"价值"也就越小。如边际效用学派认为商品"价值"取决于人们购买最后一单位该产品所产生的效用，即最后一单位产品的效用决定产品的"价值"和价格。上述观点的局限在于：首先，不同商品的使用价值在质上是不同的，不同质的东西在量上是无法进行比较的。其次，无论是"效用"还是"边际效用"，都不过是一种主观的心理感受或评价，而对于不同的主体而言，商品的"效用"是不同的，那么在此逻辑下如何认定钻石的效用或边际效用高于水呢？再次，按照边际效用理论，最后一单位产品的效用决定产品的"价值"和价格，即当一种物品极为稀缺时，最后一单位的效用则极大，从而具有更高的"价值"，所以"稀缺"又成为影响商品"价值"的决定因素。以当前能源利用为例，风能和太阳能的储量远远高于化石能源的储量，风能和太阳能对于人类而言几乎是无限的。也就是说，相对风能和太阳能而言，化石能源很"稀缺"。但是，为什么现在世界上还不能广泛使用"不稀缺"的风能和太阳能发电，而必须大量使用"稀缺"的化石能源发电呢？道理很简单，在世界上大部分地区，使用化石能源发电，比风能或太阳能发电的成本更低，劳动耗费更少。换言之，不稀缺的，未必就比稀缺的价值更小。随着科技和生产力的提升，投入在风能和太阳能发电上的劳动将不断下降，成本耗费会越来越低。因此，西方经济学包括边际效用学派并没有真正回答价值悖论。

而根据马克思主义政治经济学，价值和价格是两个不同的概念，价格是对现实运行的经济或抽象经济中商品的交换比率，在长期稳定下，市场价格表现为市场均衡价格。而价值是凝结在商品中的无差别人类劳动，这种无差别人类劳动性质相同，因而在数量上是可比较的。商品的价值由生产商品的社会必要劳动时间决定，商品交换按照由社会必要劳动时间决定的价值量进行。这是贯穿于商品生产和商品交换的客观规律，即价值规律。价值规律解释了市场均衡价格为何会是这一价格，这不是简单的同义重复，而是对所以然的解释。价值规律要求商品按照等价交换的原则进行交换，即商品的价格必须符合价值。但这并不意味着每次商品交换中价格与价值完全一致，在实际商品交换中，价格与价值一致反而是偶然的，这是因为价格虽然以价值为基础，但还要受到多种因素的影响，特别是要受到市场供求关系的影响。回到价值悖论的问题上，根据马克思的相关理论，钻石与水的价值只取决于获取钻石和水所耗费的劳动量的多少，钻石与水的交换价值要以价值为基础。而钻石的价格之所以远高于水的价格，在于水的供给要比钻石多得多。如果工业能生产出大量的钻石，钻石的价格将大幅下跌。如我国河南"人造钻石"的大幅产出，将让钻石的价格逐步回归其本身的价值（人造钻石所耗费的劳动量）。

二、认识价值悖论的重要意义

水和钻石的悖论，揭示了劳动价值论的基本原理和人类改造自己的客观世界的重大意义，以及商品经济中交换所具有的重要特点。在马克思主义政治经济学中，使用价值是物品能满足人类需要的客观属性，对人类有使用价值的物品，不一定有价值，劳动是价值的唯一来源，也是物品能成为商品的最关键因素。任何商品都包含使用价值和价值，使用价值和价值的矛盾关系，只有在交换过程中得以解决，商品交换过程体现了商品生产者相互交换劳动的社会关系。在原始的物物交换下，交换比例取决于交换者劳动量和劳动强度（社会必要劳动时间）；在货币出现以后，一切商品的价值都是用货币来表现的，而用货币表现的商品的价值就是商品的价格。因此，该悖论对于马克思主义政治经济学而言，重要意义在于明确价值的内涵与外延，反击以主观效用和客观生产费用论来决定价值的西方主流经济学理论，正确解释价值规律和其所依托的市场经济规律。

三、马克思的劳动价值论的当代意义

一是深化对劳动价值论的认识。在丰富劳动内涵的基础上，拓展生产劳动的外延，把生产市场所需要的商品与劳务的劳动都确认为创造价值的劳动，这是深化对社会主义劳动和劳动价值论研究的重要内容。随着社会分工协作的发展，非物质生产领域从物质生产中分离出来，而且规模愈来愈大，生产劳动的领域也相应扩大了。马克思曾经指出，当劳动过程还纯粹是一个个人的过程时，互相分离的各种生产职能会全部集中在劳动者一个人身上，什么都自己干，产品也表现为个人的产品。但是当劳动过程由个人过程发展成为联合劳动者的过程后，情况就大不一样了。这时产品从个体生产者的直接产品转化为社会产品，转化为总体工人及联合劳动人员的共同产品，总体工人的各个成员较直接或间接地作用于劳动对象。因此，随着劳动过程本身协作性质的发展，生产劳动和它的承担者即生产工人的概念就必然扩大。为了从事生产劳动，现在不一定要亲自动手，只要成为总体工人的一个"器官"，完成他所属的某一职能就够了。这就是说，在联合劳动的条件下，直接对劳动对象进行加工的操作工人的劳动是生产劳动，各种辅助工人的劳动也是生产劳动；生产第一线的工人的劳动属于生产劳动，远离第一线的科室人员的劳动也是生产劳动；在车间从事体力劳动的工人的劳动是生产劳动，从事脑力劳动的各种管理人员（企业管理人员乃至政府职能部门的公务员）、科技人员的劳动也是生产劳动。生产劳动的概念大大扩展了。

二是深化对创造价值的劳动的认识。价值的存在形式与商品的物的实在性其实并没有任何关系，凝结在社会所需的商品和劳务当中的劳动都是生产劳动。判断一种劳动能否创造价值的标准，应当包含四个方面：①这种劳动的产品具有使用价值，同时又是交换价值的承担者；②这种劳动的产品有抽象人类劳动的体现或物化在里面；③这种劳动的产品必须进入交换领域，成为商品；④这种劳动所生产的商品的价值量，是由生产该商品的社会必要劳动时间决定的。根据这四条标准，知识劳动、管理劳动和服务劳动都能创造价值，知识产品和服务产品都具有价值。作为价值实体的无差别的人类劳动，不管以哪种形

式进行，也不管是凝结在物质的、有形的商品上，或者凝结在精神的、无形的财富上，还是凝结在流动形态的劳动即服务上，只要市场所需要的产品或劳务上凝结了人类劳动，就创造了价值。

三是正确认识价值创造与财富创造的关系。价值创造与财富创造既有联系，又相互区别，既不能将两者绝对地对立起来，也不能简单地等同起来。商品是使用价值与价值的统一体，二者缺一不可。使用价值是价值的物质承担者，价值寓于使用价值之中；没有使用价值也就没有价值。这种使用价值与价值相统一的社会产品即财富，包括物质财富和精神财富。由于价值的创造不是孤立地进行的，而总是与财富的创造过程结合在一起的，离开一定的财富创造过程，也就说不上价值创造。

至于价值创造与财富创造的区别，首先，从质的方面来看，价值的创造只是同劳动有关，其实体是抽象劳动的凝结。而财富的创造则同包括劳动在内的各种生产要素有关，其实体是具有劳动能力的劳动者与其他生产要素结合的产物。在财富创造的过程中，劳动、资本、土地、技术等都是不可或缺的。马克思也肯定了各种生产要素在财富创造过程中的同等重要性："劳动并不是它所生产的使用价值即物质财富的唯一源泉。正像威廉·配第所说，劳动是财富之父，土地是财富之母。"这里的土地是指自然物，我们可以扩展理解为除劳动以外的如资本、技术和管理等其他生产要素或其他必要的生产条件。也就是说，劳动是财富价值的唯一源泉，却不是财富的唯一源泉。其次，从量的规定性来看，价值量的增加与财富量的增加并不是对应的，只有当社会（部门）劳动生产率不变时，随着劳动量的增加，价值量的增加和财富量的增加才是一致的。当社会（部门）劳动生产率提高时，一定时间内创造的财富量会成倍增加，而在这个过程中价值总量不变，而单位产品（财富）中所包含的价值量反而会大幅减少。这就是劳动生产率与使用价值量成正比，与单位产品价值量成反比的基本原理。

此外，虽然价值是由劳动创造的，但在价值形成和社会财富的积聚过程中，知识、管理、技术以及资本等各种生产要素都发挥了重要作用。所以，在分配所创造出来的价值时，允许生产要素参与收入分配，将有助于生产要素的合理配置和节约使用，激发生产要素的所有者配置资源的积极性，让一切创造社会财富的源泉充分涌流。因此，要把价值创造与财富创造有机结合起来，确立劳动、资本、技术和管理等生产要素参与分配的原则，完善社会主义市场经济条件下以按劳分配为主体、多种分配方式并存的分配制度。

教学建议

本案例适用于《马克思主义基本原理》第四章"资本主义的本质及规律"第一节"商品经济和价值规律"的教学。

讲授重点：通过对案例的分析，让学生理解商品二因素、劳动二重性以及价值规律、劳动价值论等，并区分价值、使用价值、价格等概念。

实践探索：通过理解和把握劳动价值论，分析"无人工厂""无人售货机"的剩余价值来源。

学习思考

1. 试用马克思劳动价值论的观点分析人工智能、"无人工厂"在价值创造中的作用，以及相关产品中的价值来源。

2. 试用劳动价值论来分析在社会主义市场经济条件下，我国为什么必须坚持以按劳分配为主体、多种分配方式并存的分配制度。

参 考 文 献

[1] 中共中央马克思恩格斯列宁斯大林著作编译局. 马克思恩格斯全集：第 23 卷 ［M］. 北京：人民出版社，1972.

[2] 亚当·斯密. 国民财富的性质和原因的研究 ［M］. 北京：中国华侨出版社，2018.

延伸阅读：

1. 本书编写组. 当代马克思主义政治经济学十五讲 ［M］. 北京：中国人民大学出版社，2016.

2. 孟捷，冯金华. 劳动价值新论 ［M］. 北京：中国人民大学出版社，2018.

纺织手工业的前途[*]
——资本主义的本质及规律

魏泳安　冯荟帆

故事呈现

　　抗战最困难的时期，日本帝国主义和国民党反动派对我们进行了军事和经济上的包围与封锁，在没有近代化工业的前提下解决数量庞大的军队和人民的穿衣问题无疑是个巨大的挑战。然而在各解放区党政机关的组织动员与群众的积极参与下，纺织手工业在短短两三年就让大部分地区实现了自给自足，不仅前线的士兵能够穿上新衣，我们的群众也换了新装。纺织妇女以极大的热情投入劳动，不仅提高了自身的劳动技能，更是支援了前线，其社会地位也大大提高。历史不会忘记，这是纺织手工业做出的功绩。

抗日根据地妇女在纺织

---

　　[*]　故事来源：薛暮桥. 纺织手工业的前途［J］. 新中国妇女，1949（1）：11—12.
本文写作年代较早，为尊重原文，仅作少量必要改动。

但是随着天津及上海的解放，新式纺织工业回到人民手中，依靠近代化的纺织工业解决军队和人民的大部分需要成为可能，于是，机器纺织与手工业纺织在市场相遇，并发生剧烈的竞争。相较于手工纺织，机器纺织具有高效率的特点：手摇纺车每人每日平均只能纺纱四两，拉梭木机每人每日只能织布一小匹（约合四分之一或五分之一大匹）；但在利用机器的纱厂中，一个女工平均能管 400 个纱锭（世界标准是 800 个纱锭），在十小时劳动中可以纺纱一百五六十斤，自动织机一个人平均管 16 台至 20 台（日本平均可管 30 余台），在十小时劳动中可以织布十六至二十大匹，效率高下立见！纺织机器作为人的身体的延伸，可以降低人力成本，同时提高产量，因此，机器纺织代替手工纺织是历史发展的必然，只有利用机器所代表的先进生产力才能真正改善人民群众的生活。

然而，新的问题出现了。

资本主义所谓的"产业革命"是用机器来排挤手工生产，使手工业者贫困、破产。在工业革命时期，机器生产不断普及并排挤、消灭着手工劳动，大批纺织手工业的工人丢了工作，坠入贫穷的深渊。失业工人人数越多，生活越困难，他们要求工作愈迫切，这样便使资产阶级越有可能来降低在业工人的工资和生活待遇。

但是，新民主主义国家是决不能用这样的方法来对待劳动人民的。那么，手工纺织业如何转业？对历史有过功绩的约二十万纺织手工业者又该何去何从？新民主主义国家该如何作为才能避免劳动人民成为近代工业的"产业后备军"？

当工业成为历史的必然，纺织手工业在中国又会有怎样的前途？纺织手工业者又会有怎样的生活？历史为我们揭晓答案——

当时给出的解决方案并非如资本主义国家那样让纺织手工业者沦为工业大潮下的牺牲品，而是循序渐进、妥善处理，最大限度地保障群众的利益。在交通运输不便、城乡交换不畅通的乡村地区，那些自给自足性质的纺织手工业仍有生存的空间和意义，不能一股脑儿地盲目转业。有些地区的农民自己种棉花，自纺、自织、自用，省去了运输和交换的费用，加上农民大多穿惯了土布，手工纺织仍能占据一部分农村市场。不仅如此，还倡导这些地区的工作干部和地方部队多穿土布，节省财政开支，与群众打成一片。

在有一定工业基础以及迫切需要转业的地区则需要进一步考虑纺织手工业者的去处问题。首先是我们的纺织妇女，她们在过去依靠手工纺织补贴家用，而今纺织手工业面临转业。随着交通恢复，商品作物的销路逐渐增长，农业生产焕发了新生命力，妇女参加农作物的加工生产不仅是可能的，而且是进一步提高其家庭和社会地位的最佳选择。并且，随着城市的发展，她们甚至可以走出乡村去往都市劳动。还有一部分手工业者则可以通过接受培训、学习使用机器，从而成为掌握一定技术的产业工人。在一些城市中，轻工业领域男工与女工的数量相差不大，而且随着工业的进一步发展，城市里工厂对劳动力的需求也在增加，可以有计划地将乡村妇女手工业者逐渐输送到工厂中去，从而增加就业，保住手工业者的饭碗。

那么，纺织手工业已经快要完成自己的历史任务，是不是说它就此成为历史的遗迹了呢？事实并非如此。生产不断发展，生活水平不断提高，人民的生活需要也会日益丰富，同时战后交通运输和城乡内外贸易恢复，因此，那些具有艺术审美性和文化传承性的精巧手工业会发展起来，如山东的花边、湖南的刺绣等，大多是妇女们的精心杰作，不仅会受到国内群众的喜爱，也能畅销于海外，所以应给予这些手工业者政策和技术上的支持。

新中国成立后，手工纺织业经历了社会主义改造和改革开放的变迁，如今，手工纺织业的工艺和技术得以延续和保存下来，与不同的产业相结合，并充分利用市场探索新的发展模式。手工纺织品创造性和个性化的制作方式契合了人们追求个性化与产品品质的生活方式和消费方式，对满足人民的美好生活需要有着积极的作用。现在，我们可以看到精美的手工纺织品不仅活跃在中国的市场上，也漂洋过海，受到海外友人的青睐，展示了中华优秀传统文化的独特魅力。抗日战争时期的纺织手工业者用劳动为革命贡献了力量，而我们新时代的纺织手工业者也将继续用自己勤劳、精巧的双手创造自己的美好生活，在新时代中谱写新的篇章。

故事讨论

1. 习近平总书记指出："在社会主义市场经济体制下，资本是带动各类生产要素集聚配置的重要纽带，是促进社会生产力发展的重要力量，要发挥资本促进社会生产力发展的积极作用。同时，必须认识到，资本具有逐利性，如不加以规范和约束，就会给经济社会发展带来不可估量的危害。"请结合以上故事与当下实际谈谈你对资本的性质和作用的认识。

2. 在 19 世纪，工业革命使大量纺织手工业者贫困、破产，成为近现代化工业的"产业后备军"。失业工人人数增多，生活困难，他们对工作的要求迫切，资产阶级却利用工人的无助不断降低在业工人的工资和生活待遇。而对于同样受工业冲击的纺织手工业者，我国却采取截然不同的态度和举措，充分保障了人民群众的利益。对此你有什么认识？

 原理分析

本故事展现了新民主主义革命取得胜利后纺织手工业的前途。在抗日战争和解放战争时期，纺织手工业做出了极大的历史贡献。但随着解放战争的胜利，新式纺织工业回归，机器纺织代替手工纺织成为历史的必然。在对纺织手工业转业的问题上，新中国采取了与资本主义国家完全不同的政策。在工业革命时期，无数的纺织手工业者被机器生产所排挤而破产，陷入贫困，他们毁坏生产工具，但是最终仍没有改变自己被资本支配和剥削的悲惨命运。而新中国不盲目追逐工业化带来的利润，而是循序渐进安排纺织手工业转业，妥善处理纺织手工业者的就业问题，彰显了与资本主义国家根本不同的人民立场。

其一，资本主义经济下资本的发展结果必然导致工人和农民的贫困，而新民主主义经济反对剥削和压迫，保护工农群众的利益。托马斯·莫尔在《乌托邦》里用"羊吃人"的比喻辛辣地抨击了 15 世纪至 19 世纪英国残酷的资本原始积累过程，在这个过程中资本家和封建贵族把大片农民私有土地围圈起来占为己有，改作养羊的牧场，而农民成为一无所有的流浪者，为生活所迫到资本家的工厂里出卖自己廉价的劳动力。同样地，在资本主义工业革命时期，纺纱机、机械纺织和蒸汽锤代替了纺车、手工织机和手工锻锤，需要成百上千的人进行协作的工厂代替了小作坊。手工业者陷入贫困，相继破产，他们没有任何自己的生产资料和生活资料，为了生存，也只能将自己的劳动力出卖给工厂主，从事着单调机械的工作，成为大机器的附庸，最后也只能是勉强维持自己和家人的生活，并且这种维持是没有任何稳定性的，要受到市场和竞争波动的影响。

在新中国成立之后纺织手工业转业的问题上，如果国家不采取干预措施，纺织手工业者极有可能也面临被机器夺去饭碗的悲惨命运，但是新民主主义的经济政策反对少数大资本家操纵国计民生，反对大资本家的独占。大资本家对内剥削全国人民，牺牲工人和农民的利益，来保证自己的迅速发展，他们为使自己赚钱更多，必然会更残酷地剥削工人和农民，因此，资本主义的发展结果就是工人更加贫困。新民主主义经济反对这种不合理现象，主张改进工人生活，保护农民和小生产者，容许资本主义经济的发展，但不允许他们排挤和压迫小生产者。相反，我们积极扶助小生产者，激发他们的生产激情。在这种政策之下，那些为历史做出巨大贡献的纺织手工业者能够继续有尊严地劳动。

其二，生产剩余价值是资本主义生产方式的绝对规律。在这种规律的支配下，"产业后备军"的存在是必然的。资本主义生产的直接目的和决定性动机，就是无休止地获取尽可能多的剩余价值。资本在资本主义生产过程中采取生产资料和劳动力两种形态，根据这两部分资本在剩余价值生产中所起的不同作用，可以将资本划分为不变资本与可变资本。其中，可变资本是用来购买劳动力的那部分资本，其价值由工人的劳动再生产出来，包括相当于劳动力价值的价值以及一定量的剩余价值。资本家为了获得更多的社会财富，不断将剩余价值转化为资本，进行资本积累，在这个过程中不断调整资本的有机构成，即由资本技术构成决定并反映技术构成变化的资本价值构成，从而导致资本主义社会的失业痼疾。

社会生产的无政府状态推动着资本家为了占据竞争的优势地位不断改进技术，提高劳动生产效率。机器的采用意味着成百万的手工劳动者为少数机器所排挤，而机器的改进则意味着越来越多的机器劳动者本身受到排挤，归根到底就意味着造成一批超过资本雇工的平均需要的、可供支配的雇佣劳动者，即所谓的"产业后备军"，正如马克思所说："资本主义积累不断地并且同它的能力和规模化成比例地生产出相对的，即超过资本增殖的平均需要的，因而是过剩的或追加的工人人口。"不仅如此，资本家更是利用工人对工作的迫切需求以及对失业的恐惧不断地降低工人的待遇。资产阶级政府通过各种干预措施能在一定程度上缓解失业，但是不可能彻底消灭失业，因为对利益和财富的追逐在资本家那里才是第一位的。

其三，资本在不同社会制度下运作具有不同的表现和特点，其中的差异展现了以资本为中心与以人民为中心的不同发展逻辑和出发点，彰显了社会主义制度的优越性，为此，我们要坚持高度的制度自信。在资本主义国家，被"产业革命"排挤而最终破产的纺织手工业者陷入贫困，并且被资产阶级借机压迫和剥削，即便工人在资本家那里谋得一份工作，也会被降低工资和生活待遇。资本主义国家按照社会化方式生产出来的产品却并不归那些真正使用生产资料和真正生产这些产品的劳动者占有，而是归资本家占有。因为社会化生产和资本主义占有之间的矛盾，资本主义经济的冲突达到了顶点，生产力要求摆脱其作为资本的属性，要求承认其社会性质，被社会直接占有。

但是同样面对工业化，新中国采取了完全不同的态度对待劳动人民。首先，机器生产具有高效率的特点，能够真正改善人民群众的生活，因此手工纺织业必然要让位于机器纺织业。其次，不因机器生产的高效率就盲目让所有纺织手工业都统统转业去追逐利益，而是给它们留有生存的空间。最后，对必须转业的纺织手工业者采取关心的态度，鼓励手工纺织妇女参与农业生产，鼓励工人学习使用机器，并通过进一步发展工业，吸收更多从乡村来的产业工人。不仅如此，还从人民的需要出发，看到了手工纺织在未来发展的前景以及纺织手工业者在未来的作用。在资本主义国家，资本主义的发展结果必然是从自由竞争发展为少数大资本家独占。资本家牺牲工人和农民的利益来满足自己的贪欲。在新民主主义经济下，我们反对这种不合理现状，保护纺织手工业者，一方面使纺织手工业逐渐实现工业化，另一方面通过合作社的方式使他们走上集体经济的道路，克服小生产的散漫性和落后性，最终使他们能够自由发展。

习近平总书记强调，发展为了人民、发展依靠人民、发展成果由人民共享，要坚定不移走全体人民共同富裕的道路。在社会主义市场经济中，资本是重要生产要素，是市场配置资源的工具，是发展经济社会的方式和手段，最终服务于实现人民共同富裕的目标，对社会财富的占有并非最终追求。这充分体现了社会主义制度下以人民为中心的发展逻辑，从根本上区别于以资本为中心的发展逻辑。我们要在历史的横向与纵向比较中看到社会主义制度的生命力和长远的发展潜力，坚定制度自信。

其四，资本具有扩张的本性，不能让少数大资本家操纵国计民生，要发挥资本作为重要生产要素的积极作用就必须对其进行依法规范和引导。"资产阶级在它的不到一百年的阶级统治中所创造的生产力，比过去一切世代创造的全部生产力还要多，还要大。"马克思、恩格斯在《共产党宣言》中肯定了资产阶级在历史上起过的革命的作用，资本主义生产客观上能促进生产力的发展和社会进步，如对生产工具和生产关系的不断革新，但这不能掩盖其追求剩余价值的根本目的。在资本主义制度下的工业大潮中，工人要么在一无所有的贫困中死去，要么在资本家的工厂里受剥削，成为劳动力市场上任人宰割的羔羊。资本主义社会中"一部分人靠牺牲另一部分人来强制和垄断社会发展"，资本的无序扩张必然导致财富不断向少数人手中聚集，而社会财富的直接创造者——无产阶级则只占有少部分社会财富，造成社会的两极分化。

尽管资本主义国家在第二次世界大战后纷纷进行经济、社会、政治等方面政策的调整，通过福利制度提高工人的待遇、调整劳资关系，在一定程度上缓和了社会矛盾，但事实上因为私有制和资本主义生产规律的作用，社会大部分财富始终为少数资本家所垄断，资产阶级与无产阶级的矛盾和斗争始终存在。依靠工业文明建立起来的资本主义国家，其失业现象根深蒂固，政府的各种干预措施也只是隔靴搔痒，无法根除，已经成为社会失序的重要因素。资本本身具有逐利本性，其无序扩张必然会带来经济社会问题。

我国改革开放 40 多年来，资本同土地、劳动力、技术、数据等生产要素共同为社会主义市场经济的繁荣发展做出了贡献，充分展示了资本的积极作用。习近平总书记强调要规范和引导资本发展，"要设立'红绿灯'，健全资本发展的法律制度，形成框架完整、逻辑清晰、制度完备的规则体系"，坚决打击以权力为依托的资本逐利行为，着力查处资本无序扩张、平台垄断等背后的腐败行为，促进各类资本良性发展、共同发展，发挥其发展生产力、创造社会财富的作用，并最终落脚于增进人民福祉的目标。

教学建议

本案例适用于《马克思主义基本原理》第四章"资本主义的本质及规律"第二节"资本主义经济制度"的教学。

讲授重点：通过案例，让学生深刻把握和认识资本的性质、作用和规律，明确资本在不同社会制度下运行的差异，更加透彻地理解我国以人民为中心的发展理念以及在处理资本和利益分配问题时人民至上的立场。

实践探索：请学生观察生活，从中找出资本无序扩张的现象，分析其成因及给社会带来的危害，并结合所学理论思考可行的应对措施。

学习思考

1. 请用马克思主义基本原理分析工业革命中机器代替人的现象。

2. 资本作为生产要素为社会主义经济社会的发展做出了哪些贡献？同时，我们为什么要限制资本的野蛮生长？如何认识资本在中国与西方发达国家运作的差异及其折射出的社会主义制度优越性？

参 考 文 献

［1］中共中央马克思恩格斯列宁斯大林著作编译局. 马克思恩格斯选集：第 1 卷［M］. 北京：人民出版社，2012.

［2］中共中央马克思恩格斯列宁斯大林著作编译局. 马克思恩格斯选集：第 2 卷［M］. 北京：人民出版社，2012.

［3］习近平. 习近平谈治国理政：第 4 卷［M］. 北京：外文出版社，2022.

延伸阅读：

1. 陈江生，张汉飞. 当代资本主义概论［M］. 北京：中共中央党校出版社，2021.

2. 恩格斯. 英国工人阶级状况［M］. 北京：人民出版社，1956.

3. 恩格斯. 社会主义从空想到科学的发展［M］. 北京：人民出版社，2018.

4. 施特雷克. 资本主义将如何终结［M］. 北京：中国人民大学出版社，2021.

端牢中国饭碗*

——资本垄断的原因及特点

夏浚莉

提起"金龙鱼"品牌，可能大家并不陌生。但大家是否知道，这家公司其实源于国外？"金龙鱼"母公司是新加坡的益海嘉里集团，"香满园""胡姬花"等品牌同属益海嘉里集团旗下，该公司由美国 ADM 公司投资，ADM 公司属于全球"四大粮商"之一。数据显示，四大粮商在全球农产品市场中占有的份额高达七成。

西方四大粮食垄断巨头

"只要你活着，就无法逃脱全球（农产品）四大巨头"，英国《卫报》曾经在报道中如此形容被称为"ABCD"的全球四大粮商——ADM、邦吉（Bunge）、嘉吉（Cargill）和路易达孚（Louis Dreyfus）。ADM 最早创建于美国，其主营业务为面粉加工、食品深加工及食用油等。ADM 是世界第一谷物与油籽处理厂、美国第二大面粉厂和世界第五大谷物输出公司。邦吉公司最早成立于荷兰，不仅是全球第四大粮食出口公司，也是美国第二大大豆产品出口商和最大的油料加工商。嘉吉公司则是美国最大的玉米饲料制造商，同时也是最大的猪肉和禽类的养殖企业。而路易达孚公司位于法国巴黎，是世界第一大

---

 * 故事来源：刘慧，乔金亮，吴浩. 大豆问题调查［N］. 经济日报，2022－08－11（1）.
 中央电视台《中国财经报道》栏目组. 粮食战争［M］. 北京：机械出版社，2008.

粮食出口商，其分支机构遍布全球。

全球四大粮商

从农田到餐桌，四大粮商凭借其资本与经验优势，在收储、物流、海运、金融、贸易等多领域形成对国际粮食贸易的垄断性控制，已完成对上游原料、期货，中游生产加工、品牌和下游市场渠道与供应的绝对控制权，在全球农产品市场上占有70％的份额，左右了全球70多亿人的日常生活。因此，四大粮商常常被称为国际粮食市场的"幕后之手"。目前，全球前10位的谷物出口国中，四大粮商占据主导地位的就有9个。由于四大粮商在农产品领域都有自己完整的产业链，它们从种子、饲料、化肥这些最初环节直到产、供、销一条龙经营，在市场几乎每一个层面都占据绝对优势。因此他们一旦在目的国站稳脚跟，就会利用资本优势迅速破坏该国原有的经营链条，使该国原有的粮食体系变为依附于四大粮商的一个环节。

粮食战争下的资本博弈

"采菽采菽，筐之筥之"，这是《诗经》中描写农民采摘大豆的欢快场景。中国种植大豆已有4000余年历史，中国是大豆的故乡，世界各国大豆都是直接或者间接从中国传入。然而，一场著名的"大豆危机"彻底改变了中国大豆市场格局，大豆大量进口的背后是跨国粮商开拓中国大豆市场的野心。

1994年以前，中国大豆基本可以自给自足。但随着人民生活水平提高，国民对肉蛋奶需求增加。由于大豆既可以作为食物来源，也可以变成种植饲料，因此人们对大豆的需求也逐渐增加。为满足日益增长的市场需求，20世纪90年代末期，我国取消了大豆的进口关税配额，降低大豆进口关税至3％，大豆进口迅速增长。2001 年我国加入世界贸易组织后，大豆市场全面放开，廉价大豆更是如潮水般涌入。然而，中国对大豆的大量采购并没有让四大粮商满足，他们看到中国人对大豆及其加工成品十分依赖，于是生出彻底控制中国大豆市场的野心，"大豆危机"出现了。

2001 到 2004 年，美国农业部和跨国粮商联手炒作国际大豆市场，导致大豆价格暴涨暴跌。美国先是发布大豆减产报告，紧接着四大粮商开始操纵资本，使得国际市场上大豆的价格暴涨至原来的两倍。在此背景下，受市场机制驱动，东北豆农大量扩种，国内大豆压榨市场也跟着大幅扩张。正当国内大豆市场准备迎接丰收时，美国政府却"纠正"先前的大豆减产报告，四大粮商也再次玩弄粮价，导致大豆价格随着基金撤退而暴跌至谷底。大豆价格的暴涨暴跌使豆农面临巨额亏损，中国大豆压榨企业陷入困境，在跨国企业和廉价进口大豆的冲击下，我国大豆产业安全受到严重威胁。

"中国需求"成为国际金融资本、跨国粮企炒作国际大豆价格、收割财富的重要手段。四大粮商趁机对中国存活的大豆压榨企业进行投资参股，借此打入中国粮食市场。以美国 ADM、邦吉、嘉吉和法国路易达孚等为代表的外资企业通过收购或者并购的方式，控制了我国大豆压榨企业，并垄断 70% 以上大豆贸易量，控制了进口大豆的贸易权、定价权和运输权，大豆进口量随之快速攀升。这场"大豆之战"对于四大粮商来说并不陌生，他们也曾利用资本在墨西哥进行"玉米战争"。据统计，"大豆危机"前，我国大豆压榨企业有 1000 家，"大豆危机"后的 2006 年，大豆压榨企业仅剩 90 余家，其中 66 家有外资背景。

中国饭碗要装中国粮食

党的二十大报告提出，要"全方位夯实粮食安全根基"。2022 年 3 月 6 日，习近平总书记看望参加政协会议的农业界社会福利和社会保障界委员，指出"粮食安全是'国之大者'"。中国为什么要保障粮食安全？习近平总书记为何反复强调中国饭碗要装中国粮食？粮食安全关乎社会和谐、人民幸福和国家稳定，我们必须把粮食安全的主动权牢牢掌握在自己手中。

（一）溯源：中国古代粮食安全策略

我们对粮食安全的重视由来已久，早在秦汉时期就有先例。春秋时期，齐国和鲁国对抗，当时鲁国盛产的一种叫"绨"的织物一度非常流行。齐国的宰相管仲听说后，便下令所有人都去鲁国大量购买这种织物，使鲁国的绨的价格一度非常高。在利益的驱使下，鲁国民众纷纷将耕田改为鲁绨田。然而在鲁国全民种鲁绨、粮仓空空的时候，管仲下令停止采购鲁国的鲁绨，并停止向鲁国出口粮食。如此一来，鲁国的鲁绨卖不出去，粮食买不回来，不久便有大批民众饿死街头，数月之后更是饿殍满地、尸横遍野，鲁国就这样被齐国打败了。

（二）现实：没有硝烟的中美粮食博弈

我国人口众多，粮食需求量高，自然成为四大粮商乃至全球资本觊觎的市场。2006年，全球范围内曾发生过一次重大粮食危机，当时全球粮食减产，四大粮商想趁此机会渗入中国的主粮市场，于是他们开始囤积炒作，把大米和小麦的价格炒高。与先哄抬大豆价格再腰斩的手段不同，四大粮商为激起大规模的粮食价格上涨采取了极其卑劣的手段，他们以仅仅几千万的粮食供应缺口要挟各个国家参与到哄抬粮食价格的乱潮中来，并四处散播粮食减产的消息，以此来抬高国际粮价。我国的粮价也因此受到了影响，虽然粮价相比国际市场较低，但仍呈上涨趋势。面对国内主粮市场过热的状况，中国开启了抛储策略。中国的主粮存储是一个长期且多方协作的战略措施，国家有主粮国库，各地方也有粮食储备的任务量，这些储备粮有着应时的收储表，始终保持着满足全国民众粮食消耗的供给与调度。刚开始，那些国际粮食投机客们也曾妄想通过不断地吃进中国的抛储，以完成对粮食市场的绝对掌控。可是，随着中国政府对粮食市场的调控越来越频繁，且抛储看似根本没有尽头，他们的心态彻底崩溃了，许多西方的投资银行陷入倒闭破产的困局。于资本而言，这无疑是一场血亏，对于中国政府以及中国民众而言却是一场绝地反击。

（三）教训：牢牢守住粮食安全主动权

如果不重视保障粮食安全，国家安全就会受制于人。2022年10月14日，世界粮食计划署发布的《2022年世界粮食和营养状况》报告显示，海地全国有 470 万人的粮食需求几乎无法得到满足，其中 180 万人正在努力应对紧急的粮食短缺情况。海地是加勒比海北部的一个岛国，该国以农业经济为主，工业基础十分薄弱，大约有三分之二的人没有固定工作，大部分的穷人连基本的温饱都不能解决。由于没钱购买小麦、面粉等主食，海地穷人只能购买用一种用特殊泥土做的"饼干"充饥。海地为什么会陷入这种境地呢？1995 年，为了获得国际货币基金组织的贷款，海地同意将大米进口关税降低到 3%，于是大量美国低价大米入市，市场强制换血，海地本土大米种植户只能亏本。于是农民们都不种地了，纷纷去城里打工谋生。就这样，海地的粮食市场基本上被美国控制，当国际粮食价格上涨，海地进口的美国大米价格自然也随之上涨。贫弱者便吃不起粮食，国内动荡、粮食危机便随之而来。直到现在，海地人民还面临着严重的粮食危机。

无论是中美"大豆之战"，还是海地粮食危机，本质上都是资本逐利。四大粮商通过实质上的公司内部交易，实现对全球粮食贸易的控制，在自由贸易体系下，资本渗透进农业，攫取美国政府的大量补贴，得以在全球推销低价粮食。与此同时，各国在低价粮食的倾销之下，逐渐丧失粮食自主权。即使在今天，资产阶级仍然借用粮食工具来破坏其他国家的和平与稳定，资本家和金融寡头把控大量粮食、操纵粮食供应、玩弄全球粮价，使世界范围内粮食生产格局极其不平等，食物不足人数一直居高不下。因此，无论是中国古代传统故事的有益启示，还是 21 世纪初亲身经历的中美"大豆之战"，抑或是听闻的海地粮食危机，这些事情都告诫我们，保障粮食安全具有战略意义，中国饭碗只能也必须装中国粮食。

故事 讨论

1. 西方四大粮食巨头企图垄断中国市场，他们通过"粮食囤积""高价出售"等手段，凭借其粮食全产业链完整的优势，对中国的主粮市场虎视眈眈。国际市场上波动起伏的粮价，国内粮食进口数量的逐年增加，这都是资本操纵的结果。在这一背景下，对于中国粮食安全问题，你有什么感悟？

2. 外国资本蚕食中国市场的例子并不少见，在粮食交易上，外国资本仍想旧戏重演，但党和国家迎难而上，在粮食安全上贡献中国智慧，提出中国方案。请总结垄断巨头公司的特点，并结合世界大变局背景，谈谈垄断公司巨头的"脆弱性"。

 原理分析

党的二十大报告指出："加强反垄断和反不正当竞争，破除地方保护和行政性垄断，依法规范和引导资本健康发展。"我们党既肯定资本在发展社会主义市场经济中的积极作用，也提出要正确认识和把握资本的特性和行为规律，防止资本无序扩张。四大粮商的发家史，也是他们的垄断史。从外国粮商企图进入中国市场的具体案例中，得以窥见资本垄断的问题与弊端。

一、垄断产生的原因

第一，当生产集中发展到相当高的程度，极少数企业就会联合起来，操纵和控制本部门的生产和销售，实行垄断，以获得高额利润。回顾全球四大粮商的发展脉络，可以发现他们的扩张过程极其相似。起初，他们都是先占领某一个产业领域，然后不断进行融资，快速扩张，形成完整且成熟的产业链，再凭借其强大的资本优势，开始对其他国家进行渗透。一旦控制生产中的某一个环节，他们就会迅速扩张，先后控制种源、农资、加工流通、销售等环节，而把产业链中价值增溢最脆弱的生产留给别国，通过操纵其他产业环节来坐收渔翁之利。

第二，企业规模巨大，形成对竞争的限制，也会产生垄断。经过近百年的发展，四大粮商已经探索出一条全产业链发展模式，他们广泛参与到农产品种植、农业管理、收购、仓储、运输、加工等环节，以及种子、化肥、农药、饲料、动保等农业生产的必需品领域，通过联盟形成泛产业链优势，将供需和成本内部化，从而掌控行业话语权及产品定价权。因此，跨国粮商不仅实现了对"地权"和"粮权"的掌控，还垄断了产业链中大部分产品的定价权，从而打开了巨大的利润空间，在粮商交易中形成垄断格局。

第三，激烈的竞争给竞争各方带来的损失越来越严重，为了避免两败俱伤，企业之间会达成妥协，联合起来，实行垄断。一方面，四大粮商分工明确，各有主要涉及的领域。比如 ADM 主要的经营业务是面粉、食用油加工等，邦吉公司则主要从事大豆类产品的加工。另一方面，四大粮商注重横向整合，即在产业链同一环节中合并竞争对手。四大粮商之间，以及与区域性竞争对手之间，都有着广泛的横向整合。他们通过扩张合并其他企业，不仅奠定了自身的行业地位，更能帮助其占据更多市场份额，攫取高额利润。

二、垄断条件下竞争的特点

第一，在竞争目的上，垄断条件下的竞争是为获取高额垄断利润，并不断巩固和扩大自己的垄断地位和统治权力。2006 年，受极端天气影响，全球范围内曾发生过一次重大粮食危机，当时全球粮食减产，四大粮商也开始囤积炒作，把大米和小麦的价格炒高，想借机渗入中国的主粮市场。

第二，在竞争手段上，垄断条件下的竞争除了采取各种形式的经济手段外，还采取非经济的手段，使竞争变得更加复杂、激烈。2003 年，四大粮商以自然灾害为借口，四处散播小麦和玉米减产的消息，以此哄抬国际粮价。当时国际小麦价格涨了 3.4 倍，玉米价格涨了 3.2 倍，一时间，中国国内的粮价也蠢蠢欲动，小麦从 1400 元涨到了 2000 元，玉米从 1200 元涨到了 1800 元，虽然与国际粮价相比，涨幅并不是很大，但也足以在市场上造成恐慌。四大粮商联手国内外买办团体一同打压中国粮食市场，试图抬高中国境内粮食市场价格，采用卑劣的手段分羹中国粮食交易市场。

第三，在竞争范围上，垄断时期，国际市场上的竞争越来越激烈，不仅经济领域的竞争多种多样，而且还扩大到经济领域以外。以嘉吉公司和达孚公司为例：嘉吉公司是美国最大的玉米饲料制造商，同时也是最大的猪肉和禽类的养殖企业，其公司横跨五大洲 60 多个国家，并且拥有非常成熟的产业链，同时也非常重视物流运输产业；而达孚公司位于法国巴黎，是世界第一大粮食出口商，不仅关注现货市场，还利用期货市场为自己谋取更多利益。

总之，垄断条件下的竞争，不仅规模大、时间长、手段残酷、程度激烈，还具有更大的破坏性。

教学建议

本案例适用于《马克思主义基本原理》第五章"资本主义的发展及其趋势"第一节"垄断资本主义的形成与发展"的教学。

讲授重点：通过案例，介绍"四大粮商"发家史，使学生了解资本主义从自由竞争发展到垄断的进程；分析"中国大豆"事件，让学生能深刻理解2008年国际金融危机以来资本主义的矛盾与冲突；讲述"端牢中国饭碗"故事，令学生坚定资本主义必然灭亡、社会主义必然胜利的信念。从"粮食"这一随处可见、唾手可得的事物入手，带领学生科学认识国家垄断资本主义和经济全球化的本质。

实践探索：请学生课后查阅党的二十大报告和最近三年的中央一号文件，了解党和国家在保障粮食安全方面做出的不懈努力，并结合自己的专业学习、日常生活和社会实践经历，谈谈自己能在哪些方面为保障粮食安全做出贡献。同时，可以登录"中国海关"网站，观察我国粮食进出口数据，谈一谈"中国饭碗装中国粮"的现实意义。

学习思考

1. 党的二十大报告指出，全方位夯实粮食安全根基，牢牢守住十八亿亩耕地红线，确保中国人的饭碗牢牢端在自己手中。保障我国粮食安全，主要有哪些途径，又可以从哪些方面着手？

2. 习近平总书记指出，粮食多一点少一点是战术问题，粮食安全是战略问题。谈谈你对这一论述的理解？

3.《说文解字》解释：籴（dí），市谷也；粜（tiào），出谷也。《管子》曾记载："秋籴以五，春粜以束。"这句话是指商人低价收购粮食，高价卖出粮食。针对商人牟利问题，魏国的李悝提出"平籴法"，指出国家必须直接干预粮食买卖价格。这一举措直到今天仍然具有借鉴价值。请结合"平籴法"，谈谈国家保障粮食安全的战略意义。

参 考 文 献

[1] CCTV 中央电视台《中国财经报道》栏目组. 粮食战争［M］. 北京：机械工业出版社，2008.

[2] 赵觉理. 全球四大粮商在华影响有多大［N］. 环球时报，2020-12-26（4）.

[3] 新华社. 习近平看望参加政协会议的农业界社会福利和社会保障界委员［J］. 中国民政，2022（5）：2.

［4］习近平. 习近平谈治国理政：第 4 卷［M］. 北京：外文出版社，2022.

［5］张新平，代家玮. 总体国家安全观视域下我国粮食安全问题研究［J］. 甘肃理论学刊，2022（4）：14－20，2.

［6］魏泳安. 习近平新时代粮食安全观研究［J］. 上海经济研究，2020（6）：14－23.

［7］纪志耿."粮食安全是'国之大者'"的政治经济学逻辑［J］. 国家治理，2022（16）：2－7.

延伸阅读：

1. 习近平. 论"三农"工作. 北京：中央文献出版社，2022.

2. 习近平. 习近平关于"三农"工作论述摘编. 北京：中央文献出版社，2019.

"都是你们的错!"：美国"甩锅主义"的前世今生[*]
——资本主义政治制度和意识形态

缪小晶

2022年1月14日，新华网发布题为《"都是你们的错!"——美国"甩锅主义"的前世今生》的文章。无论是在美国历史上，还是在当前现实中，无论是在国外寻找"替罪羊"，还是在国内互相推诿指责，美国的"甩锅主义"行径举不胜举。单是2021年一年，美国政客就上演了一幕又一幕闹剧：新冠疫情持续紧张，就在国际上鼓吹以政治为目的的病毒溯源，在国内怪罪外来移民；仓促撤军导致"喀布尔陷落"，就把责任归咎于阿富汗人；民主、共和两党在气候变化问题上无法达成共识，就向中国、俄罗斯泼脏水；伊朗核问题谈判分歧大，就指责伊朗不肯妥协；自身货币放水导致通胀压力巨大，就威逼沙特阿拉伯等国压低油价……"甩锅主义"的背后，是美国一贯的霸权、霸道与精致利己的算计、诡计。这给世界和平稳定与国际合作发展带来越来越大的威胁和危害。

输出动乱　拒不担责

美国长期奉行唯我独尊的霸权政策，四处煽风点火、输出动乱。从阿富汗

---

　　* 故事来源：黎藜，柳丝. "都是你们的错!"——美国"甩锅主义"的前世今生[N]. (2022-01-14)[2022-10-27]. http://www.news.cn/2022-01/14/c_1128263842.htm.

　　根据内容编写要求和最新数据变化，对原文中相应表述有稍许删减和修改。

到伊拉克,从所谓"颜色革命"到"阿拉伯之春",美国在世界各地发动战争、煽动对抗,成为威胁世界和平与安全的最大乱源。而面对这些国家和地区的战后重建、难民安置、人道主义危机、恐怖主义遗毒等问题,美国作为动乱的始作俑者,却把责任都甩给他人。

2021年8月,美国从阿富汗的撤军引发混乱。20年的战争已让阿富汗千疮百孔,美军的仓促撤离更让阿富汗雪上加霜:阿富汗平民从匆忙起飞的美军运输机上坠落丧命,喀布尔机场恐怖袭击中很多平民被美军乱枪打死,美国以打击恐怖分子为由出动无人机却炸死了无辜的一家十口人⋯⋯

面对阿富汗乱局,美国政府不仅拒绝承担责任,反而指责阿富汗前政府无能,批评当时的阿富汗政府军"不战而溃",甚至辩称杀死平民只是"无心之失"。美国政府内部也在究竟谁该为"喀布尔陷落"负责的问题上相互指责:拜登政府抱怨前任特朗普政府留下"烂摊子";白宫指责五角大楼撤军不力,对阿富汗政府军扶植失败;五角大楼责怪情报部门未提供准确情报;情报部门则称其预警未受重视。如此推诿扯皮,在世界人民面前上演了一出"连环咬、踢皮球"的闹剧。

美国打着"反恐"旗号发动的阿富汗战争,让这个国家深陷动荡与贫困;拍拍屁股走人后,又对阿富汗人民和国际社会的呼声置若罔闻,并冻结阿富汗中央银行海外资产,将阿富汗推向人道主义灾难的边缘。联合国世界粮食计划署2021年末警告说,据估计98%的阿富汗人没有足够的食物,许多家庭的生活难以为继,阿富汗正面临"雪崩般的饥饿和贫困"。

倚仗霸权　转嫁危机

美国"甩锅主义"的传统由来已久,在经济领域也是如此。20世纪80年代,美国经济陷入滞胀,日本经济飞速发展,对美贸易顺差不断扩大。美国政府对日本产品进行20次"301调查",绝大多数以日本让步、自愿限制出口告终。美国还采取了纺织品战、钢铁战、彩电战、汽车战、汇率战、半导体战、金融战等一系列手段,由于日本应对战略出现失误,最终导致日本国内经济泡沫破碎。

美国在经济领域的甩锅手法延续至今。近年来,美国经济增长乏力,制造业疲软，中产阶级收入停滞，贫富差距不断增大。对此，美国政府不是着眼于解决自身结构性问题，而是热衷归咎于他国，频频挥舞贸易制裁大棒，严重扰乱全球经济秩序，拖累世界经济发展。特朗普政府时期，美国政客大肆炒作所谓"美国吃亏论""制造业工作岗位被偷论"等，对中国、墨西哥、欧盟等发动贸易战、关税战。

不仅如此，美国还凭借自身在国际经济领域的主导地位，频频将美元和贸易规则等用作经济武器，将自身经济问题转嫁他国，薅全世界的"羊毛"。2008年国际金融危机后，美联储先后出台三轮大规模量化宽松政策，通过美元超发使风险外溢至全世界。新冠疫情暴发以来，美联储再度开启"超级放水"模式，祭出零利率加无限量化宽松，让全世界为美国经济刺激措施埋单。不断增发的美元涌向世界各地，造成国际大宗商品价格暴涨，使得许多国家特别是发展中国家的经济遭受疫情和通胀双重打击。

宽己严人 推责成性

美国作为最大的发达国家，如今却越来越不愿承担应有的国际责任，动辄退群毁约，"甩锅"行径不胜枚举，表现出赤裸裸的极端自私自利。

面对肆虐全球的新冠肺炎疫情，美国大搞"疫苗民族主义"，囤积远超国民所需的疫苗，并限制疫苗出口，在抗疫关键时刻一度退出世界卫生组织，破坏国际抗疫大局。美国疾病控制和预防中心2021年9月1日发布的数据显示，2021年3月至9月美国就浪费了至少1510万剂新冠疫苗。《华盛顿邮报》报道说："疫苗正在（美国）国内囤积落灰。"

在应对气候变化问题上，美国也惯于推卸责任。发达国家在过去200多年的工业化进程中无序排放温室气体，对全球气候变化负有不可推卸的历史责任，这是国际社会的普遍共识。其中，美国作为全球累计温室气体排放量最多的国家，人均碳排放量是全球平均水平的3.3倍，却不愿受国际条约约束，拒绝批准《京都议定书》，一度退出《巴黎协定》，同时还要求发展中国家加大减排力度。美国的所作所为严重阻碍了全球减排、促进绿色低碳发展等相关进程。

2021年，美国政府涉及气候变化投资的法案在本国国内受阻，而美方却在二十国集团领导人罗马峰会期间指责中国、俄罗斯在应对气候变化方面"缺乏承诺"。当时，由 85 辆汽车组成的美国总统超长车队行驶在罗马街头的画面引发各国网友一片吐槽，他们指出这是对拜登政府力推所谓"绿色新政"的巨大讽刺。

总部设在肯尼亚内罗毕的智库"非洲能源转换"负责人穆罕默德·阿道在美国《外交》杂志撰文指出，以美国为代表的发达国家在环境保护方面"债台高筑"，它们过去几十年只有口头承诺，却鲜有实际行动。

找替罪羊　转移矛盾

"责怪外人总是比照镜子或审视自己破碎的心更容易。"美国宾夕法尼亚大学教授乔纳森·齐默曼一语道破美国政客沉迷于甩锅的心态。

面对新冠疫情，美国政客的这种面目表现得尤为彻底。从前任总统特朗普将新冠病毒诬称为"中国病毒"，到现任美国政府炮制虚假的"病毒溯源报告"、强推所谓病毒溯源调查，美国为掩盖自身抗疫不力，急于把责任甩给中国，持续将疫情政治化、病毒污名化、溯源工具化，严重干扰破坏国际抗疫合作。

事实上，美国"借疫排外"的对象远不止中国。疫情暴发初期，特朗普政府曾打着"防控疫情"的幌子推进排斥外来移民的政治议程，加大对来自墨西哥和中美洲国家非法移民的遣返力度，并且没有对被遣返对象采取充分的防疫措施，致使相关国家疫情雪上加霜。2021 年，面对来势汹汹的变异病毒，佛罗里达州州长罗恩·德桑蒂斯竟然宣扬："无论是什么毒株，它们都是从南部边境传进来的。"墨西哥学院研究员克劳迪娅·马斯费雷尔指出，拉美移民已成为新冠疫情下美国政治的"替罪羊"。

从美国历史来看，这种做法并不鲜见。19 世纪，美国舆论称华人移民传播肺结核、麻风病、天花等传染病，助长了排华法案的通过；20 世纪初，当数百万南欧和东欧移民进入美国城市时，他们被指控携带疾病；20 世纪 80 年代初艾滋病危机发生时，美国疾病控制和预防中心将来自海地的新移民列为"特殊高危人群"；2014 年埃博拉病毒蔓延，一些美国政客甚至呼吁禁止所有来自西非的移民，无论他们的国家是否出现了埃博拉病毒。

种族问题也是美国政客甩锅的领域之一。当前，美国国内系统性种族主义引发的社会矛盾已到了无法掩盖的地步，但一些政客仍试图以指责其他国家的方式来转移美国民众视线。2020年非裔男子弗洛伊德被白人警察"跪杀"事件在全美各地引发数十年来规模最大的抗议警察暴力执法和种族歧视的浪潮。然而，美国前总统国家安全事务助理苏珊·赖斯在一次电视采访中竟宣称，"骚乱"由俄罗斯一手导演，目的是分裂美国。

甩锅无用　百姓遭殃

美国累计新冠确诊病例和死亡病例数均是世界第一。疫情迟迟无法得到控制，美国政府却在忙于甩锅。自新冠疫情暴发以来，民主、共和两党政客就开始了没完没了的"指责游戏"。在变异病毒侵袭、疫情再度反弹的状况下，美国联邦政府与一些州政府依然各自为政、相互掣肘，而联邦机构和传染病专家制定的防疫措施或被延迟，或被搁置，即便执行，实际效果也往往大打折扣，就连是否应接种疫苗和戴口罩的问题都难以达成共识，给抗击疫情带来严重阻碍。美国《商业内幕》网站评论说："每一例新冠死亡，党派之争都应该被列为一大原因。然而，两党政客至今仍在相互指责。"

甩锅的目的无非在于推卸责任，而如果没有人承担责任，也就没有人真正关心问题的解决，最终遭殃的必然是美国民众。

在经常发生山火的美国西部，联邦和州政府相互扯皮，导致救灾不力，山火常常连绵数月，数以千计的居民流离失所，还会造成不小的人员伤亡；得克萨斯州2021年2月遭遇极寒天气，400万居民家中长时间停电，共和党把矛头指向拜登政府的"绿色新政"，而民主党则狠批主导该州政府的共和党领导失败；种族矛盾加剧，移民政策成为甩锅对象；枪支暴力泛滥，政客把锅甩向电子游戏；在围绕债务上限的斗争中，国会参议院共和党人被斥责为"非美国人"，而几年前，同样的名号曾落在民主党人头上……美国政客大搞"指责游戏"，目的根本不是要为民众解决问题，而是为了谋取自身政治利益。

根深蒂固　痼疾难除

纵观美国历史，"甩锅主义"背后有政治、经济、社会等多重原因。

"甩锅主义"源于根深蒂固的"美国例外论"。美国人以"上帝选民"自居，西方中心主义和白人至上主义深植于许多人的思维深处。尤其是二战结束以来，美国带着优越感俯视世界，认为自己是全世界的"教师爷"，所有问题都源自其他国家。而随着近年来新兴经济体群体性崛起，美国战略焦虑不断加剧，越来越多地把对外甩锅作为维护自身稳定、阻碍他国发展的政治工具。

"甩锅主义"暴露了美国政党制度缺陷。美国政客日益将党派利益凌驾于国家利益之上，把短期利益凌驾于长远利益之上，执政党视连任比责任更重要，为拉升支持率而急功近利，反对党则竭尽所能阻碍对手施政，不惜为此牺牲民众利益。在这种"为反对而反对"的选举政治下，权力争斗日益激烈，政治极化不断加剧，甩锅成为政党互相诋毁抹黑的重要手段。

美国政客的"甩锅主义"给美国自身乃至全世界带来严重伤害：在国内，甩锅不能挽回因新冠逝去的生命，解决不了"无法呼吸"的种族矛盾，难以再现"工业锈带"的昔日荣光，只会加剧社会撕裂，加深民众对政府的不信任；在国际上，甩锅不可能阻挡他国发展的脚步，无法让美国赢得声望与尊重，只会阻碍全球合作与共同发展，威胁世界和平与安全，让美国一心自我标榜的"灯塔"角色黯然失色。

"甩锅主义"自欺欺人、害人害己，美国的甩锅者们最终只会砸了自己的锅。

故事讨论

1. 这些年美国似乎特别热衷于"甩锅"。在国内，美国两党之间相互"甩锅"指责，内斗不休；在国际上，美国更极尽"甩锅"之能事。新冠疫情以来，美式"甩锅"的嘴脸暴露无遗。美国一系列的"甩锅"事件对我们理解资本主义政治制度有什么启发？

2. 对内、对外"甩锅"并转嫁危机是美国的长期传统，并且已经建立起一整套对外转嫁危机和推卸责任的机制与相关战略。美国不仅能够借此安然度过危机、让危机的破坏性更多地由战略对手承受，而且往往让盟国或其他小国对其的依赖度增加，使得美国在危机过后反而更加强大。联系本文案例，试分析资本主义意识形态的本质。

原理 分析

美国综合运用政治、经济、军事、科技和话语权等多重机制，使其"甩锅主义"具有成熟的运行机制，在危机来临时能够迫使甚至诱使其他国家承担其转嫁危机的巨大成本。美国的"甩锅主义"不但给美国自身带来了严重危害，也阻碍了全球合作与共同发展。美国越来越多地把对外"甩锅"作为维护自身稳定、阻碍他国发展的政治工具。纵观美国历史，"甩锅主义"背后有政治、经济、社会等多重原因，这种"甩锅主义"的背后也凸显着资本主义政治制度和意识形态的原理。

其一，资本主义国家的职能及其本质。资本主义国家的职能以服务于资本主义制度和资产阶级利益为根本内容，包括对内和对外两个基本方面，即对内实行政治统治和社会管理，对外进行国际交往和维护国家安全及利益。

资本主义国家的对内职能主要是政治统治职能，即资产阶级作为统治阶级，运用手中掌握的政府机构和军队、警察、法庭、监狱等国家机器，对被统治阶级进行压迫、控制，使社会生活保持在统治阶级所制定的秩序要求之内。在变异病毒侵袭、疫情再度反弹的当下，美国联邦政府与一些州政府依然各自为政、相互掣肘，将政权牢牢掌握在自己手中，而联邦机构和传染病专家制定的防疫措施或被延迟，或被搁置，即便执行也往往大打折扣，就连是否应接种疫苗和戴口罩的问题都难以达成共识，对人民群众的诉求不管不顾，给抗击疫情带来了严重阻碍。

资本主义国家的对外职能，是指资本主义国家对外进行国际交往和维护国家安全及利益的职能。资本主义国家在国际社会活动中，要经常调整与其他国家之间的交往关系。由于国家之间常常会发生各种矛盾甚至军事冲突和战争，因此，资本主义国家为维护自己的既得利益，获取新的经济和政治利益，不惜发动对其他国家或地区的战争。从阿富汗到伊拉克，从所谓"颜色革命"到

"阿拉伯之春"，美国在世界各地发动战争、煽动对抗，成为威胁世界和平与安全的最大乱源。显然，资本主义国家的对外职能是国家对内政治统治职能的延伸，是服务于其政治统治的。

资本主义国家本质上是资产阶级进行阶级统治的工具。在新冠疫情迟迟无法得到控制之时，美国政府却在忙于"甩锅"。自新冠疫情暴发以来，民主、共和两党政客就开始了没完没了的"指责游戏"。美国打着"尊重人权"的旗号，却在面对新冠疫情时选择"躺平"，资本主义国家作为剥削阶级对人民群众进行阶级统治和阶级压迫的工具，并没有实际改变在政治生活方面不自由、不民主、不平等、不尊重人权的本质。正如恩格斯所说："现代国家，不管它的形式如何，本质上都是资本主义的机器，资本家的国家，理想的总资本家。"

其二，资本主义的民主制度及其本质。资本主义国家的政治统治是通过具体的政治制度实现的，主要有资本主义法律制度、政权组织形式、选举制度、政党制度等。所有这些，也就是资产阶级所标榜的资本主义民主制度。

资本主义民主制度是与资本主义生产方式相适应而发展起来的。随着资本主义生产方式的发展，资产阶级在反对封建专制主义的斗争中提出了符合自身利益和要求的"主权在民""天赋人权""分权制衡""社会契约论""自由、平等、博爱"等政治思想，并在这些思想的指导下建立起了资本主义民主制的国家。选举政治和联邦制的结合有利于美国对内对外转嫁危机。选举权利给美国人民以通过投票改变政治现状的假象，联邦制下联邦政府、州政府、地方政府的平行关系，以及各级政府行政与立法的关键岗位都由民选产生，共同决定了美国政府是有限政府，即没有一个机构能够对整个体系和大局负责。这样的制度设计一方面有利于分解、消化、瓦解美国的内部矛盾，另一方面有利于对外转嫁危机。

由于资本主义政治制度本质上是资产阶级实行政治统治和社会管理的手段和方式，是为资产阶级专政服务的，因此它不可避免地有其阶级的和历史的局限性。由于联邦和州政府相互扯皮，常常导致政府救灾不力，种族矛盾加剧，枪支暴力泛滥……由于这些制度性的缺陷，美国民众深受其害。

其三，资本主义意识形态的形成。资本主义意识形态是在资本主义国家中占统治地位、反映了作为统治阶级的资产阶级利益和要求的各种思想理论和观念的总和。资产阶级的各种思想理论和观念，最初是资产阶级在反对封建专制主义和宗教神学的长期斗争中逐步形成和发展起来的。基于"上帝选民"政治神学的建构，美国之外的世界既被美国视为威胁也被视为其不可推卸的使命：一方面，美国的强权、阴谋甚至杀戮都被定义为实现"世界使命"的必要牺牲；另一方面，一旦美国内部有重大危机，就会寻找一个共同的外部敌人来实现内部的团结。基于实用主义哲学，美国对外政策的"理想""使命"不过是其谋取私利的工具，国际交往要么是利益交换、要么是力量对抗，不必遵循既定的价值和规则，所谓"道义"是美国争夺话语权的工具。因此，美国对美国之外的世界可以采用任何方式进行改造的政治神学使命感，也源自其"合则用，不合则弃"的实用主义哲学。

其四，资本主义意识形态的本质。资本主义意识形态是资本主义社会的观念上层建筑，是为资本主义的经济基础服务的，因而也是为资本主义国家的政治上层建筑服务的。由于长期以"上帝选民"自居，西方中心主义和白人至上主义深植于许多西方人的思维深处。尤其是二战结束以来，美国带着优越感俯视世界，认为自己是全世界的"教师爷"，所有问题都源自其他国家。随着近年来新兴经济体群体性崛起，美国战略焦虑不断加剧，越来越多地把对外"甩锅"作为维护自身稳定、阻碍他国发展的政治工具。资本主义意识形态正是通过论证资本主义社会制度的合理性、资本主义民主的普遍性等观点来实现其"牧师"职能的。

教学建议

本案例适用于《马克思主义基本原理》第四章"资本主义的本质及规律"第三节"资本主义上层建筑"的教学。

讲授重点：本案例主要通过分析美国"甩锅主义"的前世今生，深刻揭示出西方资本主义民主制度和意识形态的本质，从而帮助学生全面正确评价西方资本主义民主制度，深刻认识资本主义意识形态的本质。但是对于资本主义意识形态，应该用辩证的观点来分析。资本主义在长期发展中创造出大量物质财富的同时，也创造出丰富的精神成果，但资本主义意识形态也具有极大的阶级的和历史的局限性，对此我们必须加以分析、批判和摒弃。

实践探索：请学生课后及时关注国际新闻，紧扣时代脉搏，培养面向现代化，面向世界，面向未来的眼界。通过分析时事热点帮助学生更好地理解资本主义政治制度和意识形态，了解国家的发展趋势，掌握国际发展动态，更好地实现大学生自身的价值，为中国特色社会主义事业发展贡献力量。

学习思考

1. 美国能够使其"甩锅主义"具有成熟的运行机制，离不开综合运用政治、经济、军事、科技和话语权等多重机制，试分析美国"甩锅主义"背后的多重机制。

2. 党的二十大报告指出，"中国坚定奉行独立自主的和平外交政策，始终根据事情本身的是非曲直决定自己的立场和政策，维护国际关系基本准则，维护国际公平正义。中国尊重各国主权和领土完整，坚持国家不分大小、强弱、贫富一律平等，尊重各国人民自主选择的发展道路和社会制度，坚决反对一切形式的霸权主义和强权政治，反对冷战思维，反对干涉别国内政，反对搞双重标准。中国奉行防御性的国防政策，中国的发展是世界和平力量的增长，无论发展到什么程度，中国永远不称霸、永远不搞扩张。"构建人类命运共同体是世界各国人民的前途所在。面对美国的"甩锅主义"，中国应该采取什么样的举措？

[1] 黎藜，柳丝. "都是你们的错！"——美国"甩锅主义"的前世今生[N]. (2022-01-14)[2022-10-27]. http://www. news. cn/2022-01/14/c_1128263842. htm.

[2] 《马克思主义基本原理》编写组. 马克思主义基本原理［M］. 北京：高等教育出版社，2021.

[3] 中共中央马克思恩格斯列宁斯大林著作编译局. 马克思恩格斯选集：第二卷［M］. 北京：人民出版社，2012.

[4] 魏南枝. 美式"甩锅主义"分析［N］. 光明日报，2022-01-17 (12).

[5] 习近平. 高举中国特色社会主义伟大旗帜 为全面建设社会主义现代化国家而团结奋斗——在中国共产党第二十次全国代表大会上的报告［M］. 北京：人民出版社，2022.

延伸阅读：

1. 张林. 从多元到新古典霸权 [M]. 北京：商务印书馆，2021.

2. 梁大伟. 霸权、金元与理想主义：20 世纪初美国对华财政政策研究 [M]. 北京：人民出版社，2018.

识破资本主义债务陷阱*
——垄断资本的发展及其趋势

张欣艾　武佳怡　史依凡　张芸轩　郑砚桐

故事呈现

　　"债务陷阱"一词于 2017 年初由印度新德里政策研究中心研究员布拉玛·切拉尼提出。国家之间形成债务关系本身是正常的经济行为，只有附加苛刻政治条件或带有恶意目的的债务才存在"陷阱"，炒作"债务陷阱"无非是将经济问题泛化、政治化。在切拉尼发表的一篇题为《中国的债务陷阱外交》的文章中，他认为中国通过"一带一路"倡议，向具有战略意义的发展中国家提供巨额贷款，导致这些国家陷入中国的债务陷阱，只能对中国唯命是从。

　　"债务陷阱论"提出以后，由于迎合了某些西方国家的需要，因此在西方世界受到追捧。"债务陷阱论"被热炒的背后，真的是中国想要支配其他发展中国家吗，到底是谁在玩弄舆论？

发展中国家"债务陷阱"的"美国因素"

　　近几年，受新冠疫情影响，全球债务大幅增长，非洲、拉美等发展中国家的债务风险受到关注，美国借机炒作所谓"债务陷阱"问题，抹黑发展中国家的互利合作。如果说发展中国家可能陷入"债务陷阱"，那么纵观半个世纪国际债务问题，美国的扩张性货币政策、缺乏监管的借贷金融创新、华尔街的恶意做空等，才是数次债务危机"爆发"、使发展中国家落入"陷阱"的重要

　　* 故事来源：邓茜. 美国才是"债务陷阱"制造者 [N]. 新华每日电讯，2022-01-24 (8).

因素。

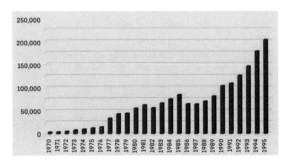

撒哈拉以南非洲各国外债总额
资料来源：世界银行数据库。

上海国际问题研究院研究员周玉渊接受新华社记者书面采访时表示，2010年以来发展中国家的外债增长中，美国等西方国家私人金融部门贷款快速增长，包括债券市场和商业银行贷款，增速和规模远超多边金融机构和中国金融机构。根据世界银行国际债务统计估算，2020年拉美成为全球负债率最高的地区，而华尔街和美欧商业银行是其主要金主。2010至2020年，撒哈拉以南非洲长期外债中的多边债务存量从780亿美元增加到1850亿美元，增幅达137%。由发达国家组成的"巴黎俱乐部"国家私人金融机构所占比重甚至于2019年超过多边金融机构，成为非洲最大债主，来自发达经济体的债务在非洲国家债务中占比高达80%。

阿根廷也饱受债务困扰，至今仍是国际货币基金组织（IMF）最大债务国之一。阿根廷社会学家马塞洛·罗德里格斯认为，这正反映了美国在拉美实行的干预主义。在阿根廷与一系列债权人的有关谈判进程中，美国一直是真正主角，其目的是加强对地区国家的干预和控制，维持其在跨国金融资本领域的霸权。在债务形成、金融投机、资本外逃、债务谈判等过程中，债务国民众生活水平直线下降，国家主权不断丧失。

冲击发展中国家债务稳定的"美元因素"

拥有国际储备货币地位的美元供应及其利率变化是全球债务的重要影响因素，美联储货币政策对发展中国家债务具有显著影响。受2007年美国次贷危机影响，发展中国家经济遭受重创，债务规模明显扩大。美联储为挽救本国经济实行量化宽松，带动全球流动性大增，成为近年发展中国家债务增长的货币源头。

当前，美国经济从疫情中逐步复苏，为应对高通胀压力，美联储多次释放可能提前加息并启动资产负债表缩减进程的信号。IMF警告，这可能造成新兴市场资本外流和货币贬值，令全球金融环境收紧。美国企业研究所经济学家德斯蒙德·拉赫曼表示，美联储加息预期已导致流入新兴市场的国际资本减少，如果加息步伐快于预期，国际资本将加速从新兴市场回流美国，债务水平较高的新兴经济体将面临严峻挑战。

国际金融分析人士普遍认为，美联储收紧货币政策将从四个方面冲击发展中国家债务：首先，将引发美元升值，导致以美元计价的存量债务偿债成本上升；第二，将带动全球融资成本上涨，导致借债成本上升；第三，将导致流向发展中国家的资金减少，加剧其借债来源短缺的状况；第四，以美元计价的大宗商品价格可能下跌，导致依靠资源出口的发展中国家收入减少，偿债基础遭到破坏。

影响发展中国家偿债能力的"美资因素"

经济可持续增长保证了偿债能力。但处于美国主导的国际政治经济体系中，发展中国家难以获得公平的发展权益，还要被强大的美国资本多轮"收割"，导致经济"造血能力"不足，偿债能力受到制约。

汤之敏认为，发展中国家在与以美国为首的西方发达国家的贸易中处于不利地位，贸易条件经常恶化，还本付息能力不足；缺乏资本、基础设施和高附加值的制造业，使得发展中国家在世界经济中长期处于不利地位，从根本上影响偿债能力。而华尔街金融资本还在国际市场兴风作浪、攫取利润、制造危机，遏制新兴国家发展势头，导致不少国家债务负担加剧。

美国也在资本抄底新兴市场国家优质资产，削弱其经济发展基础。在亚洲金融危机中，韩国为拯救经济，被迫允许外资进入命脉企业，使不少民族品牌背后都有美资的身影。在拉美，同样地，阿根廷也未能适当控制跨国资本并购，美国主导的资本力量成为最大获益者。

"债务陷阱"背后的"美国意图"

在 20 世纪 90 年代世界格局发生剧变后,美国加速调整全球战略,对外投资额快速增长。通过开发金融和资本市场,美国向发展中国家渗透西方金融管理方式。在拉美,摩根银行积极为巴西、墨西哥、委内瑞拉、阿根廷、智利的电信和石油等国营企业的民营化等大型项目提供贷款。巴西和阿根廷金融危机爆发后,美国企业利用当地政府和企业陷入债务困境、本币大幅贬值的状况,以低廉的价格收购这些国家的优质企业或企业股份。在亚洲金融危机后,美国利用前所未有的机会在那些一直不准外国大量投资的行业便宜地购买资产。

在 2008 年全球金融危机后,《日本经济新闻》2013 年刊文《要防备世界经济的潮流变化》,认为美国是市场波动的震源地,震荡过后,美国经济回升,在危机时期起到托底作用的新兴国家却蒙上阴影。

长期以来,在发展经济的过程中,广大发展中国家需要资金支持以摆脱落后局面。合理的债务关系、良性的贷款为发展中国家提供了重要支持,对全球经济增长和缩小国家间的发展差距起到了积极作用。然而,美国通过经济实力、资本实力、美元霸权主导国际融资环境、攫取资源和利益,使发展中国家背负了沉重的债务负担,成为后者落入发展陷阱的重要推手。

中国对美方"语言陷阱"的应对

现在,反观西方媒体制造的"中国债务陷阱"的"语言陷阱",谎言不攻自破,其别有用心可见一斑,就像曾经杀人放火的海盗习惯了胡作非为,玩不起也输不起,终于把自己惯出了"玩输了就扬沙子"的巨婴心态。

首先,中国不是非洲最大的债主,上文已有数据表明,西方发达国家才是非洲债务的最大债权人。其次,中非合作"一带一路"使相关国家 760 万人摆脱极端贫困、3200 万人摆脱中度贫困。而西方给非洲的贷款主要用在非生产领域,没有使这些国家增加税收和出口创汇,迫使非洲国家政府陷入"越借越穷、越穷越借"的恶性循环。此外,西方金融机构却利用债务深度介入非洲国家经济和政治改革进程,对非洲国家内政指手画脚,是其殖民者思维的生动体现。

美方的"语言陷阱"其实是一种霸权逻辑。"债务陷阱论"实在太双标，说到底还是"只许美西方放火，不许其他国家点灯"——"我的债务叫投资，你的债务叫陷阱"；更是一种以己度人的西方经验主义遗毒——"我有殖民掠夺历史，所以你肯定也会步我后尘"。

"中国债务陷阱论"也是一种遏华手段。在美西方一些人"逢中必反"的执念下，中国在国际社会的任何行动都有"原罪"，"中国债务陷阱论"不过是欲加之罪。这套包着一层学术外皮的谬论，实质上是又一根用来攻击抹黑中国对外合作、压缩中国国际合作和发展空间、遏制中国发展的大棒。中国实际上是怎么做的？事实胜于雄辩。中国如何处理非洲债务，只要看下面两则消息就能明白：

2021 年 11 月，中非合作论坛第八届部长级会议指出，中国是 G20 成员中对非洲减缓债务贡献最大的国家。

在"彩虹之国"南非的开普敦市，中国企业和中非发展基金共同出资 3.5 亿兰特建设了海信南非工业园。这是过去 40 年来中资企业在南非投资额最大的家用电器制造工厂，为当地创造了 1000 多个直接就业岗位、5000 多个间接就业岗位。

中国对非洲兄弟的这种"局气"可谓不胜枚举。事实证明，中非合作是互利共赢的，中国债务是可持续、友好型融资，是非洲实现工业化和现代化路上的加油站。非洲国家遇到财政困难时，中国不会拿债务胁迫非洲、控制非洲。

常言道，来说是非者，正是是非人。"谎言帝国"的老把戏早该收场了。如果说各种涉华"陷阱论"是舆论场上的病毒，那理性就是防毒的疫苗，事实与行动则是祛毒的特效药。面对政治经济"病毒"，我们不能选择"躺平"，必须坚决斗争，而且要斗争到底。谣言止于智者，止于每个中国人的理性和行动。

故事讨论

1. 认识了"债务陷阱"的实质之后，有人说，"西方贷款不仅给非洲制造了'欠发展陷阱'，还制造了'不稳定陷阱'，是名副其实、不可持续的'恶性债务'，已经成为非洲发展路上的'毒瘤'"。结合美方设置"债务陷阱"以实现资本主义垄断这一目的，我们该如何更好地坚持马克思主义中国化，坚定走中国特色社会主义道路？

2. 习近平总书记指出："中国将建设统一开放、竞争有序的市场体系，确保所有企业在法律面前地位平等、在市场面前机会平等。中国将继续扩大高水平对外开放，稳步拓展规则、管理、标准等制度型开放，落实外资企业国民待遇，推动共建'一带一路'高质量发展"，结合此次事件，如何看待中国"一带一路"帮扶政策和西方"债务陷阱"的区别？

 原理 分析

第一，国际垄断资本的发展有其必然性。资本主义由自由竞争进入垄断阶段后，随着科学技术的进步和生产社会化程度的进一步提高，私人垄断资本与社会化大生产之间的矛盾日益尖锐化，以致严重阻碍社会生产力的进一步发展，这在客观上推动私人垄断资本与国家政权相结合，金融垄断资本进一步发展，并进而向国际垄断资本扩展，以谋求高额垄断利润；"债务陷阱"是垄断资本妄图建立强权政治下的国际政治经济体系的手段之一。

垄断资本在国内建立了垄断统治后，必然要把其统治势力扩展到国外，建立国际垄断统治。20世纪70年代初，由于资本主义发展不平衡的加深和国际货币体系内在矛盾激化，布雷顿森林体系崩溃。随后，西方资本主义国家普遍走上金融自由化和金融创新道路，使得金融垄断资本形成并不断壮大。美国的资本主义经济发展正是这样：随着金融垄断资本势力的爆炸性增长，金融资本的控制能力大大提升，不但掌握了越来越多的社会财富，而且通过控制政府部门决策和决策过程，实现了对整个国家的政治控制，利用国家机器维护自身利益。

垄断资本向世界范围扩展的主动经济动因包括：首先，将国内过剩的资本输出，以便在国外谋求高额利润；再次，争夺商品销售市场；最后，确保原材料和能源的可靠来源。这些经济上的动因与垄断资本在政治上、文化上、外交上的利益紧密联系在一起，交织发挥作用，共同促进了垄断资本向世界范围的扩展。美国政府的做法印证了这一过程。在20世纪90年代世界格局发生剧变后，美国加速调整全球战略，对外投资额快速增长。通过开拓金融和资本市场，美国向发展中国家渗透西方金融管理方式。另外，在亚洲金融危机后，美国利用前所未有的机会在那些一直不准外国大量投资的行业便宜地购买资产。这两种方式背后都隐藏着美国垄断资本向世界范围扩展的事实。

综上所述，美国政府代表的资产阶级不满足于国内垄断，采用各种方法向其他国家（尤其是力量较弱的发展中国家）扩张自己的势力范围，其形式包括经济入侵，部分科技、文化输入，甚至武装战争等，企图建立国际统治秩序，谋求对整个世界经济和政治的控制。而"债务陷阱"正是美国妄图维持在跨国金融资本领域的霸权、加强对其他国家的干预和控制、建立国际垄断统治的手段之一。

第二，从垄断资本向世界范围扩展的基本形式及其带来的连锁反应看"债务陷阱"。

其一，信贷资本输出是垄断资本向世界范围扩展的基本形式之一。由于发达国家、发展中国家在经济全球化过程中的地位与收益不平等、不平衡的关系，国际垄断同盟几乎完全垄断了发展中国家发展所缺乏却必需的技术、机器、管理经验。当发展中国家面临发展困境时，发达国家便"趁机而入"，通过资本主义强国的政府、银行、企业将资本（如非核心技术和非最新代机器）贷给其他国家的政府、银行、企业。这样，国际垄断同盟既取得高昂的垄断利润，又继续维持着其垄断地位，而其他发展中国家则背上了沉重的债务。

其二，金融自由化和金融创新是金融垄断资本得以形成和壮大的重要制度条件。随着金融垄断资本势力的爆炸性增长，金融垄断资本的控制能力大大提升，不但掌握了越来越多的社会财富，而且还通过控制政府决策部门和决策过程实现对整个国家的政治控制，利用国家机器在国内乃至国际维护自身的利益。金融垄断资本的发展，一方面促进了资本主义经济的发展，另一方面也造成了经济过度虚拟化，导致金融危机频繁发生，不仅给资本主义经济带来灾难，也给全球经济带来灾难。对于资本输入国而言，金融自由化和金融创新，在一定程度上使得资本输入国对国际资本的依赖性增强，易受到国际经济波动的影响。一旦世界上某一国家或地区爆发经济危机则会快速危及全球。资本输入国的经济抗风险能力弱，这就可能给其增加额外的债务负担且降低其偿债能力，从而令其陷入债务危机。由于垄断资本推崇的金融自由化和金融创新，发展中国家的沉重债务又蒙上了一层阴影。

其三，为了加强对各国垄断资本的协调和制约，防止彼此之间的激烈竞争可能引起的剧烈经济动荡，国际经济调节体系成功建立。国际经济调节体系加强了各国之间的经济联系，促进了经济全球化的发展。但是这只能在一定程度上缓和局部范围的经济波动，难以对全球性经济波动和经济危机发挥有效的协调作用，经济全球化带来的经济风险并未得到有效协调，资本输入国仍然面临着债务威胁。再者，对于国际经济地位和发展不平衡，国际经济调节体系也难以协调。例如，面对因战争膨胀的各国"口袋"，国际经济协调体系只能在名义上对战乱国进行安抚，发出追求和平与经济稳定的呼吁，而对战乱国因战争而背上的债务却毫无办法。毕竟，因资本而诞生的国际经济协调体系怎么会真正地动摇资产阶级的重要经济来源、资本的原始积累过程呢？所以，发展中国家既无法凭借自身摆脱债务，也无法得到国际经济组织的有效支持和帮助，完全陷入了资本主义的"债务陷阱"中。

第三，资本主义必将为社会主义所代替，垄断资本主义必将被否定，而看似资本主义获利的"债务陷阱"会激化资本主义的基本矛盾，加速资本主义的消亡。随着科学技术的发展，经济全球化日益深入，社会分工得以在更大范围内进行，资金、技术等生产要素得以在国际范围内流动和优化配置。在经济全球化中，美国等发达资本主义国家在国际政治经济体系中处于主导地位，通过主导制定贸易和竞争规则，控制一些国际组织，从而成为经济全球化的主要受益者。在这场经济全球化促成的"债务陷阱"中，拥有国际储备货币地位的美元供应及其利率变化是全球债的重要影响因素，美联储货币政策对发展中国家债务有着显著影响。首先，美国为了扩张自己的经济势力，扩大自己的利益，积极为一些发展中国家提供贷款。根据世界银行国际债务统计估算就可以看出：美国等发达国家是发展中国家的主要债权人。此时美联储收紧货币政策，则会导致市场上的货币减少，进而使美元增值。对于发展中国家来说，则会导致债务负担加重。与此同时，美元的升值可以让美国以更加低廉的价格"攫取"发展中国家的资源，甚至以债权人的身份压制干预发展中国家的政治经济。

然而，经济全球化是一把"双刃剑"。对于美国这样的资本主义国家来说，经济全球化意味着生产社会化的程度不断提高，但这也加剧了资本主义的基本矛盾，即生产社会化和生产资料资本主义私人占有之间的矛盾。

综合来看，在资本主义社会，以科技为基础的生产力发展，加剧了资本主义的基本矛盾。然而，建立在资本主义私人占有基础之上的上层建筑，为了缓解资本主义制度固有的矛盾，极力推行资本关系的全球化。在经济全球化中，以金融资本为显著特征的资本主义生产关系，依照使其利益最大化的原则伸向世界各个角落。这都是资本主义社会生产力与生产关系、经济基础与上层建筑相互作用的结果。

换言之，"债务陷阱"、经济全球化的根源是资本主义的固有矛盾，经济全球化没有改变、也没有从根本上解决资本主义社会的基本矛盾，只是使这种矛盾不断向全球范围扩张，并使矛盾尖锐化。随着矛盾运动的不断发展，社会化生产和资本主义占有的不相容性，也必然越加鲜明地体现出来，资本累积推动矛盾激化并最终否定资本主义本身；随着资本主义的发展，不仅生产社会化，资本也会社会化，最终证明社会主义取代资本主义也是历史的必然趋势①。

教学建议

本案例适用于《马克思主义基本原理》第五章"资本主义的发展及其趋势"第一节"垄断资本主义的形成与发展"、第三节"资本主义的历史地位和发展趋势"的教学。

讲授重点：通过"债务陷阱"的案例，使学生理解垄断资本、资本主义经济体制及其带来的全球化影响，了解资本主义的基本矛盾及社会发展规律，顺应时代潮流，把握当下，为国家建设添砖加瓦，为世界发展提供中国方案。

实践探索：请学生了解中国对外政治经济政策，分析我国政策对本国、对其他国家、对世界政治经济体系的影响及作用；了解资本主义国家和社会主义国家政治经济发展路径的不同，并感受中国特色社会主义道路的魅力。

---

① 马克思在《资本论》第一卷讲道："生产资料的集中和劳动的社会化，达到了同它们的资本主义外壳不能相容的地步。这个外壳就要炸毁了。资本主义私有制的丧钟就要响了。剥夺者就要被剥夺了。"

学习思考

1. 在资本主义通过各种手段实现经济垄断的条件下，如何更好地坚持马克思主义中国化，促进中国经济高质量发展？

2. 在"债务陷阱"的背景下，我国如何更好地推动"一带一路"发展，更好地向世界阐述"中国方案"和"中国智慧"？

[1] 王泽非，朝阳少侠. "中国债务陷阱"是西方的话语陷阱 [N]. 国防时报，2022-05-30 (22).

[2] 叶良茂. 马克思社会基本矛盾理论和经济全球化 [J]. 哲学研究，2002 (7)：3-9, 80.

[3] 邓茜. 美国才是"债务陷阱"制造者 [N]. 新华每日电讯，2022-01-24 (8).

[4] 李嘉宝. 所谓"中国债务陷阱"纯属"话语陷阱" [N]. 人民日报海外版，2022-08-22 (1).

[5] 许峰. 拓展与深化：经济全球化与当代资本主义基本矛盾的新发展 [J]. 黑河学刊，2010 (9)：1-4.

[6] 富丽明，陈红. 逆全球化背景下资本主义矛盾的政治经济学阐释 [J]. 鞍山师范学院学报，2019, 21 (3)：17-21.

延伸阅读

1. 贾利军. 国际垄断资本主义下的技术创新 [M]. 北京：社会科学文献出版社，2015.

2. 葛浩阳. 逆全球化的发生机制与新型经济全球化研究 [M]. 北京：经济科学出版社，2021.

第三编

科学社会主义

罗伯特·欧文的共产主义实验[*]
——空想社会主义思想

宋 莉

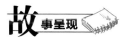

　　罗伯特·欧文是 19 世纪初期英国伟大的空想社会主义者。他与法国的圣西门、傅立叶三人是 19 世纪初期空想社会主义的杰出代表。这个时期也是空想社会主义的全盛时期。科学社会主义的创始人称欧文是"英国共产主义的代表""社会主义运动的创始人"。欧文的空想社会主义学说是英国工业革命时代的产物。1771 年，欧文出生于一个手艺人家中，他只读完初级小学，9 岁就当了学徒。1787 年，欧文来到英国棉纺织工业中心曼彻斯特当商业雇员，目睹了工业革命的巨大影响。不久，欧文自己经营了一个纺纱厂。在一些契机下他开始闻名于英国的工商界。1800 年，欧文开始担负苏格兰克莱德河谷新拉纳克附近一个大企业的管理工作，并进行了大胆的试验。如：缩短工作日；禁止使用不满九岁的童工，提高工资；开设"工厂商店"，将商品按批发价卖给工人。也同时在新拉纳克地区拓宽街道，扩大公园和广场，扩建和新建工人住宅，设立公共厨房和食堂，创立互助储金会、保险和医院，发放抚恤金；创办幼儿园和模范学校。正如恩格斯指出的，与欧文社会地位相同的大多数人都认为工业革命是他们大发横财的机会，而欧文则认为，工业革命是把混乱化为秩序的好机会。

---

　　[*] 故事来源：张绍俊. 马克思主义合作制思想发展史 [M]. 北京：中国商业出版社，1989：25—26.

罗伯特·欧文

在资本世界里特立独行的罗伯特·欧文

18 世纪下半叶，英国掀起工业革命浪潮，机器生产代替手工劳动，工人遭到资本家的剥削，艰难度日。

1771 年 5 月 14 日，罗伯特·欧文在一个叫纽塘的贫穷小镇里呱呱坠地。这是一个普通手艺人家庭，父亲懂点技术，也会做一点小生意，是个马具师兼小五金商，母亲是一个普通的邮政员。

工业革命时代

因为家境一般甚至有时会出现入不敷出的情况，所以小欧文并没有机会读很多书，上学之路也早早中断。在 9 岁的时候，他就已经辍学在家，跟着父亲学一些手艺，同时也在家乡的一家呢绒商店里当学徒。可是少年聪颖、天性高远的欧文一直不甘于做个普普通通的手艺人。时间就这样过了几年，欧文 16 岁了，此时的他已经完全自由了，母亲也转而支持他自由翱翔。他孤身一人前往当时英国最为繁华的纺织业中心曼彻斯特，这里给了欧文足够大的施展舞台。

正值意气风发的年龄，欧文决心要在曼彻斯特做出一番惊天动地的事业。他先是在一家工厂里做商业雇员，积累经验也积累启动资金。在这里，他目睹了正在轰轰烈烈进行着的工业革命，与此同时，也看到了光鲜亮丽的社会背后赤裸裸的不平等。

经历了工业文明的洗礼，欧文更进一步想要追上时代的步伐，于是更加努力学习。为此，他还加入了当地的文学和哲学协会，并且还在会上做过有关社会经济的报告。19 岁那年，欧文用借来的一百英镑与他的另一合股人，创办了自己的纺纱厂。三年后，欧文结束了与合股人的关系，转而担任曼彻斯特一家更大的纺纱厂的经理。在这里，他认识了一个对他人生有重要影响的人物戴维·德尔——位于苏格兰的新拉纳克村的当时英国最大的棉纺企业的老板。共同的社会理念使他们成为非常好的朋友，不久，欧文迎娶戴维的女儿卡络琳为妻。欧文在曼彻斯特投资商的帮助下，以六万英镑买下岳父在新拉纳克的四家纺织厂，并担任这个股份企业的执行长，管理这个拥有 2500 个工人的大企业。处在资本主义原始积累由传统转入现代的转折点，欧文目睹了财富分配的悬殊，亲身体验了工人阶级的贫困。他认为企业不能只考虑自己挣钱，要考虑如何建立一个共同富裕的新拉纳克村社。

在欧文管理新拉纳克纺织企业之前，他的岳父戴维已经在新拉纳克村周围建立了可供 2000 人居住的工人宿舍。该企业有着不同于其他资本主义企业的福利制度。

欧文的慈善性改革

新拉纳克是工业革命时期英国社会的一个缩影。这里有着属于资本家的数不尽的滚滚财源，也有被无休止压榨的穷苦劳动者。资本家们在灯红酒绿中醉生梦死，而一线工人只能在昏暗的灯光下疲惫不堪。欧文在这里感受到了天堂与地狱，他本来是属于天堂的一分子，却偏偏想要为地狱里的人们发声。

欧文决心要在为股东们"牟利"的同时，改善工人们的生活，通过对生产、流通两个领域的改组，让这里的社会多一丝公平。欧文说服了其他股东，让他实验他的设想。

欧文的慈善性改革包括：把工人的工作时间由 13～14 小时缩短为 10.5 个小时；禁止使用 9 岁以下童工；取消对劳工的不合理罚款制度；改善工厂的卫生和工作条件；为劳工办食堂、幼儿园和工人职业学校；建立工人消费金合作社；设立工人医疗和养老金制度；等等。

不久，新拉纳克成了一个模范村社，既无流浪者，也无小偷，引来了络绎不绝的参观者，也为欧文赢得了极大的社会声誉。欧文并没满足于改革的成果，他认为这种小范围的改革不足以解决社会平等的问题，要实现人人平等，就必须消灭人剥削人的制度，建立共产主义社会。他认为资本主义有三大弊端：私有制度，宗教制度，婚姻制度。劳工的贫困就是这三种制度引起的。

在这期间，欧文写了一系列著作，发表了许多讲演，以宣传他的主张。这些观点获得了包括一些资本家在内的有识之士的赞同。起初，他曾寄希望于政府来实现他的理想，多次向政府提出报告并出席了许多听证会。最终，在对政府彻底失望后，他决心依靠自己的力量来实现共产主义理想。

难产的共产主义实验村

欧文开始游说其他工厂主也进行改革。但他说服不了其他雇主缩短工人的劳动时间，拒绝雇用童工，改善工人的工作环境。毕竟这些雇主靠压迫工人能挣到大笔金钱，欧文的改革方案就像天方夜谭。

欧文的特立独行导致他在当地越来越不受欢迎，他受到官场的普遍排斥，并被逐出了上流社会。

恩格斯曾这样评价欧文："转向共产主义是欧文一生中的转折点。当他还只是一个慈善家的时候，他所获得的只是财富、赞扬、名望和荣誉。他是欧洲最有名望的人物。不仅社会地位和他相同的人，而且连达官显贵、王公大人们都点头倾听他的讲话。可是当他提出他的共产主义理论时，情况就完全变了。"

1825 年，欧文带着他的 4 个儿子和追随者，豪掷 15 万美金在美国印第安纳州购买了 3 万亩土地，兴修建筑，建立了"新和谐"公社。

共产主义实验村

在欧文的领导下，一份"新和谐"公社的公告出现在了世人面前，里面这样写道："每个社员拥有半英亩土地至一英亩土地。生产的目的不再是为了积累，分配的原则是按需分配。公社最高权力机关是全体社员代表大会……"

看到公告的人们奔走相告，相约前往这个人间天堂。为了消除美国政府的顾虑，他还到华盛顿向当时的美国总统宣传、解释、推广他的设想。欧文的共产主义实验引起了很多人特别是知识分子很大的兴趣。前后有一千多人参加了欧文的共产主义实验，其中包括很多当时的名人，如美国地质学之父威廉·麦克卢尔，女权主义活动家费朗西斯·赖特等。欧文告诉大家，这里的财产归大家共同所有，大家共同劳动，各尽所能，生活按需分配，孩子归大家共同抚养。夫妻关系没有家庭约束，自由而松散。公社通过了宪法和精神独立宣言，确定了反私有制、反宗教、反资本主义婚姻制度的共产主义理念。

开始的时候大家热情很高，所有人按照自己的专长，在公社两千多英亩农地、十八英亩果园，以及面粉厂、纺织厂、工具厂、医院和商店里劳动。欧文还一度建立了自由提款箱，供成员用于社区以外的交换。在这里，每天劳动完了，大家在公共食堂吃饭，在商店领取自己所需的日用品。男女成员一旦有了好感，即可成双结对，不需要考虑任何经济和家庭问题。但日子一久，问题就慢慢出现了。欧文的共产主义向社会全方位开放，一些游手好闲的人也混了进来，这些人只参加娱乐活动，干活却不见踪影。即使当初积极性很高的成员中，也因分工不同、住房和消费品分配等产生争议。人们日益增长的需求与产品短缺的矛盾越来越大。

同时，废除了旧的婚姻制度和宗教制度，也产生了许多新的问题：除去经济因素，两性的吸引集中在个人的外表、文化修养、工作能力等方面，这同样会产生新的不平等，有的人如众星捧月，有的人则一偶难求。过去，当人们遇到解决不了的问题，还可以去教堂向上帝倾诉，寄希望于一种超现实的力量。现在一切都变得非常现实，公社解决不了的问题，就没有了解决的希望。从1827 年起，公社开始出现了分裂，分化成更小的组织，后来更进一步分化，变为小的私有和家庭经济体。到 1828 年，这个共产主义新村基本瓦解，欧文留下他的儿子收拾残局，带着遗憾和困惑回到了英国。有资料说，四年的共产主义实践让他损失了二十五万美金。

欧文失败了，他的万贯家财就化作了辽阔平原上的一阵清风，也化作了滋润人心的青史润雨。但是，欧文还没有放弃自己的理想。他拖着疲惫的身心回到伦敦，仍然活跃在追求社会公平、追求社会主义的大道上，直到 1858 年去世。

故事 讨论

1. 你认为欧文的共产主义实验村有何意义？

2. 欧文看上去完美、公平、和谐的设想，为什么在实践中走不通？空想社会主义为什么注定成为空想？

原理 分析

欧文的实践体现了空想社会主义者设想的社会形式的空想性。空想社会主义者探讨了阶级斗争的作用和它的经济根源，在理论上也提出了一些具有积极意义的思想，对于马克思主义唯物史观的创立，起到了一定的积极作用。但是，实践证明，这些资产阶级思想家的理论具有不可避免的阶级的、历史的和时代的局限性，他们不可能解决根本问题。但这些人所取得的成果具有重要的社会价值，成为马克思主义产生的源头活水。

第一，唯心史观是空想社会主义陷于空想的根本原因。空想社会主义者认为社会发展是有规律的，但是不承认社会发展规律的客观性。他们夸大了理性的作用，认为理性和精神对社会发展起着决定作用，是社会发展的基础。

第二，空想社会主义没有找到实现社会主义的正确道路。空想社会主义者向往新的美好的社会制度，但是，在实现理想社会的途径问题上完全陷入了空想。他们期望通过阶级调和，依靠少数达官贵人帮助，和平地实现理想社会的幻想，没有也不可能找到实现社会主义的正确途径。

第三，空想社会主义没有指明实现社会主义的阶级力量。空想社会主义者十分同情无产阶级在资本主义条件下的悲惨境遇，但是由于时代的局限性以及天才史观的思想束缚，他们只认为无产阶级是一个受苦最深的、应该获得解放的阶级，看不到无产阶级的伟大历史作用。空想社会主义者天真地认为，"在法国只要国王颁布一道命令，就可以建立起实业制度"，于是他们向国王一再陈述理想社会的优越性。空想社会主义者自认为是为人们找到了通向理想社会的道路，这十分天真。

从哲学的角度看，欧文的空想社会主义是从人道主义出发的，此逻辑基点与马克思1848年科学社会主义的理论基础完全异质。正是这种异质性，决定了前者对资本主义的替代方案具有空想性，而后者对资本主义的替代方案具有科学性。但空想社会主义在理论上也提出了一些具有积极意义的思想，对于马克思主义唯物史观的创立起到了一定的积极作用。

学习思考

1. 欧文的空想社会主义失败的原因是什么？
2. 社会主义是怎样从空想到科学的？

教学建议

本案例适用于《马克思主义基本原理》第六章"社会主义的发展及其规律"第一节"社会主义五百年的历史进程"的教学。

讲授重点：通过回顾欧文的一生，让学生理解为什么空想社会主义是早期无产阶级意识和利益的先声，反映了早期无产阶级迫切要求改造现存社会、建立理想的新社会的愿望。空想社会主义没能够指出真正的出路。空想社会主义虽然提供了启发工人觉悟的极为宝贵的材料，但并不是科学的思想体系。

实践探索：随着社会化大生产的发展和资本主义生产方式的普遍确立，以及资本主义社会中生产社会化与生产资料私人占有之间矛盾的激化，无产阶级与资产阶级的斗争更加激烈。无产阶级队伍不断壮大，并在与资产阶级的斗争中从自发走向自觉，表现出改造社会、创造历史的巨大力量。请学生结合历史资料，探究这些新的变化是怎样为社会主义从空想到科学提供了社会需要和客观条件的。

参　考　文　献

［1］欧文. 欧文选集：第 1 卷［M］. 柯象峰，何光来，秦果显，译. 北京：商务印书馆，1979.

［2］欧文. 欧文选集：第 2 卷［M］. 柯象峰，何光来，秦果显，译. 北京：商务印书馆，1981.

［3］欧文. 欧文选集：第 3 卷［M］. 马清槐，吴忆萱，黄惟新，译. 北京：商务印书馆，1984.

［4］中共中央宣传部理论局. 世界社会主义五百年［M］. 北京：党建读物出版社，2014.

延伸阅读：

1. 欧文. 新社会观或论人类性格形成之原理及其应用［M］. 曾凡海，王婷，乔相如，译. 北京：外语教学与研究出版社，2012.

2. 欧文致拉纳克郡报告［M］. 柯象峰，何光来，秦果显，译. 北京：商务印书馆，2021.

3. 戴维斯，欧哈根. 罗伯特·欧文［M］. 王浪，译. 哈尔滨：黑龙江教育出版社，2017.

《共产党宣言》在中国的传播与启示
——社会主义的发展与共产主义崇高理想

魏泳安　田鑫妍

故事呈现

2012 年，习近平总书记参观《复兴之路》展览，当他看到安放于陈列柜中的《共产党宣言》中文译本时，讲了一个故事。他说："一天，一个小伙子在家里奋笔疾书，妈妈在外面喊着说：'你吃粽子要加红糖水，吃了吗？'他说：'吃了吃了，甜极了。'结果老太太进门一看，这个小伙子埋头写书，嘴上全是黑墨水。原来是他吃错了，他旁边一碗红糖水，他没喝，把那个墨水给喝了。但是他浑然不觉啊，还说，'可甜了，可甜了'。这人是谁呢？就是陈望道，他当时在浙江义乌的家里，就是在翻译《共产党宣言》。"讲完这个小故事，总书记很深情又意味深长地讲了一句话："真理的味道非常甜。"

社会需要真理

那么，是什么样的"真理"，让陈望道投入其中，以至于从墨水里"品出"了甜味呢？这就不得不提到《共产党宣言》的历史渊源与现实意义。1848 年的欧洲，在法国大革命与工业革命之后建立起了表面稳固和谐的资本主义世界体系，但马克思已经敏锐地发现在其背后隐藏着的矛盾与危机，他认为德国需要变革以应对工业革命带来的种种矛盾，而真正能够完成革命的，是无产阶级。因此，当由手工业工人组成的正义者同盟找上马克思与恩格斯，请二人帮助他们撰写行动纲领的时候，马克思和恩格斯共同写作了《共产党宣言》。在《共产党宣言》中，马克思揭露了资本主义制度的剥削与伪善，"资产阶级……

把人的尊严变成了交换价值……用公开的、无耻的、直接的、露骨的剥削代替了由宗教幻想和政治幻想掩盖着的剥削"。他指出能够推翻资产阶级统治、建立新世界的只有无产阶级,"(资产阶级)首先生产的是它自身的掘墓人。资产阶级的灭亡和无产阶级的胜利是同样不可避免的",并号召全世界无产者联合起来,消灭私有制和人对人的剥削,建立起每个人自由而全面发展的新世界。《共产党宣言》是马克思主义理论首次完整系统而又简洁凝练的表达,它的发表标志着马克思主义的诞生,在真理的光芒的照耀下,无产阶级革命有了科学的行动纲领,世界社会主义运动迅速发展起来。

陈望道译本《共产党宣言》(第一次印刷版)

对于 20 世纪初的中国先进知识分子来说,《共产党宣言》无疑是指引他们寻求救亡图存之道的指针与方向。在那时,中国有识之士们建立的君主立宪制、议会制、总统制等政治尝试均以失败告终,与之形成鲜明对比的是国内工人阶级发动的多次政治运动,他们用行动宣告:工人阶级已经作为一支独立的政治力量登上了历史舞台。与七十多年前的正义者同盟一样,他们也迫切地寻求着科学理论的指导,迫切地需要一条能够变革社会、拯救苦难中的百姓的道路。随着十月革命传入中国的马克思主义,成了先进的中国知识分子救国救民的曙光。

传播真理的艰难道路

　　《共产党宣言》在中国的传播道路可谓漫长而又曲折。在那时的中国，一本外文政治著作的翻译和出版面临着种种困难。1919 年 4 月，由李大钊、陈独秀主编的《每周评论》第十六号发表了一篇简要介绍《共产党宣言》内容的文章，这是《共产党宣言》首次在中国产生较大影响。1920 年 8 月，应《星期评论》周刊的约请，陈望道接下了依据日译本与英译本翻译《共产党宣言》的工作。陈望道深知自身责任重大，为了能够全心投入翻译工作，也为了做好保密工作，他辞去浙江第一师范学校教师的职位，回到了家乡。尽管家里也有条件相对舒适的房间，但陈望道并不想被兄弟姐妹知道，就选择了 间年久失修的柴屋。柴屋只铺着一块木板和两条长凳，简陋的砖瓦难以抵挡深冬的寒风，也难以遮住南方频繁的雨水，在艰苦的条件下，陈望道没有丝毫松懈，留下了"真理的味道非常甜"的佳话。

陈望道故居

　　陈望道的儿子陈振新后来回忆起此事，解释了父亲在翻译时所抱有的远大抱负，让人们对"真理的味道非常甜"的故事有了更深刻的理解和领悟。陈振新说，父亲对翻译有要求，他认为自己的译本必须是通俗的、大众的、能够让马克思主义传播出去、被越来越多普通人所知晓和接受的。为此，他不惜花费五倍于其他翻译的工夫在这项工作中，"翻译出来老百姓看得懂了，我们这个马克思主义就可以宣传出去了，所以他就会觉得很甜。"让陈望道品出甜味来的不仅仅是真理本身，还有对百姓有了出路的喜悦。

陈望道翻译完成后，将译本带回上海，由第三国际代表维经斯基出钱秘密成立印刷所资助该书出版，这就是《共产党宣言》的第一个中文全译本的诞生。当时，马克思的名字被翻译为马格斯。1921 年元旦，陈望道等人在上海用贺年片形式宣传《共产党宣言》的内容，卡片正面是"恭贺新禧"，背面印有"全世界无产者联合起来"等内容。人们惊呼：共产主义的幽灵游荡到上海来了。

斯人已逝，真理长存

没有革命的理论，便没有革命的运动。1921 年 7 月 1 日，中国共产党成立，党的第一部纲领——《中国共产党纲领》就是依据《共产党宣言》起草的，《中国共产党纲领》中无产阶级革命军队推翻资产阶级、废除资本私有制、联合第三国际等内容都与《共产党宣言》密切相关。如习近平总书记所说，"我们党的第一部党纲就是按照《共产党宣言》精神制定的"。

《共产党宣言》的影响不仅体现在党的文献上，还体现在它与早期革命家们的紧密联系当中。毛泽东同志曾说，有三本书特别铭刻在他的心中，使他建立起马克思主义的信仰，其中之一就是《共产党宣言》。据统计，毛泽东一生读的次数最多的书，就是《共产党宣言》。早在 1939 年年底他就说过："《共产党宣言》我看了不下一百遍；每阅读一次，我都有新的启发。"毛泽东逝世后，工作人员在清理他床头上的书籍时，发现有六本《共产党宣言》，其中包括两本英文版《共产党宣言》，可见《共产党宣言》对毛泽东影响之深。邓小平同志在法国勤工俭学时，就开始学习《共产党宣言》，正是这本书使他由工业救国的爱国青年逐步成长为一个坚定的马克思主义者。在 1992 年南方谈话中，邓小平满怀深情地说："我的入门老师是《共产党宣言》和《共产主义ABC》"。《共产党宣言》也激励着革命家们投身革命、勇于斗争。1927 年大革命失败后，贺龙决定前往湘鄂西开展游击战，出发前，他带了两样东西，一是手枪，二是《共产党宣言》。周恩来对陈望道先生深情地说，当年长征的时候他就把《共产党宣言》当作"贴身伙伴"。彭德怀同志曾这样讲到《共产党宣言》对他的影响："以前我只是对社会不满，看不到有什么进行根本变革的希望。在读了'宣言'以后，我不再悲观，而是怀着社会是可以改造的新信念而工作。"其他许多老一辈革命家也都是因为阅读《共产党宣言》受其影响而走上革命道路、进而成为坚定的马克思主义者的。可以说，一本书影响了一群人，一群人改变了中国的命运。

如今，距离《共产党宣言》首部中文版的发行已经过了一百多年，在这百年里，仅成仿吾先生一人就五次翻译了《共产党宣言》，后来中央编译局的多位专家和翻译又数次对其重新修订。《共产党宣言》始终没有过时，它仍旧是每一个党员的必读书，也是每一个热爱中国共产党、热爱社会主义事业的中国人的必读书。2018 年，为纪念马克思诞辰 200 周年，中央编译局编辑出版"马克思恩格斯著作特辑"，其中《共产党宣言》单行本仅一年时间累计印数就达 39.2 万册。习近平总书记指出："《共产党宣言》揭示的人类社会最终走向共产主义的必然趋势，奠定了共产党人坚定理想信念、坚守精神家园的理论基础。""如果心里觉得不踏实，就去钻研经典著作，《共产党宣言》多看几遍。"

故事 讨论

1. 2008 年国际金融危机爆发后，人们又想起 100 多年前第一个系统分析资本主义经济危机的人——马克思，西方社会兴起一股马克思热。直到今天，前《汉堡商报》主编、现德国《经济周刊》专栏作家齐泽默仍旧在其著作中写道：宣言是如此有生命力，用以分析当今经济社会问题一点都不过时。你如何看待《共产党宣言》在当今时代的意义？

2. 1929 年，成仿吾翻译的一版《共产党宣言》译文被交给中共早期领导人物蔡和森，但后者在回国后不久就不幸牺牲，译稿也下落不明。《共产党宣言》在中国的传播历程让我们看到了李大钊、陈望道、成仿吾等老思想家和革命家的接力斗争，也承载和记录着革命先烈们的血泪与牺牲。对此你有什么感触？

原理分析

近代以来，中国陷入内忧外患的黑暗境地。在当时，国外有已经建立起资本主义制度的帝国主义国家虎视眈眈，国内有封建势力的压迫，为了拯救民族于危亡，日渐崛起的工人阶级与先进知识分子们迫切需要新的思想引领救亡运动，迫切需要新的组织凝聚革命力量。《共产党宣言》揭示了资本主义的内在矛盾，是指引无产阶级推翻旧社会、建立新社会的行动纲领与指南，对马克思主义的传播和工人阶级的运动都起着至关重要的作用，《共产党宣言》的翻译工作迫在眉睫。

在拿到各方提供的日译本和英译本《共产党宣言》后，陈望道接下了翻译《共产党宣言》的重任。在家乡一个小山村的破柴房里，陈望道废寝忘食地进行翻译工作，甚至因为投入到翻译中，误把墨水当成糖水喝了，还直呼"很甜"，也就此留下了"真理的味道非常甜"的故事。《共产党宣言》成为中共一大会议的思想源头，被多次重印并广泛传播，影响着一代代中国革命家们，留下了一个个动人的故事。

直到今天，《共产党宣言》仍旧是经典读物，坚定着共产党人的理想信念。《共产党宣言》在中国的翻译与传播历程时刻激励、鼓舞着我们，也给了我们很多启示。

第一，树立共产主义远大理想，在实践中推动社会主义开拓前进。

理想是指引人们奋斗方向的航标，也是推动人们前进的强大精神动力。理想信念是精神上的"钙"，是人的精神支柱和精神脊梁，是鼓舞人们前进和奋斗的强大精神动力。心中有信仰，脚下才会有力量。一个社会不能没有理想，一个人也不能没有理想。在战火纷飞的年代，正是对马克思主义坚定的信仰，才推动着陈望道在破旧的柴房里废寝忘食地翻译《共产党宣言》；也正是对共产主义的深刻认同，才让周恩来在长征途中把《共产党宣言》当作"贴身伙伴"。毛泽东、邓小平等领导人也在对《共产党宣言》的阅读中坚定了理想和信念。邓小平曾说："我们一定要经常教育我们的人民，尤其是我们的青年，要有理想。为什么我们过去能在非常困难的情况下奋斗出来，战胜千难万险使革命胜利呢？就是因为我们有理想，有马克思主义信念，有共产主义信念。我们干的是社会主义事业，最终目的是实现共产主义。"老一辈无产阶级革命家以坚定的理想信念、高度的建设热情和斗争意志，积极投身于实践当中，把社会主义大厦一砖一瓦地建设起来。

社会主义是在实践中开拓前进、不断发展的。社会主义是一种思想理论，也是一种理想目标，更重要的是，它是一种社会实践。要在遵循客观规律的前提下以自信担当、开拓奋进的姿态走向社会主义光明未来。《共产党宣言》在中国的传播经历了种种困难与挫折，但历史已经雄辩地说明，任何力量都阻挡不了社会主义前进的步伐。共产党人和人民群众要坚定理想信念，在实践中开拓前进，走向社会主义的光明未来。

青年一代的理想信念、精神状态、综合素质，是一个国家发展活力的重要体现，也是一个国家核心竞争力的重要因素。青年的个人理想必须同社会发展进步的大趋势相一致。党的十八大以来，中国特色社会主义进入新时代。这一崭新的时代，为当代青年特别是当代大学生提供了施展人生才华的极为有利的历史机遇。当代青年要从老一辈无产阶级革命家到新时代领导人的学习实践历程中，感受《共产党宣言》作为共产党人理论源头和行动指南的伟大意义，感受老一辈无产阶级革命家的执着和信仰，感受当代中国共产党无可比拟的信心和意志，感悟共产主义崇高理想，坚定理想信念，不断接续奋斗，为实现中华民族伟大复兴的中国梦而不断奋斗。

第二，社会主义事业的建设过程也是坚持真理和发展真理的过程。

《共产党宣言》是马克思和恩格斯为共产主义者同盟起草的纲领，是马克思主义的纲领性文献。《共产党宣言》用历史唯物主义观点阐明了原始土地公有制解体以来的全部历史都是阶级斗争的历史；对资本主义作了深刻而系统的分析，科学地评价了资产阶级的历史作用，揭示了资本主义的内在矛盾，论证了资本主义必然灭亡和共产主义必然胜利是人类社会发展的规律。《共产党宣言》论述了无产阶级作为资本主义掘墓人的伟大历史使命和建立共产主义新社会的奋斗目标，论述了共产党的性质、特点、基本纲领和策略原则，奠定了马克思主义建党学说的基础。《共产党宣言》批判了当时流行的各种社会主义流派，划清了科学社会主义与这些流派的界限，提出了"全世界无产者，联合起来!"这一战斗口号，为无产阶级争取自身解放的斗争提供了科学的理论指导，是马克思主义和工人运动相结合的典范。

　　《共产党宣言》的论证不诉诸阶级情感或价值取向，而是运用唯物史观深入揭示资本主义社会运行的机制及其内在矛盾。共产党人把共产主义作为自己的信仰，这种信仰是建立在对马克思主义的深刻理解之上，建立在对历史规律的深刻把握之上的。拥有马克思主义科学理论指导是中国共产党坚定信仰信念、把握历史主动的根本所在。理想高于现实，但不能脱离现实。基于严密的实践发展分析和理论逻辑论证，共产主义远大理想就有了深厚的实践源泉和坚实的理论基础。正如习近平总书记指出的，《共产党宣言》揭示的人类社会最终走向共产主义的必然趋势，奠定了共产党人坚定理想信念、坚守精神家园的理论基础。

　　在坚持科学社会主义基本原则的同时，也要善于把科学社会主义基本原则与本国实际相结合，创造性地回答和解决社会主义革命、建设、改革中的重大问题。紧跟时代和实践的发展，在不断总结新鲜经验中进一步丰富和发展科学社会主义基本原则。马克思主义产生于 19 世纪 40 年代的欧洲，要让它适用于中国社会、指导中国的革命实践，就要用马克思主义的立场、观点、方法来具体研究中国的历史和现状，具体解决中国革命的问题，制定出适合中国国情的路线、方针、政策。陈望道在翻译《共产党宣言》时，宁可付出比翻译其他作品多五倍的功夫，也要让《共产党宣言》的译本通俗化、大众化，让马克思主义得以在中国的土地上传播。后来，在中共一大的会议上，早期的共产党员们并没有照搬《共产党宣言》，而是根据中国当时的社会状况，以《共产党宣言》为参照，制定了《中国共产党纲领》。可以说，《共产党宣言》在中国的传播是马克思主义中国化的一个缩影。在今天，仍旧要在新时代的背景下，坚持守正创新，以科学的态度对待科学、以真理的精神追求真理，紧跟时代步伐，顺应实践发展，以满腔热忱对待一切新生事物，不断拓展认识的广度和深度，敢于说前人没有说过的新话，敢于干前人没有干过的事情，以新的理论指导新的实践。

　　总之，《共产党宣言》在中国的传播是马克思主义中国化的缩影，也是中国共产党不断追求真理、发展真理，在坚定的理想信念下建设社会主义事业的缩影。在科学规律和远大理想的指引下，中国共产党自成立之日起就把初心和使命书写在旗帜上，并为之进行不懈斗争。习近平指出："中国共产党人的理想信念，建立在马克思主义科学真理的基础之上，建立在马克思主义揭示的人类社会发展规律的基础之上，建立在为最广大人民谋利益的崇高价值的基础之上。我们坚定，是因为我们追求的是真理。我们坚定，是因为我们遵循的是规律。我们坚定，是因为我们代表的是最广大人民根本利益。"

教学建议

本案例适用于《马克思主义基本原理》第六章"社会主义的发展及其规律"第二节"科学社会主义基本原则"、第三节"在实践中探索现实社会主义的发展规律"，第七章"共产主义崇高理想及其最终实现"第三节"共产主义远大理想与中国特色社会主义共同理想"的教学。

讲授重点：通过《共产党宣言》的翻译和传播故事，让学生理解《共产党宣言》在中国的传播是历史与人民共同选择的结果，看到其背后蕴含的历史唯物主义原理，并在此基础上掌握将社会存在与社会意识辩证关系原理运用于实际的方法论，懂得任何大政方针政策都要从我国基本国情出发。同时，在讲授的过程中回望建党以来的百年艰辛历程，坚定理想信念。

实践探索：马克思、恩格斯在《共产党宣言》中曾对未来社会有相应的预言，结合当代中国的现状，探究其中的变与不变。

1. 二十大报告指出，推进马克思主义中国化、时代化是一个追求真理、揭示真理、笃行真理的过程。在学习了《共产党宣言》的传播故事后，你对这句话有什么新的理解和感悟？

2. 怎样把自己的理想同新时代中国特色社会主义共同理想结合起来？

参考文献

[1] 中共中央马克思恩格斯列宁斯大林著作编译局. 马克思恩格斯选集：第 1 卷［M］. 北京：人民出版社，2012.

[2] 习近平. 习近平谈治国理政：第 2 卷［M］. 北京：外文出版社，2017.

延伸阅读：

1. 贺团卫. 民主革命时期《共产党宣言》在中国的翻译与传播研究［M］. 北京：中国社会科学出版社，2018.

2. 张亮，乔茂林.《共产党宣言》传播史［M］. 南京：江苏人民出版社，2018.

最美逆行者*
——科学社会主义在中国的真实展现

王　涵

临危受命

2020 年农历新年前，成都尚且沉浸在迎接新年的氛围中，四处张灯结彩、喜气洋洋，人们忙着购买年货、准备春节出行的行装，然而就在成都市中心、国学巷 37 号，这场新冠肺炎阻击战，早已经悄悄打响……

2020 年 1 月 16 日，四川省卫健委召开医政会议，通报国家卫健委关于武汉出现新冠病毒疫情的通知，并提出防控要求。四川大学华西医院第一时间做出快速响应，制定《四川大学华西医院防治新型冠状病毒肺炎的应急预案》、成立防控工作领导小组及医疗救治专家组，部署工作。

2020 年 1 月 17 日全院正式启动应急预案，将发热门诊升级为 24 小时发热门诊；腾空传染科 15 个房间，用于疑似患者的隔离观察；在门诊、急诊全面实施 3 级预检分诊；紧急购置检测新型冠状病毒的试剂盒开展检测；组建院内、院外会诊专家团队，开展首次发热门诊医师新冠肺炎防治与个人防护培训。

2020 年 1 月 22 日，四川大学华西医院派遣专家团队奔赴广安和成都市公共卫生临床医疗中心，指导新冠肺炎病人治疗。

---

* 故事来源：根据四川大学华西医院官网所发布新闻集合撰写。

2020 年 1 月 23 日四川大学华西医院腾空传染科所有病床收治新冠肺炎患者，当日一级护理患者 39 人，病危患者 33 人。从 18 时到 22 时仅用了 4 个小时腾空病房，当日收治新冠肺炎疑似患者 16 人。

同时为应对春节期间可能增加的来院病例，全院各科室全力配合下，已累计腾空 44 间传染病房作为隔离病房。同步建立了常态化分析研判的工作机制，每天下午 15：00 多部门联动对疫情防控形势进行分析研判。进一步扩充隔离病房，呼吸与危重症医学科—结核病房制定"只出不进，48 小时腾空"的方案，作为预备隔离病房。

挺身而出

2020 年 1 月 25 日（正月初一），华西医院感染专家按照国家卫健委指示率先赶赴武汉协助管控工作，是四川省首位抵达武汉的医疗专家。随着四川省第一批医疗队奔赴武汉，华西医院由此进入"战疫"时间；医院按照领导小组制定的"双轨制"和"三线作战"要求，全面进入战时应急状态。医院党委当即要求：全体干部取消春节外地休假，立即回成都待命，疫情相关科室和部门全体人员取消休假，坚守工作岗位，投入抗疫工作。2020 年 1 月 26 日下午，四川大学华西医院利用 5G 通信技术对成都市公共卫生临床医疗中心两例重症新冠肺炎患者进行了多学科联合会诊，成为全国首例利用 5G 通信技术远程会诊新冠肺炎重症患者案例。2020 年 1 月 29 日，四川大学华西医院选派 11 位专家组成第二支医疗队，派驻四川省定点收治医院——成都市公共卫生临床医疗中心开展工作。

新冠疫情暴发以来，焦虑、恐慌等负面情绪在民众中不断蔓延。为了帮助民众缓解心理压力，及时提供心理援助和心理支持，助力疫情防控，四川大学华西医院与四川科学技术出版社通力合作，抢抓时间，仅花 4 天时间，便紧急推出了全国第一本针对疫情的心理防护图书——《新型冠状病毒大众心理防护手册》，同时在线上发布电子版，供人们免费阅读。

紧急出版的《新型冠状病毒大众心理防护手册》

2020年2月2日（正月初九），四川大学华西医院第二批10名医护专家组成的医疗队从医院出发，作为国家援鄂抗疫医疗队赴武汉开展救治工作。

2020年2月6日，在全国抗击疫情的危难关头，本着"一方有难，八方支援"的社会主义互助精神，四川大学华西医院再次组建包括30名医师、99名护士和1名后勤保障人员的第三支援鄂医疗队火速驰援武汉。这是华西历史上规模最大的成建制外派医疗队。之后，不断有党员同志提交"请战书"，主动出征武汉，驰援疫情一线，争前恐后地迎着疫情逆行而上，用实际行动展示医者的责任担当和华西人的家国情怀。

在武汉医疗资源供需矛盾突出的艰难时期，四川大学华西医院向武汉协和医院、武汉同济医院、武汉大学人民医院捐赠了16台全新无创呼吸机和25套呼吸管路，极大地提高了新冠肺炎危重症患者的治愈率，守护了人民的生命健康。

在这场没有硝烟的"战疫"中，四川大学华西医院的党员同志们奋勇争先、不计报酬、不论生死，发挥着基层党组织战斗堡垒的作用和共产党员的先锋模范作用。

"这是一项神圣而光荣的使命，作为一名党员，时刻准备着，我要用自己的知识和经验战斗在抗疫第一线，和所有战疫人员一起为人民的健康筑起一道保护屏障！"在收到成为医院第四批援鄂医务人员的任务后，护士朱玲激动地说道。

2020年2月22日，四川大学华西医院牵头研制的包括新冠肺炎病毒在内的"呼吸道病毒（6种）核酸检测试剂盒（恒温扩增芯片法）"获国家药监局第2批新型冠状病毒应急医疗器械审批批准，1.5小时内可一次性检测包括新冠肺炎病毒在内的6种呼吸道常见病毒。这是国内首个新冠肺炎病毒芯片检测系统，也是当时唯一的含新冠肺炎病毒在内的呼吸道多病毒指标（6项）核酸检测试剂盒。

新冠疫情暴发以来，四川大学华西医院在上级党委的正确领导下，快速反应、积极行动、科学防治；院党政领导和共产党员冲锋在前，全院职工紧密团结、奋勇前进，在武汉前线支援、四川疫情防治、政府决策参谋等方面做了大量卓有成效的工作。四川大学华西医院在此次抗击新冠肺炎疫情的战斗中获得了人民的认可和国家的肯定，在全国抗击新冠肺炎疫情表彰大会上，荣获全国抗击新冠肺炎疫情先进集体，6名个人获得表彰。

故事 讨论

1. 新冠肺炎疫情暴发以来，四川大学华西医院在保障日常医疗工作有序运转的同时，除坚守本地抗疫外，还先后派出医务人员奔赴全国各地助力抗疫。公立医院及其医务人员在关键时刻为什么可以挺身而出？对此你有什么思考？

2. 面对突如其来的新冠肺炎疫情，各地坚决贯彻中央决策部署，统一调度，提倡人民至上，生命至上，为挽救生命，守护人民健康，不讲条件、不计成本、不折不扣落实各项防疫措施，全国人民众志成城、团结一心，对此你有什么感触？

 原理 分析

人民至上是马克思主义的政治立场。面对新冠肺炎疫情，中国共产党坚持

以人民为中心的基本方略，尽最大努力保护人民生命安全和身体健康，最大限度减少了疫情对经济社会发展的影响，有力彰显了科学社会主义追求人的解放的最高价值目标与社会主义现代化建设以人民为中心的价值取向。

其一，坚持基本医疗卫生事业的公益性，坚持公立医院的主体作用。

马克思主义认为，生产资料所有制是生产关系的核心，决定着社会的基本性质和方向。科学社会主义的逻辑起点是社会化生产及其发展而产生的资本主义基本矛盾，即社会化生产与生产资料资本家私人占有的矛盾。这个基本矛盾在经济上表现为，个别工厂生产的有组织性和整个社会生产的无政府状态之间的对立。从这个逻辑起点出发，解决问题的方法就是生产资料公有制。强调坚持基本医疗卫生事业的公益性，坚持政府主导，加大对公立医疗卫生机构的建设力度和公益医疗服务体系的支撑，强化对公立医疗卫生机构的领导、保障、管理和监督，让广大人民群众就近享有公平可及、系统连续的预防、治疗、康复、健康促进等健康服务。四川大学华西医院在中国共产党的领导下，调集最优秀的医务人员、最急需的医疗物资、最先进的医疗设备在最短时间内驰援新冠疫区，实现了医疗资源和物资供应从紧缺向动态平衡的跨越式提升。坚持公有制的主体地位不动摇、公立医院的主导地位不动摇，才能保证我国各族人民共享卫生事业发展成果。

其二，大力发展卫生健康事业的根本是以人民健康为中心。党的十八大以来，作为马克思主义传承人的中国共产党，把维护人民健康摆在更加突出的位置，持续改善人民健康状况和基本医疗卫生服务的公平性，彰显出强烈的使命担当和始终不变的民生关切。习近平总书记在讲话中指出："人民健康是社会文明进步的基础，是民族昌盛和国家富强的重要标志，也是广大人民群众的共同追求。"2020年新冠疫情肆虐全球，《"健康中国2030"规划纲要》指导下的新时代中国医疗卫生体系经受住了严峻的考验。与此同时，我国兼顾统筹经济社会发展工作，抓紧恢复生产生活秩序，取得显著成效。四川大学华西医院落实科学社会主义人民至上、生命至上的宗旨意识，将其转化成守卫人民健康的切实行动，集中体现了中国人民深厚的仁爱传统和中国共产党人以人民为中心的价值追求。

其三，人民健康是满足人民美好生活需要的奋斗目标。突如其来的新冠疫情蔓延全球，引发了人类自二战以来最严重的全球公共卫生突发事件。此类突发急性传染病和近年来不断增多的脑血管疾病、缺血性心脏病、癌症、慢阻肺（COPD）及精神疾病等交织在一起，使得健康已成为人民群众最为关心的事情。四川大学华西医院加快提升卫生健康供给质量和服务水平，满足人民群众持续快速增长的多层次、多样化的健康需要，不仅是满足人民对美好生活需要的需求，也是践行全心全意为人民服务的根本宗旨。共产主义的理想信念和社会主义国家制度客观要求我们在守卫人民健康面前，必须不惜一切代价，也能够做到不惜一切代价。

其四，科学社会主义原理的旗帜决定方向，方向决定道路，道路决定命运。当代中国的方向就是中国特色社会主义方向。在推进卫生健康事业发展的过程中，坚持以人民为中心的发展思想，坚持人民至上、生命至上，完善国民健康政策，保障公共卫生安全，深入开展爱国卫生运动，加大公共卫生建设投资，强化实验室检测以及医疗机构应急救援的能力，持续破解就医难问题，对国家医学中心、区域医疗中心和县级医院加强建设，从而实现优质医疗资源的扩容和区域的均衡布局，实现从源头上预防和控制重大疾病，实现从以治病为中心转向以健康为中心，努力为人民群众提供全方位、全周期健康服务。决定一个政权或政党兴衰成败的根本因素是人心向背，而如何正确认识和处理人民群众关心的问题则是凝聚民心过程的关键一环。中国共产党十分重视人民群众的呼声，切实解决人民群众的实际困难。人民群众利益无小事。只有时刻把人民的安危冷暖挂在心上，考虑到人民生产生活面临的各种困难并带着深厚感情解决好，广大人民群众才会从内心深处生出"跟党走"和"跟党干"的强烈愿望和激情。

其五，以核心技术的创新突破赋能卫生健康事业的发展。马克思曾指出，机器生产的发展要求自觉地应用自然科学，"生产力中也包括科学"。劳动生产力是随着科学和技术的不断进步而不断发展的。中国共产党由此提出了"科学技术是第一生产力"的重要论断。国际经验表明，医疗卫生事业要迈向高端，根本上靠的是核心技术的创新突破。美国、德国、英国等西方国家之所以长期保持医疗卫生强国的地位，根本原因就是在药品、医疗器械、疫苗等关键领域的核心技术上始终保持领先。核心技术是国之重器，是我们最大的命门，核心技术受制于人是我们最大的隐患。发达国家在一些关键技术与核心产品上还对我国实施出口管制，因此集中力量加强核心技术攻关是实现人民健康战略的关键举措。当前，医疗机器人、云计算、人工智能、量子通信、物联网、区块链、生物新材料等领域显现革命性突破的先兆，四川大学华西医院抓住机遇，以核心技术的创新突破赋能卫生健康事业的发展。与此同时，高度重视新一代信息技术，加快推进信息化建设，构建全民健康信息平台，促进健康医疗大数据应用，拓展"互联网＋医疗健康"服务领域，提升医疗卫生健康服务管理水平。

教学建议

本案例适用于《马克思主义基本原理》第六章"社会主义的发展及其规律"中关于科学社会主义的教学。

讲授重点：通过案例，让学生理解科学社会主义理论的产生，分析社会主义理论是如何从空想变为科学的，理解科学社会主义从理论到实践的转化，充分认识科学社会主义为什么好。

实践探索：请学生分析除医疗卫生行业外，还有哪些行业属于公有制经济不可动摇的行业。通过对相关行业发展现状和主要问题的分析，帮助学生进行未来职业生涯的规划。

学习思考

1. 新冠肺炎疫情的冲击给公立医院高质量发展带来了哪些新思考、新课题？未来公立医院在构建我国公共卫生服务体系中要扮演好什么样的角色？

2. 突如其来的新冠肺炎疫情，是百年来全球发生的最严重的传染病大流行。在这个危难关头，党中央坚持把人民生命安全和身体健康放在第一位，带领全党全军全国各族人民打响疫情防控的人民战争、总体战、阻击战，最终取得胜利。请谈谈你对人民至上、生命至上的理解。

[1] 程永忠，廖浩君. 青年战"疫"：华西医者的仁心与担当［M］. 成都：四川教育出版社，2021.

［2］基鹏. 基鹏医生的抗疫纪事［M］. 成都：天地出版社，2021.

延伸阅读：

1. 四川省人民政府新闻办公室，四川省地方志工作办公室. 生命至上：四川抗击新冠肺炎疫情实录［M］. 北京：方志出版社，2021.

2. 曾勇，蒋艳. 天使的力量：新冠战"疫"中的华西护士［M］. 成都：四川科学技术出版社，2021.

探索乡村振兴新样本之"稻乡渔歌"[*]
——社会主义在中国焕发出强大的生机活力

张心语

乡村振兴下的"网红村"

"民族要复兴，乡村必振兴"，乡村振兴是我国全面建设社会主义现代化国家、实现第二个百年奋斗目标的重要历史任务。据《中国休闲农业与乡村旅游市场前瞻与投资战略规划分析报告》显示，自 2012 年到 2018 年，我国乡村旅游收入呈逐年增长的趋势。根据《全国乡村产业发展规划（2020—2025 年)》，到 2025 年，我国休闲农业和乡村旅游的经营收入有望超过 1.2 万亿元。在成都西部，西岭雪山脚下，便有一个乡村振兴的成都样本。

这里是远近闻名的"网红村"——祥和村，也是成都市唯一入围农业农村部 2020 年中国美丽休闲乡村推介名单的乡村。春天的祥和村，灿烂动人的桃花、一望无际的油菜花开得正盛，远道而来的大小朋友在田间嬉戏玩耍，俨然一幅美好的乡村画卷。绘就这张画卷的正是"乡村振兴"战略，它给予了中国田园乡村看得见的未来。几年前，祥和村还只是成都市众多普通乡村中的一员。这几年，乡村旅游成为全域旅游下一大亮点，更成为拉动地区经济的新增长点，祥和村也因此旧貌换新颜。

---

[*] 故事来源：吴志明，周森葭. 林盘牵引——大邑公园城市的乡村表达 [J]. 当代县域经济，2022（3)：37—41.

2016 年，祥和村引入社会资金，通过打造稻乡渔歌现代农业产业园，积极探索着公园城市的乡村表达。据统计，近年来稻乡渔歌现代农业产业园年均接待游客达 32 万人次，目前已为 1000 多户农户、3000 多位村民提供创业扶持、就业岗位，2019 年人均可支配收入达 2.6 万元。祥和村也因此获评"2020 年中国美丽休闲乡村""成都市乡村振兴十大案例"。

发展中的稻乡渔歌现代农业产业园

祥和村的稻乡渔歌现代农业产业园以自然肌理为本底，以新生活场景营造为契机，全面践行新发展理念，打造郊野型公园城市社区。走进如今的祥和村，如同走进了一个美轮美奂的乡村公园。诗情画意的山水田园场景、吃住赏玩乐集成的产业场景、绿色的生态场景、优质的服务场景等各类社区场景集成展示，"川西林盘＋湿地＋绿道＋农田大地景观"的郊野型公园城市社区已基本成型。产业园的发展主要依赖于以下三条路径。

首先，以新消费场景营造为驱动，建设城乡融合发展试验区。新农民与本土乡民共生发展，建设城乡要素双向流通的城乡融合发展试验区。以"农业示范＋冷链分拣＋电商配送"为核心模块建立供应链，实现农业产品的城乡联通。通过民宿运营平台整合，实现旅游消费的城乡互通。通过青年创业中心以及各类专业合作社，孵化本土大学生创业，建立青农返乡创业、农科人才下乡创业平台，实现人才的城乡流通。与知名高校携手，通过乐农学院推动产业工人培训，实现劳动力双向互通。以"稻乡渔歌"艺术中心为平台，汇聚天府艺术精英，发展文创集市，吸引文创产业要素下乡，实现田园产业文化复兴与反哺。在祥和村，村货进城、人才下乡、投资下乡的要素双向流通融合已基本达成。

其次，以生态价值转化为驱动，推动农商文旅体深度融合发展。祥和村通过"打造农业产业园，推进农业多产化""创建创业孵化园，推进资源品牌化""构筑精神家园，推进生态文创化""塑造大美田园，推进农村景区化"等举措，推进农商文旅体融合发展，走出了一条绿色发展之路。

最后，社企共生，扶持集体经济持续健康发展。社企共生，意在打造经济共同体，扶持集体经济持续健康发展。围绕"稻香渔歌"综合体项目，祥和村推动"资产变资源，资源引资本"的实现，促进企业、人才、项目落地发展、相融共生。产业园采取"合作社＋公司＋职业经理人"模式进行规模化种植，以土地流转租金的 70％ 作为保底收入、30％ 入股分红的方式，实现农民收入结构多元化。产业园与村委会共建乡创平台，积极开展电商、藤编、民宿、乡建等主题培训，为当地提供就业岗位近千个，有效助农增收。产业园与属地政府农投公司搭建集体资产合作平台和乡村物业服务平台，盘活集体闲置宅基地等资产，引入核心商家投入经营，村集体以资产作价入股，享受固定收益权益及股权收益，形成集体＋政府＋企业的共建共治共享模式。

稻乡渔歌现代农业产业园让新老村民相融共生

王玉龙是稻乡渔歌现代农业产业园所在地董场街道的居民。"在外面闯荡了多年后，我还是选择回到了走路 5 分钟就可到家的地方上班，主要负责园区内包括民宿、林盘在内的各类维保工作。"他说，"我对现在的工作和生活很满意，土地流转后能收租金，国家还会发农保基金，相比之下，在家门口上班的综合收入比外出打工高很多，最主要的是能照顾好家。"沙渠街道有关负责人介绍说，祥和村推动发展与治理的深度融合，实现村委会、村民、公司及社会组织的合作模式由以前的"利益驱动"转变为"生活共同体"。"稻乡渔歌来了以后，我们的基础设施、生产生活得到了很大的改观。老百姓很满意，今后还会更美好。"共生经济的发展引发了祥和村一系列"连锁反应"：村民收入持续增加，收入结构更加多元，量大且质优的就业岗位在当地掀起了返乡热潮，基础设施、生产生活得到了极大的改善。

成都市全面推进乡村振兴，促进农民农村共同富裕

2021 年中央农村工作会议强调，要"牢牢守住保障国家粮食安全和不发生规模性返贫两条底线，扎实有序推进乡村发展、乡村建设、乡村治理重点工作"。巩固拓展脱贫攻坚成果，确保不发生规模性返贫是实现乡村振兴的基础，也是我国作为人口大国发展的"安全线"。下一步，我们要直面巩固拓展脱贫攻坚成果同乡村振兴有效衔接的诸多问题，积极适应新部署新要求，聚力发展

现代化乡村产业，全力增加脱贫群众收入，努力补齐乡村建设和乡村治理短板，不断缩小收入差距、城乡差距、发展差距，努力跑出乡村振兴中国加速度，实现农业变强、农村变美、农民变富。

成都市为了全面推进乡村振兴，促进农民农村共同富裕，提出了以下五点政策建议。

一是建立健全城乡要素合理配置的体制机制。进一步健全农业转移人口市民化机制，制定完善城市人才下乡入乡的财政金融、社会保障、创新创业等激励政策，改革完善农村承包地制度和集体经营性建设用地入市制度，稳慎推进农村宅基地制度改革，深化普惠金融改革，健全社会资金入乡促进机制，引导各类要素更多向乡村流动，努力在乡村形成人才、土地、资金、科技和产业汇聚的良性循环，为乡村振兴注入新动能、新活力。

二是建立健全城乡基础设施一体化发展的体制机制。把公共基础设施建设重点放在乡村，建立道路、供水、供电、信息、广播电视、防洪和垃圾污水处理等基础设施一体化规划、建设和管护机制，鼓励和支持 5G 基站、轨道交通、新能源汽车充电桩、大数据中心、人工智能等新基建在乡村重点区域加快布局，推动乡村基础设施提档升级。

三是建立健全城乡基本公共服务普惠共享的体制机制。深化城乡教育联合体、教师"县管校聘"等改革，完善城乡教育资源均衡配置机制，进一步完善统一的城乡居民基本医疗保险、大病保险和基本养老保险制度，大力推进乡村公共医疗卫生体系、文化服务体系提档升级，推动公共服务向农村延伸、社会事业向农村覆盖，逐步推进城乡基本公共服务标准统一、制度并轨。

四是建立健全乡村经济多元化发展的体制机制。完善农业支持保护制度，落实农业主体功能区制度，依托"互联网＋"和"双创"推动农业生产经营模式转变，积极探索生态产品价值实现机制，健全乡村文化保护利用机制，大力发展都市现代农业，健全乡村旅游、休闲农业、民宿经济、农耕文化体验、健康养老等新业态培育机制，促进乡村经济多元化和农业全产业链发展。

五是建立健全农民收入持续增长的体制机制。强化多元就业，健全城乡均等的公共就业创业服务制度，统筹推进农村劳动力转移就业和就地创业就业。强化产业带动，大力发展特色高效农业，培育壮大新型农业经营主体，带动农民发展现代农业、带动农民持续增收。深化农村集体产权制度改革，发展新型农村集体经济，推动资源变资产、资金变股金、农民变股东。巩固拓展脱贫攻坚成果同乡村振兴有效衔接，扎实抓好动态监测、"百村"帮扶等重点措施落实，促进农民农村共同富裕。力争到"十四五"末期，农村居民人均可支配收入力争突破 40000 元，城乡收入比缩小到 1.8∶1 以内。

故事 讨论

1. 入选成都市"十大最美川西林盘"的稻乡渔歌现代农业产业园到底有什么独特之处？是如何在乡村振兴中开辟出一种独特模式？给乡村带来了怎样的改变？

2. 农业在新形势下通过产业调整如何走出新的发展之路？

原理 分析

2016 年，祥和村引入社会资金，通过打造稻乡渔歌现代农业产业园，积极探索着公园城市的乡村表达。据统计，近年来该产业园年均接待游客达 32 万人次，目前已为 1000 多户农户、3000 多位村民提供创业扶持、就业岗位，2019 年人均可支配收入达 2.6 万元。祥和村也因此获评"2020 年中国美丽休闲乡村"、"成都市乡村振兴 | 人案例"。

由祥和村的蜕变可以发现，社会主义在中国焕发出强大的生机活力。中国共产党领导人民经过 28 年艰苦卓绝的革命斗争，于 1949 年 10 月 1 日建立了中华人民共和国。党中央带领全国各族人民，在医治战争创伤、恢复国民经济的基础上，经过社会主义改造，建立起社会主义基本制度。此后，党领导人民努力探索中国自己的社会主义建设道路，成功开辟和发展了中国特色社会主义道路。党的十八大以来，以习近平同志为核心的党中央以强烈的历史担当、高超的政治智慧和顽强的意志品格，团结带领全国人民统筹推进"五位一体"总体布局，协调推进"四个全面"战略布局，推动当代中国取得了历史性成就，发生了历史性变革。党的面貌、国家的面貌、人民的面貌、军队的面貌、中华民族的面貌发生了前所未有的变化。中国特色社会主义进入新时代，意味着近代以来久经磨难的中华民族迎来了从站起来、富起来到强起来的伟大飞跃，迎来了实现中华民族伟大复兴的光明前景；意味着科学社会主义在 21 世纪的中国焕发出强大生机活力，在世界上高高举起了中国特色社会主义伟大旗帜；意味着中国特色社会主义道路、理论、制度、文化不断发展，拓展了发展中国家走向现代化的途径，给世界上那些既希望加快发展又希望保持自身独立性的国家和民族提供了全新选择，为解决人类问题贡献了中国智慧和中国方案。而乡村振兴正是新时代坚持和发展中国特色社会主义的重大课题，事关建设社会主义现代化强国的战略全局和中华民族伟大复兴的历史伟业。推动乡村实现全面振兴，既是一项开启乡村现代化新征程的创世之举，也是百年乡村建设运动中最为伟大的社会实践，对"建设什么样的乡村""怎样建设乡村"等根本性问题做出了时代回答。

稻乡渔歌现代农业产业园正是在这一背景下的生动实践。稻乡渔歌现代农业产业园的发展思路非常清晰，以农业和商业为基底，以教育和旅游作为"流量担当"，再通过健康和文化产业为项目赋能，提高消费溢价，这正是它不同于其他田园产业项目的魅力所在。如果说只有深入推进农商文旅体融合发展，乡村才具有持续发展动力，那么，为更多的人提供深入乡村创业的机会与保障，则是破解乡村振兴"人才难题"，推动乡村振兴的关键。

社会主义在中国焕发出强大的生机活力还体现出中国共产党坚持马克思主义不动摇，具体表现在以下两方面：

一是坚持一切从实际出发，实事求是。马克思主义认识论揭示了人类认识的本质和发展的一般规律，为人类正确认识世界和改造世界指明了科学的道路，它是中国共产党思想路线的理论基础。一切从实际出发，就是要把客观存在的事物作为观察和处理问题的根本出发点，这是马克思主义认识论的根本要求和具体体现。中国共产党在领导人民进行革命、建设、改革的长期实践中，逐步形成和确立了一条正确的思想路线，其基本内涵是：一切从实际出发，理论联系实际，实事求是，在实践中检验和发展真理。这条思想路线是中国共产党对马克思主义理论发展做出的重大贡献，其核心是实事求是。2016 年，"公园城市"还没有成为成都的建设目标，"全球唯一能够遥望 5000 米以上雪山的千万级人口城市"这一特殊的地理标签还没有被充分挖掘，而"稻乡渔歌"却悄然选择了大邑，驻守在雪山脚下。"稻乡渔歌"距成都市主城区约 35 公里，距安仁古镇约 8 公里，距西岭雪山约 21 公里，北侧紧邻成温邛快速路，东侧紧邻成都第二绕城高速，占据着有利地理位置。这里有川西最丰富多样的自然资源，更是川西林盘的发展源头。事实也证明，这个约 15000 亩的产业园，并没有辜负得天独厚的自然优势，不仅成为集"生态农业、康养休闲、乡村旅游、文创体验"为一体的综合性田园休闲旅游度假基地，甚至还成为大邑乃至成都农商文旅体健康田园多元化产业生态圈样板。这正是该项目从实际出发，以实事求是为原则进行多方考量的结果，它的选址和产业模式制定，与乡村振兴、成都公园城市的发展定位，乃至大邑"雪山下的公园城市"的符号标签，也在战略上保持着高度的一致性。

二是坚持人民群众是社会历史的主体，是历史的创造者。这是马克思主义最基本的观点之一。从质上看，人民群众是指一切对社会历史发展起推动作用的人；从量上看，人民群众是指社会人口中的绝大多数。人民群众是一个历史范畴。在不同的历史时期，人民群众有着不同的内容，包含着不同的阶级、阶层和集团，但其中最稳定的主体部分始终是从事物质资料生产的劳动群众。在当代中国，全体社会主义劳动者、社会主义事业的建设者、拥护社会主义的爱国者、拥护祖国统一和致力于中华民族伟大复兴的爱国者都属于人民群众的范畴。在社会历史发展过程中，人民群众起着决定性的作用。人民群众是社会历史实践的主体，在创造历史中起决定性的作用。人民群众创造历史的作用是同社会基本矛盾运动推动社会前进的过程相一致的。在社会基本矛盾的解决过程中，人民群众是顺应生产力发展要求的社会力量，是具有变革旧的生产关系愿望的社会力量，是主张变革旧的社会制度和旧的思想观念的社会力量。人民群众的总体意愿和行动代表了历史发展的方向，人民群众的社会实践最终决定历史发展的结局。而稻乡渔歌现代农业产业园所在的大邑县，政府坚持农商文旅体融合发展，在绿色生态价值转化、城乡协同发展、农村集体土地入市、城乡人口迁徙、助农增收等方面已做出了有益探索，促进农业增效、农民增收。当地正在加快建设稻乡渔歌农业主题公园、葡萄文化公园等精品项目，促进农业与生态旅游、科普教育、健康养生、文化传承等"农业＋"多业态融合，强化"天府春耕节""大邑葡萄嘉年华"等农业节庆活动；积极实施返乡创业能力提升行动，搭建青年大学生、退伍军人、农民工返乡创新创业平台；引导农户自愿以土地经营权入股新型经营主体，通过利润返还、保底分红、股份合作等形式，促进农民多环节增收，确保农村居民可支配收入增长。这一系列实践充分反映和顺应了人民群众的根本利益诉求,深刻阐明了中国共产党作为执政党的历史使命,进一步明确了实现人民对美好的生活向往的奋斗目标。

教学建议

本案例适用于《马克思主义基本原理》第六章"社会主义的发展及其规律"第一节第三目"社会主义在中国焕发出蓬勃生机"的教学。

讲授重点:通过案例分析,让学生明白,坚持中国特色社会主义应从我国实际出发。从整体上来看,我国是不折不扣的农业大国。所以,党的十九大将乡村振兴列为决胜全面建成小康社会的七大战略之一,而且每年的中央一号文件都是关于三农问题的,这表明国家在深刻地关切农民农村问题。农村的发展要依靠内生动力,乡村振兴战略对于农村而言就是一个机遇。要通过课程讲授,让学生深刻认识到"乡村振兴"不只是一个口号。

实践探索:请学生结合自己家乡,谈谈乡村振兴给家乡的生活带来了哪些改变,以及这些改变对自己有哪些影响。

1. 习近平总书记在党的二十大报告中强调:"全面推进乡村振兴。坚持农业农村优先发展,坚持城乡融合发展,畅通城乡要素流动。扎实推动乡村产业、人才、文化、生态、组织振兴。"请就乡村振兴战略谈谈你的看法。

2. 作为大学生,你可以为乡村振兴做点什么?

参 考 文 献

[1] 陈泳,李萌. 《成都市实施乡村振兴战略若干政策措施(试行)》出台[EB/OL]. (2018-4-12)[2022-12-30]. http://cddrc. chengdu. gov. cn/cdfgw/fzggdt/2018-04/12/content_ 7c6ae41f17ed48db8a3032acd1390171. shtml.

[2] 成都市发展和改革委员会. "稻乡渔歌",人城产和谐共生[EB/OL]. (2021-1-14)[2022-12-30]. http://cddrc. chengdu. gov. cn/cdfgw/ztlm032001004/2021-01/14/content_ 9b961902c187442d94036837d2ada6b7. shtml.

[3] 吉燕. "稻乡渔歌",这个最美川西林盘,用艺术焕新农农业[EB/OL]. (2020-11-12)

[2022－12－30]. https：//baijiahao. baidu. com/s? id＝16831656867987702988&wfr＝spider&for＝pc.

延伸阅读：

1. 魏后凯，苑鹏，芦千文，等. 走融合共享的内生型乡村振兴之路：来自四川省成都市郫都区的探索［M］. 北京：中国社会科学出版社，2021.

2. 马彦伟. 重塑田园：乡村振兴战略下的新农人返乡手记［M］. 北京：商务印书馆，2022.

新时代十年伟大变革：保持永远在路上的坚定执着[*]
——科学社会主义基本原则与中国特色社会主义

朱媛沅

2012 至 2022，十年恢宏实践，因成就非凡而愈发浓墨重彩；十年伟大征程，因艰苦卓绝而更显荡气回肠。党的十八大以来，以习近平同志为核心的党中央统揽伟大斗争、伟大工程、伟大事业、伟大梦想，坚持稳中求进工作总基调，出台一系列重大方针政策，推出一系列重大举措，推进一系列重大工作，战胜一系列重大风险挑战，解决了许多长期想解决而没有解决的难题，办成了许多过去想办而没有办成的大事，推动党和国家事业取得历史性成就、发生历史性变革。新时代十年的伟大变革，在党史、新中国史、改革开放史、社会主义发展史、中华民族发展史上具有里程碑意义。

万山磅礴有主峰

新时代十年伟大成就，是在以习近平同志为核心的党中央坚强领导下、在习近平新时代中国特色社会主义思想指引下，全党全国各族人民团结奋斗取得的。

鄂尔多斯高原之北，横卧着长约 360 公里、总面积 1.86 万余平方公里的中国第七大沙漠——库布齐沙漠。曾经，这里寸草不生、风沙肆虐，"白天屋

---

　*　故事来源：左瀚嫡，段相宇：新时代十年伟大变革［N］. 中国纪检监察报，2022－10－16（4）.
根据内容编写要求和最新数据变化，对原文中相应表述做稍许删减和修改。

里点明灯，夜晚沙堵门"，是沙区百姓生活的真实写照。从"沙进人退"到
"绿进沙退"，"绿水青山就是金山银山"的中国智慧，在苍凉大漠中创造了新
时代的中国奇迹。党的十八大以来，治沙速度以一年超过以往十年的步伐快速
推进，如今的库布其，三分之一的黄沙披上绿装，成为世界上唯一被整体治理
的沙漠。

任何一项伟大事业，都是在继往开来中向前推进的。2012 年，以习近平
同志为核心的党中央接过了历史的接力棒，此时，世界百年未有之大变局加速
演进，中国也来到实现民族复兴新的历史关口。在十八届中央政治局常委同中
外记者见面时，习近平总书记庄严宣示："人民对美好生活的向往，就是我们
的奋斗目标。"

善弈者谋势，善治者谋全局。党的十八大以来，中国特色社会主义事业
"五位一体"总体布局、"四个全面"战略布局落子布势，擘画出新时代的发展
蓝图。华北大地，承载着 1 亿多人口的北京、天津、河北，如同一朵花上的花
瓣，瓣瓣不同，却瓣瓣同心。打破"一亩三分地"思维定式，习近平总书记亲
自谋划、亲自部署、亲自推动京津冀协同发展战略。北京以南约 100 千米，
"未来之城"雄安新区的轮廓愈发分明；八达岭长城脚下，詹天佑当年主持修
建的京张铁路与北京冬奥会配套交通工程京张高铁在此交会，组合成一个醒目
的"大"字。

京津冀协同发展

大党，大国，大擘画，大思想。"新时代坚持和发展什么样的中国特色社
会主义、怎样坚持和发展中国特色社会主义""建设什么样的社会主义现代化
强国、怎样建设社会主义现代化强国""建设什么样的长期执政的马克思主义

政党、怎样建设长期执政的马克思主义政党"……以习近平同志为主要代表的中国共产党人，坚持把马克思主义基本原理同中国具体实际相结合、同中华优秀传统文化相结合，坚持毛泽东思想、邓小平理论、"三个代表"重要思想、科学发展观，深刻总结并充分运用党成立以来的历史经验，从新的实际出发，创立了习近平新时代中国特色社会主义思想，实现了马克思主义中国化新的飞跃。

2016年金秋，党的十八届六中全会召开，明确了习近平总书记党中央的核心、全党的核心地位。2017年10月，党的十九大将习近平新时代中国特色社会主义思想载入党章，写在了百年大党的旗帜上。

2021年11月，在我们党成立一百周年的重要历史时刻，党的十九届六中全会通过《中共中央关于党的百年奋斗重大成就和历史经验的决议》，明确提出"确立习近平同志党中央的核心、全党的核心地位，确立习近平新时代中国特色社会主义思想的指导地位，反映了全党全军全国各族人民共同心愿，对新时代党和国家事业发展、对推进中华民族伟大复兴历史进程具有决定性意义"。

越是壮阔的征程，越需要领航的力量。2018年，新中国成立以来规模最大、程度最深的一次机构改革拉开序幕。中央和国家机关层面涉及180多万人，新组建党中央决策议事协调机构3个、更名4个，组建和重新组建部级机构25个，调整优化领导管理体制和职责部级机构31个……党和国家机构改革不断深化，从机构职能上把加强党的领导落实到各个领域、各个方面、各个环节。

改革发展稳定、内政外交国防、治党治国治军，在以习近平同志为核心的党中央坚强领导下，新时代非凡十年，为中国发展标定了崭新方位。

奠定更为完善的制度保证——各领域基础性制度框架基本确立，许多领域实现历史性变革、系统性重塑、整体性重构，中国特色社会主义制度更加成熟更加定型。

奠定更为坚实的物质基础——国内生产总值突破110万亿元，人均国内生产总值按年平均汇率折算突破1.2万美元，国家经济实力、科技实力、综合国力跃上新台阶。

奠定更为主动的精神力量——中国人民更加自信、自立、自强，极大增强了志气、骨气、底气，党心军心民心空前凝聚振奋。

谱写时代变迁的恢宏乐章，拓展历史前行的宽阔航道，十年伟大变革让我们更加坚信：中国共产党是我们成就伟业最可靠的主心骨，只要始终不渝坚持党的领导，更加紧密地团结在以习近平同志为核心的党中央周围，全面贯彻习近平新时代中国特色社会主义思想，就一定能够战胜前进道路上的任何艰难险阻，就一定能够办成我们想办的任何事情。

看似寻常最奇崛

十年来，我们攻克了许多长期没有解决的难题，办成了许多事关长远的大事要事，实现第一个百年奋斗目标，迈上全面建设社会主义现代化国家、向第二个百年奋斗目标进军的新征程。

广西壮族自治区大化瑶族自治县境内，2 万多座山峰连绵起伏。对于因封闭而深陷贫困的群众而言，修建出山的路，是几代人的梦想和夙愿。然而，2016 年的一次调研显示，全县待修的通屯道路多达 1300 多条，按照以往进度，要 50 年才能完成。一场人类历史上规模最大、力度最强、惠及人口最多的脱贫攻坚战，给这片贫瘠的土地带来转机。艰巨任务面前，大化进入"战时状态"，挖掘机无法作业，就采取人工凿打、钩机跟进的土办法；开山辟路需要爆破，就用绳子把炸药从崖底一包一包吊到悬崖中间。4 年间，全县打下 60 多万个炮扎，灌注 2300 多吨炸药，一条条盘绕于崇山峻岭间的"天路"，成为联通山区的发展大动脉。

党的十八大以来，以习近平同志为核心的党中央站在中华民族伟大复兴和人类减贫事业的历史高度，做出"让贫困人口和贫困地区同全国一道进入全面小康社会"的庄严承诺。

领航掌舵，形成更明确的思路：改"大水漫灌"为"精准滴灌"，"五个一批"脱贫措施开出对症药方，一项史无前例的贫困人口建档立卡工作在全国铺开，贫困数据首次实现到村到户到人。

攻坚克难，汇聚超常规的力度：习近平总书记亲自挂帅、亲自出征、亲自督战，中西部 22 个省区市党政主要负责人签署脱贫攻坚责任书，25.5 万个驻村工作队、300 多万名驻村帮扶干部进村入户，拔穷根、种富苗。

栉风沐雨，披荆斩棘，经过全党全国各族人民共同努力，832 个贫困县全部摘帽，12.8 万个贫困村全部出列，近 1 亿农村贫困人口实现脱贫，中国历史性地解决了绝对贫困问题，在中华大地上全面建成了小康社会！

这样的人间奇迹，书写在大幅提升的经济实力中——中国经济总量占全球经济比重超过 18%，稳居世界第二大经济体，制造业增加值多年位居世界首位。

这样的人间奇迹，书写在跨越式发展的科技实力中——载人航天与探月、北斗导航、载人深潜、高速铁路、5G 移动通信、超级计算等一大批战略高技术领域取得重大突破，我国从科技大国迈向科技强国。

这样的人间奇迹，书写在世界上规模最大的社会保障体系中——截至 2021 年底，全国基本养老保险、基本医疗保险覆盖人数分别达到 10.3 亿人、13.6 亿人，人民群众有了更多获得感、幸福感、安全感。

这样的人间奇迹，书写在更加良好的生态环境里——辽阔大地山川秀美，人民生活的家园天更蓝、地更绿、水更清，地球家园增添了更多"中国绿"。

不忘初心、牢记使命。"人民"二字，在新时代中国共产党人心中位置最高、分量最重。一以贯之的初心，让全面小康的阳光照耀到 960 万平方公里广袤大地的每一个角落；从未改变的使命，成为我们党敢于接受监督、坚持刀刃向内的勇气之源、底气所在。

进入新时代，以习近平同志为核心的党中央把全面从严治党纳入"四个全面"战略布局，旗帜鲜明坚持和加强党的全面领导，"两个维护"成为最高政治原则；发挥政治建设统领作用和思想建设基础作用，党在复杂严峻斗争中保持了政治本色；坚定不移正风肃纪反腐，清除一切侵蚀党的健康肌体的病毒；健全党自我革命的制度规范，党统一领导、全面覆盖、权威高效的监督体系不断完善，探索出依靠自我革命跳出历史周期率的有效途径。党通过前所未有的反腐倡廉斗争，赢得了保持同人民群众的血肉联系、人民衷心拥护的历史主动，赢得了全党高度团结统一、走在时代前列、带领人民实现中华民族伟大复兴的历史主动。

习近平总书记在十九届中央纪委四次全会上发表重要讲话中的高频词

资料来源：人民网。

中国共产党是为人民谋幸福、为民族谋复兴的党，也是为人类谋进步、为世界谋大同的党。党领导人民成功走出中国式现代化道路，创造了人类文明新形态，拓展了发展中国家走向现代化的途径，给世界上那些既希望加快发展又希望保持自身独立性的国家和民族提供了全新选择。党推动构建人类命运共同体，为解决人类重大问题，建设持久和平、普遍安全、共同繁荣、开放包容、清洁美丽的世界贡献了中国智慧、中国方案、中国力量，成为推动人类发展进步的重要力量。

人间正道是沧桑。党的十八大以来，以习近平同志为核心的党中央领导全党全军全国各族人民砥砺前行，实现第一个百年奋斗目标，迈上全面建设社会主义现代化国家、向第二个百年奋斗目标进军的新征程，中华民族迎来了从站起来、富起来到强起来的伟大飞跃，实现中华民族伟大复兴进入了不可逆转的历史进程，中国以崭新姿态屹立于世界东方。

乱云飞渡仍从容

党团结带领亿万人民坚定信心、迎难而上，一仗接着一仗打，经受住了来自政治、经济、意识形态、自然界等方面的风险挑战考验。

2022 年国庆前夕，新冠病毒奥密克戎变异株突降呼和浩特。疫情多点散发、快速增长，防控形势严峻复杂。白衣执甲再出征。10 月 6 日，浙江省援内蒙古医疗队 53 名医护人员抵达呼和浩特，随即进入内蒙古第四医院，接管康复病区。"我们的队伍来自不同的医院，但都能快速进入角色。"领队周道扬说，所有成员只有一个目标，"保质保量完成任务"。

江南草原跨越千里，浙蒙医护人员的战友情早已深种。2020 年初大疫突袭，对口支援湖北荆门的浙蒙两省区派出医疗队伍，并肩战斗数十个日夜。临别之际，两地医疗队和荆门市携手种下一片"友谊林"，纪念众志成城的战疫岁月。

面对来势汹汹的新冠肺炎疫情，以习近平同志为核心的党中央沉着应对、果断决策：关闭离汉离鄂通道，实施史无前例的严格管控，一声令下三军齐发，全党行动、全国动员。1 个多月初步遏制疫情蔓延势头，2 个月左右将本土每日新增病例控制在个位数，3 个月左右取得武汉保卫战、湖北保卫战决定性成果……党团结带领全国各族人民，进行了一场惊心动魄的抗疫大战，经受了一场艰苦卓绝的历史大考。

进入 2022 年，奥密克戎变异株席卷全球，一度波及我国多数省份。关键时刻，党中央审时度势、科学研判，强调"疫情要防住、经济要稳住、发展要安全"，各地区各部门各方面统一思想，坚定信心，坚持不懈，中国经受住了武汉保卫战以来最为严峻的防控考验。

风好正是扬帆时

牢牢把握新时代新征程党的中心任务，高举中国特色社会主义伟大旗帜，谱写全面建设社会主义现代化国家崭新篇章。

"新时代十年的伟大变革，在党史、新中国史、改革开放史、社会主义发展史、中华民族发展史上具有里程碑意义。"在省部级主要领导干部"学习习近平总书记重要讲话精神，迎接党的二十大"专题研讨班上，习近平总书记深刻阐述党的十八大以来党和国家事业取得的历史性成就、发生的历史性变革，高度评价新时代十年伟大变革的重大意义。

知史鉴今，行以致远。每到重要历史时刻和重大历史关头，我们党都注重回顾历史、总结经验，从历史中汲取继续前进的智慧和力量。2015 年，中国人民抗日战争暨世界反法西斯战争胜利 70 周年；2018 年，改革开放 40 周年；2019 年，新中国成立 70 周年；2021 年，中国共产党成立 100 周年……十年间，一个个时间节点、一场场纪念和庆祝活动，成为一堂堂深刻的历史课，引领全党历史自觉、历史自信大大增强，激发起亿万人民的爱国热情，激荡着对伟大事业的壮志豪情。

党的十九大对全面建成社会主义现代化强国做出了战略部署，总的战略安排是分两步走，提出到 2035 年基本实现社会主义现代化，到本世纪中叶把我国建成富强民主文明和谐美丽的社会主义现代化强国；党的十九届五中全会审议通过《中共中央关于制定国民经济和社会发展第十四个五年规划和二〇三五年远景目标的建议》，擘画了中国未来 5 年以及 15 年的发展新蓝图；党的二十大进一步对以中国式现代化全面推进中华民族伟大复兴做出科学完整的战略部署。强国图景已经绘就，接续奋斗正当其时。踏上实现第二个百年奋斗目标新的赶考之路，全党必须高举中国特色社会主义伟大旗帜，坚持以习近平新时代中国特色社会主义思想为指导，坚定中国特色社会主义道路自信、理论自信、制度自信、文化自信，坚定不移推进中华民族伟大复兴历史进程。在以习近平同志为核心的党中央坚强领导下，亿万中国人民必将踔厉奋发、勇毅前行、团结奋斗，奋力谱写全面建设社会主义现代化国家崭新篇章！

故事讨论

1. 在新时代十年的伟大变革中，中国共产党带领中国人民解决了许多长期想解决而没有解决的难题，办成了许多过去想办而没有办成的大事。请结合故事分析及实际生活，谈谈你在中国发展这十年里感受到的新时代的变化在何处，不变在何处。你认为中国为什么能在新时代这十年取得巨大成就？

2. 国内外有些舆论提出了中国现在搞的究竟还是不是社会主义的疑问，有人说是"资本社会主义"，还有人干脆说是"国家资本主义""新官僚资本主义"。2013 年 1 月，习近平总书记在新进中央委员会的委员、候补委员学习贯彻党的十八大精神研讨班上的讲话指出："我们党始终强调，中国特色社会主义，既坚持了科学社会主义基本原则，又根据时代条件赋予其鲜明的中国特色。这就是说，中国特色社会主义是社会主义，不是别的什么主义。"怎么理解中国特色社会主义和科学社会主义的关系？

 **原理 分析**

一、中国特色社会主义始终坚持科学社会主义基本原则

中国能在新时代十年间取得伟大成就，离不开始终坚持中国特色社会主义的执着坚定，离不开中国共产党领导人民进行的伟大奋斗。在党的二十大报告中，习近平总书记指出："中国共产党为什么能，中国特色社会主义为什么好，归根到底是马克思主义行，是中国化时代化的马克思主义行。"中国在新时代十年的伟大变革在于始终坚持中国特色社会主义，始终坚持科学社会主义基本原则。

其一，中国共产党人创造性地提出了中国特色社会主义，这与科学社会主义具有内在关联性，中国特色社会主义始终坚持科学社会主义的基本原则。首先厘清科学社会主义的"科学逻辑"。科学社会主义是将社会主义当成对象，按照社会发展的客观规律去观测，要做到"以当时的历史条件为转移"。马克思主义不是生搬硬套的教条，而是一个开放的理论体系。中国特色社会主义始终与科学社会主义的基本原则相耦合。恩格斯说过："科学社会主义作为理论，是无产阶级为绝大多数人谋利益，与资产阶级进行斗争的理论概括。"坚持人民至上，维护人民利益，是科学社会主义思想的内涵，科学社会主义蕴含着对人类命运的深切关怀。而在中国特色社会主义体系的形成发展中，我们党始终把人民立场作为根本立场，坚决把群众路线作为党的生命线，提出"共同富裕""新发展理念"等。在十年间，我们打赢了脱贫攻坚战，消除了绝对贫困，做好防污治理、疫情防控等重点工作，始终与科学社会主义的最终意旨一致，坚持人民至上，实现人的解放。

其二，中国特色社会主义在实践中验证符合科学社会主义的基本原则。习近平总书记指出"社会主义从来都是在开拓中前进的"，强调"科学社会主义基本原则不能丢，丢了就不是社会主义"。新时代中国特色社会主义中体现的科学社会主义的基本原则是什么呢？习近平总书记给出了明确的回答："这就包括在中国共产党领导下，立足基本国情，以经济建设为中心，坚持四项基本原则，坚持改革开放，解放和发展社会生产力，建设社会主义市场经济、社会主义民主政治、社会主义先进文化、社会主义和谐社会、社会主义生态文明，促进人的全面发展，逐步实现全体人民共同富裕，建设富强民主文明和谐的社会主义现代化国家；包括坚持人民代表大会制度的根本政治制度，中国共产党领导的多党合作和政治协商制度、民族区域自治制度以及基层群众自治制度等基本政治制度，中国特色社会主义法律体系，公有制为主体、多种所有制经济共同发展的基本经济制度。"在过去十年里，我国坚持"五位一体"总体布局，构建了中国特色社会主义制度体系，在科学社会主义原则指导下，在经济、政治、文化、社会、生态文明建设上都取得了非凡成就。习近平总书记进一步强调指出："这些都是在新的历史条件下体现科学社会主义基本原则的内容，如果丢掉了这些，那就不成其为社会主义了。"中国特色社会主义与时俱进，保证了中国特色社会主义的社会主义性质，又践行了科学社会主义的基本原则。

二、中国特色社会主义实现了科学社会主义基本原则与当代中国实际、中华优秀传统文化的有机结合，既坚持了科学社会主义基本原则，又具有鲜明的民族特色和时代特色

中国特色社会主义丰富和发展了科学社会主义的理论宝库，在符合科学社会主义基本原则的基础上，做到实事求是，与中国自身的国情、与中华优秀传统文化做到有机结合。中国特色社会主义制度是中国共产党领导人民在伟大实践中不断总结经验得来的，不是照搬西方资本主义国家模式，不走"封闭僵化"的老路，也不走"改旗易帜"的邪路。中国特色社会主义制度之所以具有强大的生命力，正是"在于这一制度是在中国的社会土壤中生长起来的"，简言之，就是立足于中国实际。

新时代十年的伟大变革体现了在坚持科学社会主义基本原则的基础上与时代结合所取得的伟大成果：在经济层面，我们打破定式思维，依据中国实际，推动经济发展，国内生产总值突破110万亿元；政治层面，坚持毛泽东思想、邓小平理论、"三个代表"重要思想、科学发展观，深刻总结并充分运用党成立以来的历史经验，从新的实际出发，创立了习近平新时代中国特色社会主义思想，实现了马克思主义中国化新的飞跃，不断深化机构改革，坚持全面从严治党、坚持民主集中制的基本原则、不断完善人民民主专政，持续巩固民主法治建设；文化层面，从"双百方针"到推进传统文化"创造性转化、创新性发展"，提出社会主义核心价值观，向世界传播中华文明，一直致力于人们的精神需求、民族的文化自信、时代的文化需要；社会层面，我国历史性地解决了绝对贫困问题，已实现全面建成小康社会的战略目标，从多方面保障民生工作；生态层面，在过去十年里，我们践行"绿水青山就是金山银山"的发展理念，坚持绿色发展，围绕美丽中国、生态中国开展了一系列措施，将库布齐沙漠的三分之一黄沙变成了绿地……

中国特色社会主义具有道路自信、理论自信、制度自信、文化自信，实现了科学社会主义基本原则与当代中国实际、中华优秀传统文化的有机结合。习近平总书记指出："中国特色社会主义是在近代以来中华民族由衰到盛170多年的历史过程中得来的，是在对中华文明5000多年的传承发展中得来的。"中国特色社会主义制度在继承中发展，把科学社会主义基本原则同中国实际相结合，创造性地回答和解决了社会主义革命、建设、改革中的重大问题。

三、习近平新时代中国特色社会主义思想，是在中国特色社会主义进入新时代、当今世界经历新变局、我们党面临执政新考验的历史条件下形成和发展起来的，标志着我们党在自觉把科学社会主义基本原则与中国实际和时代特征相结合上达到了新的境界

其一，坚持习近平新时代中国特色社会主义思想的指导地位。党的十八大以来，以习近平同志为主要代表的中国共产党人，坚持把马克思主义基本原理同中国具体实际相结合、同中华优秀传统文化相结合，科学回答了新时代坚持和发展什么样的中国特色社会主义、怎样坚持和发展中国特色社会主义等重大时代课题，创立了习近平新时代中国特色社会主义思想。

思想理论是时代变革的先声，中国特色社会主义也在以习近平同志为核心的党中央领导下持续发展，不断丰富和走向成熟。新时代这十年的伟大变革体现了习近平新时代中国特色社会主义思想的科学性，其涵盖的领域、涉及的方面、关注的问题都是科学社会主义理论与实践在新时代中国面临的重大课题，并且在其指导下，中国这十年取得了巨大成就。党的二十大报告中提到："以满腔热忱对待一切新生事物，不断拓展认识的广度和深度，敢于说前人没有说过的新话，敢于干前人没有干过的事情，以新的理论指导新的实践。"党的十八大以来，以习近平同志为核心的党中央立足中国特色社会主义新时代，带领中华民族迎来了从站起来、富起来到强起来的伟大飞跃，坚持摸着石头过河和顶层设计的辩证统一，开启了全面深化改革的新篇章，开辟了中国之治的新境界。

其二，坚持习近平新时代中国特色社会主义思想的世界观及方法论。新时代十年的伟大变革留下的经验以及在奔赴第二个百年奋斗目标的赶考路上，首先要把握好新时代中国特色社会主义思想的世界观和方法论，坚持好、运用好贯穿其中的立场、观点、方法。

习近平新时代中国特色社会主义思想饱含着真挚的人民情怀，是为中国人民谋幸福、为中华民族谋复兴的"人民至上论"，是实现人民对美好生活向往的"人民幸福论"。过去十年，在习近平新时代中国特色社会主义思想的指导下，我们不断探索独立自主开拓的前进道路，坚持把国家和民族发展放在自己力量的基点上，坚持中国的事情必须由中国人民自己做主张、自己来处理，把中国发展进步的命运始终牢牢掌握在自己手中，开辟了中国式现代化道路，在遵循科学社会主义基础原则的同时，也创新性地发展了通往现代化的模式，为人类对更好体制的探索、人类文明的进步等贡献了中国智慧与中国方案。

习近平总书记在"实现中华民族伟大复兴的战略全局"和"世界百年未有之大变局"这两个大局的背景下，提出了中国式现代化道路与人类文明新形态，这标志着我们党在自觉把科学社会主义基本原则与中国实际和时代特征相结合上达到了新的境界，实现了马克思主义中国化时代化新的飞跃。马克思指出，"任何真正的哲学都是自己时代的精神上的精华"。中国化时代化的马克思主义，是立足时代之基的科学理论，在回答时代之问、世界之问中推进创新，使全面推进中华民族伟大复兴获得了前所未有的历史主动。

教学建议

本案例适用于《马克思主义基本原理》第六章"社会主义的发展及其规律"第二节"科学社会主义基本原则"的教学。

讲授重点： 通过对新时代十年伟大变革的分析，让学生了解党的十八大以来，中国共产党领导人民解决的系列问题、提出的系列论断、做出的伟大贡献、成就的非凡事业，引导学生分析中国特色社会主义为什么能成功，在什么地方坚持了科学社会主义的基本原则，结合了哪些中国实际。通过对中国式现代化道路的学习，让学生了解中国特色社会主义道路对科学社会主义的继承与发展，从而学会正确分析科学社会主义与中国特色社会主义的关系。

实践探索：请学生课后搜集人类通向现代化的其他案例，与中国式现代化道路形成对比，分析中国式现代化道路的优势在哪里。请学生搜集中国这十年发展中的其他变化，也可以搜集与自身密切相关的"十年变化"，比如家乡、学校、家庭等的改变，帮助学生坚定"四个自信"，增强学生的志气、骨气、底气。

1. 党的二十大报告指出："从现在起，中国共产党的中心任务就是团结带领全国各族人民全面建成社会主义现代化强国、实现第二个百年奋斗目标，以中国式现代化全面推进中华民族伟大复兴。"中国共产党开辟了中国式现代化道路，你对这条道路怎么理解？

2. 我们应该怎样坚持和发展中国式现代化道路？中国式现代化道路在国际社会中发挥了怎样的影响？

[1] 全面贯彻习近平新时代中国特色社会主义思想 [N]. 光明日报，2022-10-28 (1).

[2] 林怀艺. 习近平新时代中国特色社会主义思想：根植于新时代中国的科学社会主义 [J]. 思想教育研究，2022 (7)：14-20.

[3] 习近平. 关于坚持和发展中国特色社会主义的几个问题 [J]. 思想政治工作研究，2019 (5)：15-19.

[4] 宋萌荣. 科学社会主义在中国的真实展现——中国特色社会主义的理论逻辑与实践指向 [J]. 毛泽东邓小平理论研究，2022 (10)：1-10，107.

[5] 郝永平，张园园. 中国式现代化道路的新指南——习近平新时代中国特色社会主义思想实现马克思主义中国化新的飞跃解读之三 [N]. 北京日报，2022-10-10 (15).

延伸阅读：

1. 习近平. 高举中国特色社会主义伟大旗帜 为全面建设社会主义现代化国家而团结奋斗——在中国共产党第二十次全国代表大会上的报告 ［M］. 北京：人民出版社，2022.

2. 人民日报理论部. 中国式现代化 ［M］. 北京：东方出版社，2021.

3. 习近平. 习近平谈治国理政：第 1 卷 ［M］. 北京：外文出版社，2018.

坚持走共同富裕道路：宝山村的奇迹密码*
——科学社会主义基本原则

谢江林

四川省成都市彭州市龙门山镇宝山村位于成都平原西北部，距离成都市76公里，距离彭州市36公里，全村辖15个村民小组，共608户，2060人。全村总面积56平方公里，耕地面积1200亩，有人工森林11000亩，灌木林8000亩。昔日的宝山村是远近闻名的穷山村，"山高路又险，村穷人心散，姑娘留不住，光棍一大片，吃粮靠国家，花钱靠贷款"是其真实写照。如今的宝山村基本是"家家住别墅，户户有轿车"，被誉为"西部第一村"。宝山村在党的十五大代表、全国劳动模范、全国优秀共产党员、全国十佳农村优秀人才贾正方书记的带领下，经过30多年的艰苦奋斗，形成了集水电开发、矿山开采、林产品加工、旅游开发为一体的综合性集团公司，现拥有26家企业，固定资产达98亿元。2022年，全村工农业总产值达60亿元，人均收入超8万元。该村先后荣获"全国文明村""全国先进基层党组织""全国造林绿化千佳村""中国村庄经济百强村"等荣誉称号。

五十年初心不变，带领群众脱贫致富

社会主义事业必须坚持无产阶级政党的领导。社会主义事业的推进不是个

---

　　* 故事来源：中共彭州市委党校课题组，陈藻，杜宇晗，刘江. 新发展理念背景下构建现代乡村产业体系的调查与思考——以四川省彭州市宝山村为例［J］. 中共四川省委党校学报，2022（1）：90—100.

自发的过程，而是一个有组织有领导的自觉过程。无产阶级政党是社会主义事业的组织者和领导力量。从穷山村到"西部第一村"，沧海桑田、天翻地覆的变化离不开宝山村基层党组织的坚强领导，更离不开贾正方这位乡村"领头雁"的领航。

宝山村始终将党建引领作为发展的核心，创建了党委、村委和宝山集团"三套班子一套人马"的组织领导体系，通过组织引领，建强领导班子和干部队伍，把好发展方向，走稳发展路子；通过规划引领，统筹顶层设计，做出适合时代要求和市场发展规律的科学决策，实现强村富民；通过示范引领，发挥基层党组织先锋模范和战斗堡垒作用，凝聚民意民心、聚合资源人才，形成推动发展的磅礴力量。老书记贾正方总是比时代快半步引领发展，当村民饿着肚子又看不到农业前景的时候，他回村带头拓荒改田要高产；当解决了村民温饱问题后，他又带领村民搞副业和资源开发利用，发展工业；当发展危及生态环境时，他果断以灾后重建为契机关停一批污染企业，发展旅游；当弱质性和弱潜力的传统农业面临萎缩和被淘汰时，他坚持以工补农，以村集体经济为支撑，产村融合发展，使农业在乡村振兴中的地位、功能、作用、性质等都随着村庄发展阶段不同而不断调整、优化和提档升级。宝山村结合自身实际，通过发展集体经济走上共同富裕的道路，正体现了贾正方独到的发展眼光和领导才能。

发展新型集体经济，探索公有制实现形式

习近平总书记在党的二十大报告中强调："巩固和完善农村基本经营制度，发展新型农村集体经济，发展新型农业经营主体和社会化服务，发展农业适度规模经营。"新型农村集体经济是集体成员利用集体所有的资源要素，通过合作或联合实现共同发展的一种经济形态，是社会主义公有制经济的重要形式，是推动农村共同富裕的重要战略举措。生产资料公有制是社会主义经济制度的根基，任何时候都不能放弃。

宝山村在发展过程中，坚持新发展理念，以集体经济为支撑，以村民共同富裕为目标，将集体经济中的资源性资产、经营性资产和非经营性资产进行明确界定并量化为股份，实现集体资产的动态化、常态化管理，确保集体经济的

发展活力和潜力。通过多年努力，宝山村发展成为以"水力发电、旅游开发、矿产品加工、林产品加工"为支撑，一二三产业并重、人与环境和谐发展的格局，构建了具有山区特色的花园式幸福美丽新村。同时，宝山村积极推动旅游业转型升级。按照"一心四区"规划布局和创建国家 AAAA 级旅游景区的总体要求，宝山村建成了宝山温泉酒店、太阳湾风景区、宝山绿道、宝山书画院等景区基础设施、导视系统、景区景观工程等项目，打造功能配套、设施完善、环境优美的山地乡村旅游，成为成都及周边地区游客户外运动、山地旅游等度假胜地。宝山村以项目、环境、管理、文化为抓手，有序改善了生态环境和人居环境，形成了一二三产业互动、产村相融的可持续发展模式，创新性地发展了新型农村集体经济。

完善分配体制机制，提升村民幸福感

马克思、恩格斯通过对资本主义生产的无政府状态及其弊端的分析，指出社会主义生产必须坚持有计划、按比例的原则。这里所讲的有计划地组织社会生产是一般性原则，还需要在与实际情况的结合中找到自己的实现方式，因而不能把它与指令性计划经济画等号。同时，社会主义社会要实行按劳分配的制度。集体经济发展壮大之后，宝山村更是特别注重维护集体的利益，在具体分配过程中非常注重处理好干部利益与群众利益、当前利益和长远利益的关系。

宝山村在发展集体经济的过程中，如果沿用传统的管理方式，就难以避免出现吃"大锅饭"的问题。怎样有效地解决这一问题？宝山人再次从实际出发，大胆地对集体经济进行工人投劳入股改制，这样就极大地激发了工人的生产积极性，为村集体电站又快又好地建成注入了动力。经过多年的摸索，这种投劳入股的收入分配制度不断地丰富、完善，现已形成效率优先，按劳分配，不搞平均主义，福利待遇一视同仁的原则，在综合考量集体积累资金后，除工资、奖金外，设有工龄折资入股分红、按能力大小限额入股分红、风险共担入股分红等多种分配方式。同时，宝山村通过丰富的"隐形"福利，提高村民幸福指数，包括积极完善村级基础设施建设，加大对道路、给排水、供电、天然气等方面的投入，对全村环境进行全面综合整治，加大村级教育、医疗等公共服务支持力度，进一步改善村民居住生活环境、提升生活质量。在宝山村，村民用电只需 0.22 元/度；村民子女高中前的学杂费全部由集体支付，考上大学、中专由集体奖励，愿回宝山村工作则学费全部报销；凡满 60 岁的老人每月补助 60 元到 200 元"茶水费"；村民合作医疗保险由集体统一缴纳……宝山村探索出独特的收入分配方式，既较好地化解了干部与群众的集体利益分配问题，又较好地满足了全体村民对致富的渴望，极大地调动和激发了全体村民的积极性、创造性，呈现出"宝山村没有贫困户，也没有暴发户，只有共同致富"的良好现状。

开展美丽乡村建设，实现人与自然和谐共生

中国式现代化是人与自然和谐共生的现代化。解决好人与自然和谐共生的问题，就要坚持绿色发展。在社会主义建设事业中，特别是在经济建设过程中，要正确处理人与自然的关系，要深刻认识自然是生命之母，人与自然是生命共同体。宝山村发展集体经济，坚持"绿水青山就是金山银山"的发展理念，推动生态资源保护和乡村经济发展同向而行。

20 世纪 50 年代，宝山村曾以牺牲生态环境为代价发展集体经济，由于矿产资源的过度开采、林业发展的滥砍乱伐等行为，村里的生态资源遭到严重破坏，自然灾害频发，直接影响到村民生产生活安全。痛定思痛之后，宝山村积极调整产业结构。在主动淘汰和外迁"三高"工厂的同时，及时对传统产业进行技术升级和模式创新。例如，宝山林业引入了德国先进的人造板成套技术，生产出高质量纤维板并严格达到环保要求，同时采取了"企业＋农民＋订单"的销售模式，保障了宝山林业的可持续发展。宝山村还建立了绿色补偿机制，将森林资源量化为集体股份，并按每户森林比例转化为相应的股份，年末可从集体经济组织中获得分红。这一有益探索调动了村民参与植树的积极性，也丰富了村民的收入来源。同时，宝山村始终坚持绿色发展理念，抓住市场需求从物质消费到精神消费这一变化，通过重视生态环境保护、推进生态景观建设、发展有机农业，打造出集"经济性、观光性、体验性"为一体的现代旅游产业。

以优秀文化育人为导向，营造良好文明风尚

社会主义社会必须坚持马克思主义指导地位，必须大力发展社会主义先进文化。物质富足、精神富有是社会主义现代化的根本要求。新征程上，要把精神文明建设贯穿中国式现代化全过程，促进物的全面丰富和人的全面发展。

宝山村在不断改善村民物质生活条件的基础上，为村民"送文化、送知识"，改变村民落后生活方式，培育村民健康生活价值观。宝山村通过制定和完善《宝山村规民约》《村容村貌管理细则》等一系列制度，发挥新乡贤榜样作用，帮助村民约束规范言行，不断提高自身道德素质，形成了村民自觉遵守社会公德、维护公共秩序的良好乡风。同时，村里还建成了拥有影视厅、展览厅、书吧等文化服务设施的宝山文化活动中心，开设了茶艺培训班、暑期少儿书画培训班、妈妈课堂等形式多样的文化活动，营造良好文化氛围，不断丰富村民、职工精神文化生活。村里还通过每年举办蔷薇花风车节、冰雪温泉节、市民音乐节、旅游文化节等大型活动，既拓宽村民的文化视野，提升村民的文化素养，又吸引周边地区的游客感受宝山村的幸福多彩生活。宝山村还十分重视培育和发展现代乡村文化。一方面，培育和践行社会主义核心价值观，以"村风、民风、家规、家训"为载体，开展主题教育，引领道德风尚。通过"新家园、新生活、新风尚"的宣传教育活动，帮助村民掌握各种现代文明礼仪、卫生健康知识和生活常识等，增强村民的环保意识和健康意识。另一方面，积极培育村民身边的先进典型和带头人，广泛开展致富能手、文明示范户、敬老孝老模范户、清洁家庭示范户等评选活动，培养和挖掘道德模范典型，用典型激励群众，推进创先争优活动取得实效。

故事 讨论

1. 宝山村在共产主义伟大理想的指引下，从一个穷山村发展成为"西部第一村"，已成功探索出一条强化基层党组织整体功能、发展壮大集体经济、带领群众共同致富的道路。试分析宝山村集体经济发展过程中体现了科学社会主义的哪些基本原则及主要内容。

2. 与宝山村自然条件类似的乡村，全国有成千上万个，为何没能都像宝山村一样发展起来？宝山人把"荒山""穷山"建成"金山""宝山"，由此可见实现共同富裕最关键的因素是什么？

原理 分析

一、科学社会主义的基本原则及主要内容

科学社会主义基本原则是社会主义事业发展规律的集中体现，是马克思主义政党领导人民进行社会主义革命、建设、改革的基本遵循。宝山村在推进村级经济社会发展中，始终坚持自力更生、艰苦奋斗，解放思想、大胆探索，逐渐走出了一条以基层党组织建设为核心，以集体经济发展为支撑，以带动群众共同致富为目标，以新发展理念为指导的全面小康之路，体现了党领导社会主义发展的基本原则。

第一，社会主义社会要在生产资料公有制基础上组织生产，以满足全体社会成员的需要为生产的根本目的。生产资料公有制是社会主义经济制度的根基，社会主义社会必须坚持生产资料公有制。社会主义社会的生产目的是满足全体人民的需要。发展壮大集体经济，是构建中国特色社会主义市场经济体系的重要基础。宝山村在发展中始终坚持发展高质量集体经济、走共同富裕道路，以集体经济为支撑，以村民共同富裕为目标，通过多年努力，发展形成以"水力发电、旅游开发、矿产品加工、林产品加工"为支撑，一二三产业并重、人与环境和谐发展的格局，建成了具有山区特色的花园式幸福美丽新村。

第二，社会主义社会要对社会生产进行有计划的指导和调节，实行按劳分配原则。马克思、恩格斯认为社会主义生产必须坚持有计划、按比例的原则，"就是说，为了共同的利益、按照共同的计划、在社会全体成员的参加下来经营"。宝山村集体经济发展起来后，要实现共同致富，首要的问题之一就是解决好分配的问题。宝山村按照效率优先、按劳分配，不搞平均主义，福利待遇一视同仁的原则，在综合考量集体积累资金后，除了发放工资、奖金之外，还设有工龄折资入股分红、按能力大小限额入股分红、风险共担入股分红、福利股分红等多种分配方式，实现村民人人持有股份，年年享受分红，极大增强了全体村民的"主人翁"意识，有效实现了共同富裕的目标。

第三，社会主义社会要合乎自然规律地改造和利用自然，努力实现人与自然的和谐共生。在社会主义建设事业中，特别是在经济建设过程中，要正确处理人与自然的关系。要深刻认识自然是生命之母，人与自然是生命共同体。当前人们已经开始从物质消费阶段进入精神消费、健康消费阶段，良好的生态环境成为消费者的积极追求。宝山村敏锐地意识到了这一变化，先后淘汰了矿产资源开发、建工建材产业，关闭高耗能、高污染的企业，投资 5 亿元发展生态旅游和康养度假产业。如今以旅游业为代表的服务业成为全村的主导产业，工矿业比重不断降低，工业和农业的面源污染得到抑制。具有良好生态条件的农村，应学习宝山做法，着眼有机农业和生态旅游业，大力加强农业与旅游融合，加快发展第三产业。

第四，社会主义社会必须坚持科学的理论指导，大力发展社会主义先进文化。在社会主义国家，马克思主义是立党立国的根本指导思想，是全体人民团结奋斗的共同思想基础，社会主义先进文化是凝聚和激励人民的重要力量，是综合国力的重要标志。宝山村按照"乡风文明"的要求，以社会主义核心价值观为引领，以实现"共同富裕、幸福宝山"为核心，始终坚持自力更生、艰苦奋斗，解放思想、大胆探索，形成了融人文文化、自然文化于一体的"宝山精神"。深入挖掘宝山文化资源，通过文化引领人、教化人、塑造人，能够增强村民的荣誉感、获得感，凝聚起改革发展的强大合力。

第五，无产阶级政党是无产阶级的先锋队，社会主义建设事业必须始终坚持无产阶级政党的领导。只有毫不动摇地坚持和加强党的领导，并努力探索进而掌握共产党执政规律，不断改善党的领导和提高党的执政能力，社会主义建设事业才能不断取得新的胜利。宝山村党委始终坚持以党建引领为核心，充分发挥党组织的引领带动作用、战斗堡垒作用和党员先锋模范作用。宝山村把党建工作融入发展各方面全过程，防止出现党建与发展"两张皮"现象，把党建资源转化为发展资源，把党建优势转化为发展优势，使党建更好地服务和促进经济发展。

第六，社会主义社会要大力解放和发展生产力，逐步消灭剥削和消除两极分化，实现共同富裕和社会全面进步，并最终向共产主义社会过渡。邓小平指出："社会主义不是少数人富起来、大多数人穷，不是那个样子。社会主义最大的优越性就是共同富裕，这是体现社会主义本质的一个东西。"宝山村始终坚持走共产主义道路，也深刻认识到了"贫穷不是社会主义"，坚定不移发展集体经济，推进共同富裕，坚持"不落一人一家，整体前进"的工作方法。宝山集团作为桥梁和纽带，将整个宝山村由传统熟人社会的"地缘共同体"转变成联系紧密的"利益共同体"，把人的包容扩展到公共空间，即公共服务、公共设施和村庄福利的包容。在以集体经济大力发展乡村产业的同时，宝山村并没有大包大揽，打压个体经营和私有经济，而是实行双层经营模式，鼓励村民发展个体经济，实现有效增收。宝山村的双层经营模式在帮助个体经济抵御市场风险的同时，有效克服了集体高度统一经营的弊端，增加了村民收入，增强了产业发展活力。

二、正确把握科学社会主义基本原则

第一，必须始终坚持科学社会主义基本原则，反对任何背离科学社会主义基本原则的错误倾向。科学社会主义基本原则为社会主义事业的发展指明了方向，不能因为遇到一时的困难和挑战而放弃这些原则，否则就是背离了社会主义运动的目的和无产阶级政党的宗旨。宝山村把发展壮大村级集体经济作为基层党组织建设的重要抓手，着力破解村级集体经济发展难题，增强基层党组织的战斗力、凝聚力和号召力，提高村级党组织服务发展、服务群众的能力，为全村经济社会和谐稳定、健康发展提供了坚强保障。

第二，要善于把科学社会主义基本原则与本国实际相结合，创造性地回答和解决社会主义革命、建设、改革中的重大问题。马克思、恩格斯多次指出，他们的理论不是教条，而是行动的指南。因此，共产党人必须将科学社会主义基本原则运用于社会主义革命、建设、改革的实践，发挥这些原则指导实践的巨大威力。纵观宝山村50余年的发展历程，我们不能直接套用国际经验和一般的农业农村发展规律来理解宝山村集体经济发展的"完整图景"，除遵循一般的发展规律之外，它还具有极为鲜明的地域发展特色和时代发展特征。

第三，紧跟时代和实践的发展，在不断总结新鲜经验中进一步丰富和发展科学社会主义基本原则。理论来源于实践，又随着实践的发展而发展。科学社会主义基本原则不是一成不变的教条，而是随着社会主义实践而不断丰富和发展的学说。纵观宝山村发展历史，它在不同阶段都始终坚持实事求是，不断探索科学合理的管理体制，不断谋划符合时代特征、符合自身特点的战略"蓝图"，不断调整优化产业结构、产品结构，为用好各种重要机遇提前谋篇布局。

教学建议

本案例适用于《马克思主义基本原理》第六章"社会主义的发展及其规律"第二节"科学社会主义基本原则"的教学。

讲授重点：通过宝山村的案例，让学生了解科学社会主义的基本原则以及如何正确把握这些原则。要以宝山村改革发展的历程为切入点，使学生认识到我们党在社会主义革命、建设、改革中坚守科学社会主义的基本原则，不断开辟科学社会主义的新境界，在实践中彰显科学社会主义的生机活力。

实践探索：请学生在课后分析各个社会主义国家不同的发展道路，分析中国特色社会主义与其他国家社会主义之间的联系和区别，谈谈如何创造性地将科学社会主义基本原则付诸实践。

学习思考

1. 宝山村的发展之路彰显了中国式现代化的重要特征。中国式现代化扎根中国大地，切合中国实际，体现了社会主义建设规律，也体现了人类社会发展规律。如何正确认识科学社会主义与中国特色社会主义的关系？如何正确把握中国式现代化的特殊性和一般性？

2. 习近平总书记强调："在全面建设社会主义现代化国家新征程中，我们必须把促进全体人民共同富裕摆在更加重要的位置，脚踏实地、久久为功，向着这个目标更加积极有为地进行努力，促进人的全面发展和社会全面进步，让广大人民群众获得感、幸福感、安全感更加充实、更有保障、更可持续。"宝山村作为以集体经济推动实现共同富裕的典型，体现了中国特色社会主义的本质要求。作为新时代青年，我们该如何在实践中助力实现共同富裕？

[1] 中共中央马克思恩格斯列宁斯大林著作编译局. 马克思恩格斯选集：第 1 卷［M］. 北京：人民出版社，2012.

[2] 邓小平. 邓小平文选：第 2 卷［M］. 北京：人民出版社，1994.

[3]《马克思主义基本原理（2021 年版）》编写组. 马克思主义基本原理［M］. 北京：高等教育出版社，2021.

[4] 中共彭州市委党校课题组，陈藻，杜宇晗，刘江. 新发展理念背景下构建现代乡村产业体系的调查与思考——以四川省彭州市宝山村为例［J］. 中共四川省委党校学报，2022（1）：90−100.

[5] 李后强，平文艺，杜阳林，等. 邓小平共同富裕思想在宝山村的生动实践——关于成都彭州市宝山村党委带领群众共同富裕的调研［J］. 邓小平研究，2016（3）：116−127.

[6] 胡勇. 乡村振兴路径研究——以"中国西部第一村"宝山村为例［J］. 中国西部，2019（5）：57−63.

延伸阅读：

1. 叶加申. 乡村振兴与美丽乡村建设研究［M］. 北京：北京工业大学出版社，2021.

2. 李朝阳，王东. 新时代背景下乡村文化振兴与环境设计对策研究［M］. 北京：中国建筑工业出版社，2021.

黄土成金记：阜平的脱贫之路*
——共产主义远大理想与中国特色社会主义共同理想

蒲梦琴

　　阜，盛也。然而，阜平，过去是真贫。

　　阜平地处太行深山区。全县山场面积 326 万亩，占总面积的 87%，耕地面积仅 21.9 万亩，人均 0.96 亩，俗称"九山半水半分田"。阜平人民生活在起起伏伏的深山之中，土地贫瘠，交通闭塞，基础设施薄弱，产业落后。2012年，阜平县的贫困发生率在 50% 以上，有些村村民的年收入不足千元，不到全国平均水平的 1/8。2012 年，阜平县全县 22.8 万人中，初中以下文化程度的有 17 万人，占总人口的 89%。年轻人想办法走出大山后就再也不愿意回来，村里只剩下留守的老人。

　　阜平还是一个名副其实的革命老区，是抗日战争时期晋察冀边区政府所在地。抗战时期，阜平人口不足 9 万，却养活了 9 万多人的抗日部队。全县 2 万人参军参战，5000 多人光荣牺牲。当年在这里打过仗的聂荣臻元帅听闻阜平的贫困景象后曾流着眼泪说："阜平不富，死不瞑目。"聂荣臻元帅当年的这句话，成为习近平总书记心头一直牵挂着的大事。

信心："只要有信心，黄土变成金"

　　2012 年 12 月 30 日，习近平总书记踏着皑皑白雪，来到太行山深处的阜

---

　　* 故事来源：高志顺，马彦铭，潘文静. 阜平脱贫记 [J]. 求是，2021（4）：22—27.
　　学而时习工作室. 习近平总书记的阜平情结[EB/OL]. (2021－02－16)[2022－12－20]. http://www.qstheory.com/zhuanqu/2021－02/16/C_1127105395.htm.

平县龙泉关镇骆驼湾村和顾家台村这两个特困村，进村入户看真贫、听民声，和乡亲们一起商量脱贫致富之策。就是在这里，习近平总书记向全党全国发出脱贫攻坚的动员令：没有农村的小康，特别是没有贫困地区的小康，就没有全面建成小康社会。奋进的号角，从骆驼湾村、顾家台村的农家小院飞出，如滚滚春雷震动着巍巍太行，若浩浩春风激荡着燕赵大地，迅速传遍了九百六十多万平方公里的中华大地。

"只要有信心，黄土变成金"，"希望现在还比较困难的乡亲们要有信心，在党和政府支持和帮助下，依靠自己的双手勤劳致富"。习近平总书记在阜平考察时语重心长的一席话，把脱贫的金钥匙交给大家，为干部群众战贫斗困注入强大精神动力。

在"黄土成金"的信心激励和党和政府的帮扶下，原先总感叹"九山半水半分田，石头缝里难挣钱"的村民，跳出靠天吃饭的传统小农生产，搞旅游、办工厂、种苹果、育菌菇、建民宿、开直播……早在 2017 年，村里就实现脱贫摘帽，穷乡僻壤换了新颜。2021 年，全县农村居民人均可支配收入 12342 元，是 2012 年的 3.7 倍。通过坚定信心、苦干实干，昔日的"穷山恶水"变成今天的"好山好水"，阜平人走出了一条"黄土生金"的新路。

倾心：阜平不变，寝食难安

实际上，村子穷与班子弱常常是一对"孪生兄弟"，村党组织自身不强，直接影响脱贫攻坚成效。习近平总书记强调：各级党委和政府要把帮助困难群众特别是革命老区、贫困山区的困难群众脱贫致富，摆在更加突出的位置。在河北省委、省政府的带领下，阜平干部群众深入贯彻习近平总书记关于扶贫工作的重要论述和重要指示，汇聚各方力量，统筹推进精准扶贫精准脱贫。阜平将全县划分为 8 个片区，实行县委书记、县长"双组长"负责制，坚持每周召开常委扩大会研究脱贫工作，每月举办一次乡镇党委书记脱贫攻坚"擂台赛"。从复退军人、离退休干部等群体中选拔优秀党员担任村党支部书记，动员能人返乡治村，选树 462 名农村致富带头人，发挥精准帮带和示范引领作用，把基层党组织建成脱贫奔小康的战斗堡垒。省市向阜平派"最强外援"帮扶，派出了 62 个驻村工作队，当地选派了 147 个县直驻村工作队，对全县 209 个行政村帮扶全覆盖。省市县 209 名驻村第一书记吃住在村，战贫斗困，不胜不还。

在阜平的致富之路上，无数党员干部日里夜里、案头灯下细细谋划，风里雨里在太行深处疾驰奔走。他们用无私奉献、忘我牺牲的担当，换得山乡巨变、群众欢颜。

用心：找对路，能创富

"俩棚每年有六七万的收入，手头松快了，日子越过越有滋味。"作为县里第一批贷款承包食用菌大棚的贫困户，顾家台村的马秀英说起收入来喜笑颜开。谁能想到，小香菇会成为阜平人脱贫致富的大产业。早些年，这里不少百姓在荒山上栽果树、开办养殖合作社，一心一意想致富。可由于海拔高、冬季严寒，再加上缺乏技术指导，慢慢地牛棚空了、羊圈空了，山上的果树也死了。

习近平总书记在阜平考察时，为脱贫工作指明了方向："推进扶贫开发、推动经济社会发展，首先要有一个好思路、好路子。"经过深入调研论证，阜平县干部群众发现，食用菌种植在当地大有可为。经过反复论证，食用菌被确定为阜平县主导扶贫产业。2015 年起步，5 年时间，阜平县食用菌面积达 2 万亩，覆盖 140 个行政村，年产值达 5 亿元。从品种研发到制棒，从香菇种植到产品深加工，从冷鲜收储到冷链物流，阜平县的香菇产业已形成了一二三产业融合发展的完整产业链条，市场抗风险能力更强了。

细心：织起民生保障的"安全网"

经过五年的发展，阜平人民的腰包渐渐鼓了起来。然而，一张张医疗收费票据像大山压下来，阜平人民会不会又重新成为贫困户？

正当阜平县楼房村村民闫保莲为患直肠癌花费高发愁时，阜平县智慧防返贫平台及时预警，县人保财险公司派人上门救助。按医保政策报销后，闫保莲2020 年自付 34518.9 元，防贫保险为她补偿自付部分的 65%，最后闫保莲实际仅花费 12000 多元。"党的政策好，遇到再难的事也不怕。"54 岁的闫保莲话语间有了底气。

在阜平，老百姓获得感、幸福感越来越强。

能看病，看好病。在县域内定点医疗机构实行"先诊疗、后付费"和出院基本医保＋大病保险＋医疗救助"一站式一票制"即时结算制度。同时，对于建档立卡贫困人口门诊慢性病报销不设起付线。

搬得出，住得好。2016 年阜平易地扶贫搬迁工作正式启动。很快，39 个集中安置项目全面竣工，全县涉及易地扶贫搬迁的 1.7 万余户，5.3 万余人全部搬迁入住。

就近上学，能上好学。2013 年以来，全县新建 13 所农村寄宿制学校，解决了农村孩子"跑着上学"的问题；改造提升乡村小规模学校和薄弱学校 93 所，改善了农村学校办学条件；全面落实"两免一补""三免一助"等贫困学生救助政策，全县所有贫困学生资助全覆盖、无辍学。

饮上安全水，走上快速路。农村饮水安全巩固提升工程、电网升级改造工程、公路建设、通信基站建设等，解决了群众出行难、吃水难、用电难、通信难等问题。

腰包鼓了，房子新了，道路宽了，山更绿了！一年接着一年干，一仗接着一仗打，阜平创富的脚步坚定向前！中国全面建成小康社会的步伐更加有力！

齐心：苦干实干，共建共享

2021 年，阜平人信心满满踏上新征程。立春过后，阜平处处洋溢着生机与活力。在骆驼湾村口，乡亲们新立起"我们过上了好日子"8 个大字；在顾家台村口，"只要有信心、黄土变成金"的标语闪闪发光。这一切都在向世人宣告，依靠苦干实干共建共享美好生活的内生动力，已经在阜平干部群众心中扎下了根。"充分调动广大干部群众的积极性，树立脱贫致富、加快发展的坚定信心，发扬自力更生、艰苦奋斗精神，坚持苦干实干，就一定能改变面貌。"习近平总书记鼓励阜平干部群众的话语，已经化作了脱贫攻坚的火热实践。

脱贫攻坚，彰显着中国共产党人改天换地的雄心壮志，实实在在改变着贫困群众的生活。2021 年 2 月 25 日，习近平总书记在全国脱贫攻坚总结表彰大会上发表重要讲话，庄严宣告："经过全党全国各族人民共同努力，在迎来中国共产党成立一百周年的重要时刻，我国脱贫攻坚战取得了全面胜利，现行标准下 9899 万农村贫困人口全部脱贫，832 个贫困县全部摘帽，12.8 万个贫困村全部出列，区域性整体贫困得到解决，完成了消除绝对贫困的艰巨任务，创造了又一个彪炳史册的人间奇迹！这是中国人民的伟大光荣，是中国共产党的伟大光荣，是中华民族的伟大光荣！"

故事 讨论

1. 2018 年 5 月 4 日，习近平总书记在纪念马克思诞辰 200 周年大会上的讲话中指出，要"把共产主义远大理想同中国特色社会主义共同理想统一起来、同我们正在做的事情统一起来"。党的二十大报告指出："从现在起，中国共产党的中心任务就是团结带领全国各族人民全面建成社会主义现代化强国、实现第二个百年奋斗目标，以中国式现代化全面推进中华民族伟大复兴。"请结合第一个百年奋斗目标的实现和第二个百年奋斗目标的推进，分析共产主义远大理想与中国特色社会主义共同理想之间的辩证关系。

2. 有人说："既然共产主义理想的实现是历史的必然，为什么又要人们去努力追求？"请联系阜平县的"黄土成金记"，分析这种观点并谈谈你对实现共产主义的认识。

原理 分析

一、共产主义远大理想与中国特色社会主义共同理想的辩证统一关系

全面建成小康社会是实现中华民族伟大复兴中国梦的关键一步，也是共产主义事业在一定阶段的具体推进。坚定社会主义和共产主义理想信念，必须正确认识和把握共产主义远大理想与中国特色社会主义共同理想的关系。这对关系具有丰富的理论内涵，需要我们从不同的角度和层面去认识和把握。大体上，我们可以从时间、层次和范围三个维度加以考察。

首先，从时间上看，远大理想与共同理想的关系是最终理想与阶段性理想的关系。人类社会最终会走向共产主义，这是马克思主义揭示的历史运动规律，实现共产主义是人类历史发展的必然趋势。共产主义远大理想也就是我们的最终理想。它的实现需要许多代人的接续奋斗，在这个接续奋斗的过程中，会有一些阶段性的理想，只有通过实现一个一个的阶段性理想，才能最终实现共产主义远大理想。习近平总书记 2015 年 1 月 12 日在中央党校县委书记研修班学员座谈会上的讲话强调："实现共产主义是我们共产党人的最高理想，而这个最高理想是需要一代又一代人接力奋斗的。如果大家都觉得这是看不见摸不着的东西，没有必要为之奋斗和牺牲，那共产主义就真的永远实现不了了。我们现在坚持和发展中国特色社会主义，就是向着最高理想所进行的实实在在努力。"中国特色社会主义共同理想在当下就是"中华民族伟大复兴中国梦"，"小康梦"就是中国梦的关键一步。没有全面小康的实现，民族复兴就无从谈起，中国梦也无法实现，共产主义的远大理想也就成为空中楼阁。河北阜平的脱贫之路就是中国全面建成小康社会伟大成就的一个缩影，演绎出一部民族复兴的"圆梦记"。打赢脱贫攻坚战，全面建成小康社会，标志着第一个百年奋斗目标圆满完成，为实现第二个百年奋斗目标奠定了坚实的基础，在中华民族发展史上具有里程碑意义。

其次，从层次上看，远大理想与共同理想的关系是最高纲领与最低纲领的关系。中国共产党一经成立，就把实现共产主义作为党的最高理想与最终目标，义无反顾肩负起实现中华民族伟大复兴的历史使命。我们党的最高理想和最终目标是实现共产主义，这也是我们党的最高行动纲领。但追求党的理想和实行党的纲领，必须从中国当下的实际出发，从实现最近的目标开始。在当前，坚定中国特色社会主义共同理想，进一步推进中国特色社会主义事业，就是我们党的最低纲领在当前的要求。解决贫困是中国人民的千年梦想、百年夙愿，我们攻克贫困、全面建成小康社会就是为了实现中国特色社会主义共同理想而奋斗，也就是为共产主义远大理想而奋斗。经过持续奋斗，2020 年 11 月 23 日，包括阜平县在内的全国 832 个贫困县全部脱贫摘帽。以摆脱贫困为新起点，红色阜平正朝着乡村振兴、共同富裕的目标持续奋进。阜平巨变，是新时代伟大成就的一个缩影，见证着中国脱贫攻坚的非凡历程。全面小康社会的建成标志着中国人民在实现中国特色社会主义共同理想伟大征程上迈出坚实一步，实现两个百年奋斗目标的接续发展。

最后，从范围上看，远大理想与共同理想的关系也是全人类理想与全体中国人民理想的关系。共产主义远大理想体现的是全人类解放的共性，是面向全人类的。中国人民当然要树立远大理想，但这个理想不只属于中国人民，而是属于全人类。摆脱贫困，是全球治理的重点和难题，消除贫困，是人类自古以来的共同理想。党的二十大报告指出，中国扶贫减贫的伟大工作"打赢了人类历史上规模最大的脱贫攻坚战，历史性地解决了绝对贫困问题，为全球减贫事业作出了重大贡献"。从解决温饱到摆脱贫困，从总体小康到全面小康，并最终彻底解决绝对贫困问题，扶贫脱贫的伟大成就充分彰显了中国力量、中国智慧。中国脱贫攻坚战取得全面胜利，不仅是中国人民的伟大光荣，更是人类减贫史上的奇迹，为世界上更多人摆脱绝对贫困提供了勇气、经验和力量，也铸就了人类进步的不朽丰碑，向着共产主义的远大理想更进一步。

总之，必须以辩证思维把握和处理远大理想和共同理想的关系。任何时候都要坚持远大理想和共同理想的统一，不能把它们割裂开来、对立起来。习近平总书记指出："深刻认识共产主义远大理想和中国特色社会主义共同理想的辩证关系，既不能离开发展中国特色社会主义事业、实现民族复兴的现实工作而空谈远大理想，也不能因为实现共产主义是一个漫长的历史过程就讳言甚至丢掉远大理想。"没有远大理想的指引，就不会有共同理想的确立；没有共同理想的实现，远大理想就没有现实的基础。忘记远大理想而只顾眼前，就会失去前进的方向；离开现实工作而空谈远大理想，就会脱离实际。这是我们党在长期实践中得出的基本结论。

二、实现共产主义的道路

共产主义社会不是等出来的。习近平总书记告诫我们："共产主义决不是'土豆烧牛肉'那么简单，不可能唾手可得、一蹴而就，但我们不能因为实现共产主义理想是一个漫长的过程，就认为那是虚无缥缈的海市蜃楼，就不去做一个忠诚的共产党员。"

首先，坚持和发展中国特色社会主义是中华民族通向共产主义的必由之路。正是坚持中国特色社会主义道路，中国的脱贫实践才能取得辉煌的成就，才能打赢人类历史上规模最大、效果最好的脱贫攻坚战，才能使每一个民族、每一个地区、每一个百姓一个不落地走向共同富裕，展现出其他社会制度不可比拟的优势。沿着中国特色社会主义道路，阜平县党政干部坚持贯彻中央决策部署，创新完善精准扶贫的工作机制，把基层党组织建成脱贫奔小康的战斗堡垒，动员优秀人才返乡治村，发挥精准帮带和示范引领作用；因地制宜，推动农业产业结构转型，形成"山上种苹果、山下种食用菌"的新型农业产业格局……沿着中国特色社会主义这条道路前进，河北阜平实现了从"贫中之贫"到"黄土成金"的蝶变，并将稳定持续地发展，在乡村振兴的道路上越走越远，越走越稳，越走越快。

其次，共产主义社会是拼出来、干出来、奋斗出来的。实现共产主义远大理想的过程就像万里长征，应该一步一个脚印、踏踏实实地向着未来迈进。回顾几千年的历史，中国人民凭借自己的聪明才智、辛勤汗水，脚踏实地，创造出了辉煌的人类文明成果。新中国成立以来、改革开放以来特别是党的十八大以来，中国共产党带领中国人民苦干实干拼命干，使中华民族迎来了从站起来、富起来到强起来的伟大飞跃。中国人民深知也更加深信：世界上没有坐享其成的好事，想发展就要靠自己苦干实干拼命干，"幸福不会从天而降，梦想不会自动成真"。社会主义是干出来的，新时代也是干出来的，共产主义社会更是干出来的。"空谈误国，实干兴邦"，阜平县的脱贫之路正是在党和阜平人民日日夜夜的奋斗中开拓出来的。"只要有信心、黄土变成金"，正是坚定了脱贫致富的信心，坚持中国共产党的领导，坚定中国特色社会主义道路，阜平人民凝心聚力，苦干实干，依靠自己勤劳的双手，把昔日的"穷山恶水"变成今天的"好山好水"，走出了一条"黄土生金"的新路。

最后，青年一代要坚定理想信念，投身新时代中国特色社会主义伟大事业。理想是指引人们奋斗方向的航标，也是推动人们前进的强大精神动力。习近平总书记指出："青年是标志时代的最灵敏的晴雨表，时代的责任赋予青年，时代的光荣属于青年。"青年是祖国的未来、民族的希望。青年兴则国家兴，青年强则国家强。实现中华民族伟大复兴的中国梦，夺取新时代中国特色社会主义的伟大胜利，将全国各族人民的共同理想变为现实，需要一代又一代有志青年接续奋斗。阜平的"黄土成金"之路也离不开广大青年的接续奋斗。阜平县在脱贫攻坚战中发生了翻天覆地的变化，越来越多的年轻人也陆续归来，为家乡建设贡献自己的力量。据统计，阜平全县已累计有5000多名年轻人返乡创业，古老的土地上跃动着越来越多青春的身影。直播带货、搞乡村民宿、开办旅游公司、销售土特产，青年一代接过了摆脱贫困、创造幸福生活的接力棒，在脱贫道路上续写着充满中国力量的青春故事。

青年一代的理想信念、精神状态、综合素质，是一个国家发展活力的重要体现，也是一个国家核心竞争力的重要因素。青年一代有理想、有本领、有担当，国家就有前途，民族就有希望。当代中国青年生逢其时，作为新时代的青年，更应该将自我投入大我中去，坚定理想信念，怀抱梦想又脚踏实地，立志做有理想、敢担当、能吃苦、肯奋斗的新时代好青年，让青春在全面建设社会主义现代化国家的火热实践中绽放绚丽之花。

 **教学建议**

本案例适用于《马克思主义基本原理》第七章"共产主义崇高理想及其最终实现"第三节"共产主义远大理想与中国特色社会主义共同理想"的教学。

讲授重点：通过阜平县的脱贫缩影，让学生了解我国打赢脱贫攻坚战的艰难历程和最终取得的伟大成就，同时也让学生思考为什么我国要以如此之大的财力、物力、人力来治理贫困。学生应认识到，消除贫困是千百年来人类的共同理想，消灭绝对贫困是实现中华民族伟大复兴和中国特色社会主义共同理想的必经之路，也是实现共产主义远大理想的关键一环。从脱贫攻坚到全面建成小康社会再到开启社会主义现代化强国建设新征程，中国共产党始终坚定理想信念，牢记初心使命，践行根本宗旨，强化责任担当，发扬斗争精神，攻坚克难、砥砺奋进，为党和人民事业拼搏奉献，在新时代新征程上不断创造新的业绩。

实践探索：请学生课后阅读《人类减贫的中国实践》白皮书，深入了解中国消除绝对贫困的伟大历程，思考新时代的青年应该怎样将自己的理想目标与国家、民族的理想目标结合起来。

学习思考

1. 脱贫不是终点而是起点，请结合脱贫实践，思考如何巩固脱贫成果，让脱贫基础更加稳固、成效更可持续。

2. 党的二十大报告指出："广大青年要坚定不移听党话、跟党走，怀抱梦想又脚踏实地，敢想敢为又善作善成，立志做有理想、敢担当、能吃苦、肯奋斗的新时代好青年，让青春在全面建设社会主义现代化国家的火热实践中绽放绚丽之花。"作为新时代的青年，我们应该怎样在党的领导下将个人理想融入追求共同理想、远大理想的过程中？

[1] 中共中央文献研究室. 做焦裕禄式的县委书记 [M]. 北京：中央文献出版社，2015.

[2] 中共中央文献研究室. 十八大以来重要文献选编：中册 [M]. 北京：中央文献出版社，2016.

[3] 习近平. 习近平谈治国理政：第 2 卷 [M]. 北京：外文出版社，2020.

[4] 习近平. 习近平谈治国理政：第 4 卷 [M]. 北京：外文出版社，2022.

[5] 习近平. 论党的宣传思想工作 [M]. 北京：中央文献出版社，2020.

[6] 中共中央文献研究室. 习近平关于青少年和共青团工作论述摘编 [M]. 北京：中央文献出版社，2017.

延伸阅读：

1. 国务院新闻办公室. 人类减贫的中国实践（2021 年 4 月）[M]. 北京：人民出版社，2021.

2. 习近平. 在实现中国梦的生动实践中放飞青春梦想 [M] // 习近平谈治国理政：第一卷. 北京：外文出版社，2018.

共产主义为什么不是虚无缥缈的*

——共产主义崇高理想及其最终实现

冯荟帆

从 1848 年《共产党宣言》发表至今，对共产主义学说的质疑一直存在，但所有质疑都无法掩盖这一学说的思想光辉。因为只有共产主义致力于消灭剥削和压迫、实现全人类解放和幸福，是人类真正进步的理想追求，具有高度的价值性。同时，共产主义学说也是符合人类社会发展规律的真理，具有严谨的科学性，越来越被人类社会发展实践所证实，显示出无限的生命力。

人类社会发展是一个不以人的意志为转移的自然历史过程

恩格斯在《在马克思墓前的讲话》中这样评价马克思浩繁精深和艰苦卓绝的科学研究工作："马克思在他所研究的每一个领域，甚至在数学领域，都有独到的发现，这样的领域是很多的，而且其中任何一个领域他都不是浅尝辄止。"马克思以极端严肃认真的态度和无情的自我批判精神对待自己的科学研究。凡是人类社会创造的一切，他都用批判的态度加以审视；凡是人类思想所建树的一切，他都重新探讨过、批判过，用工人运动检验过，从而得出了那些被资产阶级狭隘性所限制或被资产阶级偏见束缚住的人所不能得出的结论。

---

* 故事来源：李靖之. 共产主义理想的科学性［N］. 人民日报，2016－04－06（7）.

马克思、恩格斯像

马克思的科学研究证明，人类社会的发展是一个不以人的意志为转移的自然历史过程。"手推磨产生的是封建主为首的社会，蒸汽磨产生的是工业资本家为首的社会"，人们的实践能力及其所达到的结果，归根到底取决于生产力水平及其社会形式。原始社会的人们在创造新的生存方式、从使用石器过渡到使用金属工具的时候，并没有意识到这种变革会导致奴隶制度的社会后果。奴隶制是历史上最野蛮的剥削制度，但是在劳动生产率还很低下的条件下，它又是人类社会发展所必须经过的社会形态。铁器、牛耕以及新的耕作制度的出现，适应了自给自足的个体生产，在小农经济基础上产生了封建制度。资本主义制度又是在封建社会所积累的文明成果的基础上产生的，是私有制的最高形式。资产阶级凭借创造的巨大生产力推翻了封建制度，确立了自己的统治地位。但是社会化的大生产与资本主义私有制存在着对抗性的矛盾，资产阶级用来推翻封建制度的武器，现在却对准资产阶级自己了。而代替资本主义社会的将是与社会化大生产相适应的公有制基础上的新的社会形态——社会主义和共产主义。

马克思的科学社会主义理论不带任何主观随意性，从社会发展的最终决定力量即生产力发展的客观要求出发，认定社会主义是资本主义自发力量推动下社会化生产力发展的必然结果，从而根本区别于空想社会主义。

共产主义是人类社会未来发展的总趋势

马克思、恩格斯认为，社会主义社会只是共产主义社会的第一阶段，人类社会真正的理想境界是共产主义社会形态。共产主义不仅要把人从私有制统治下解放出来，而且要为人的自由而全面的发展开辟无限广阔的前景。一切民族，不管他们所处的历史环境如何，都注定要走这条道路，以便最后都达到在保证社会劳动生产力高度发展的同时又保证人类最全面的发展这样一种经济社会形态。

《共产党宣言》指出，资产阶级开拓了世界市场，使一切国家的生产和消费都成为世界性的了，过去那种自给自足和闭关自守状态，被各民族的各方面的互相往来和各方面的互相依赖代替了。生产力的普遍发展造成世界交往的普遍发展，不同国家之间紧密联系、互相影响，使未开化和半开化的国家从属于文明的国家，农民的民族从属于资产阶级的民族，东方从属于西方。而共产主义的实现正是以生产力的普遍发展和世界交往的普遍发展为前提的。大工业使文明国家日益分裂为两大对立的阶级，资产阶级和无产阶级。现代的工业劳动，现代的资本压迫，无论在英国或法国，无论在美国或德国，都是一样的，都使无产阶级失去了民族性。因此，共产主义将不是仅仅一个国家的革命，而是将在一切文明国家里，至少在英国、美国、法国、德国同时发生的革命。

马克思、恩格斯指出，人的解放和自由全面的发展只有在历史转变为世界历史的条件下才能实现。每一个单独的个人的解放程度与历史转变为世界历史的程度相一致。只有这样，单个人才能摆脱种种民族局限和地域局限而同整个世界的生产（也同精神的生产）发生实际的联系，才能获得利用人类创造的一切文明成果的能力。各个人的全面的依存关系、他们的这种自然形成的世界历史性的共同活动的最初形式，由于这种共产主义革命而转化为对那些异己力量的控制和自觉驾驭，人终于成为自由的人，才能完全自觉地创造自己的历史。

共产主义革命同传统的所有制关系实行最彻底的决裂，废除私有制，推翻现存的社会制度，因此民族国家将逐渐自行消亡。公共权力失去政治性质，对人的统治将由对物的管理和对生产过程的领导所代替。与国家的消亡相联系的是阶级和阶级对立、旧的社会分工和城乡差别的逐步消除。"代替那存在着阶级和阶级对立的资产阶级旧社会的，将是这样一个联合体，在那里，每个人的自由发展是一切人的自由发展的条件。"

恩格斯强调："马克思的整个世界观不是教义，而是方法。它提供的不是现成的教条，而是进一步研究的出发点和供这种研究使用的方法。"马克思主义创始人关于未来社会的论述，是建立在分析批判资本主义现实运动的基础上的，是在"批判旧世界中发现新世界"，具有令人折服的强大逻辑力量。今天呈现在我们面前的经济全球化及各种趋势性现象，就与当年马克思、恩格斯笔下描绘的情景惊人地一致。但是，另一方面我们要认识到，这些论述只是指明了人类社会未来发展的总趋势，而不能为历史的具体演进提供先验的模式、为未来社会规定具体的细节。

历史发展的一般规律并不排除特殊性

马克思主义在揭示人类社会发展一般规律的时候，并没有排除历史发展的特殊性。马克思基于对西欧各国的观察分析资本主义产生和发展道路，认为俄国农村公社有可能不通过资本主义制度的"卡夫丁峡谷"，而享用资本主义制度的一切积极成果。列宁后来更明确强调，历史发展顺序和形式的变化并没有否定社会发展的一般规律，不应当以"俄国生产力还没有发展到足以实现社会主义的高度"去否定社会主义革命，十月革命并没有违背世界历史发展的一般规律，它完全符合世界历史发展的总的路线。

十月革命胜利，建立了无产阶级专政的苏维埃政权，世界上第一个社会主义国家由此诞生。社会主义制度根本改变了工人阶级和劳动人民的历史命运，在消灭剥削、消除两极分化、实现社会平等和人民当家作主、建设新型思想道德文化等方面，取得了巨大成就，积累了丰富经验，显示出自己的优越性。但社会主义作为一种新生的社会制度，仍然处于实践和发展的初期阶段，面临着建设和发展的长期性和艰巨性。

邓小平同志指出，巩固和发展社会主义制度，还需要一个很长的历史阶段，需要我们几代人、十几代人甚至几十代人坚持不懈地努力奋斗，道路是曲折的；另一方面，邓小平同志坚信世界上赞成马克思主义的人会多起来，因为马克思主义是科学的。"资本主义代替封建主义的几百年间，发生过多少次王朝复辟？所以，从一定意义上说，某种暂时复辟也是难以完全避免的规律性现象。"一些国家出现严重曲折，社会主义好像被削弱了，但人民经受锻炼，从中吸取教训，将促使社会主义向着更加健康的方向发展。中国始终坚持社会主义道路，以自己的实践使社会主义不断焕发蓬勃的生命力。

坚定自觉地为共产主义理想而奋斗

资本主义生产方式在创造财富的同时不可能也没有带来普遍繁荣和共同富裕，而是带来贫富两极分化，这种分化程度无论在国家内部还是在国际范围内都日益加剧。科技的进步和生产自动化水平的提高，本可使机器取代工人，使人们减轻劳动强度、享有更多休闲时间，但在资本主义制度下，机器创造的财富归机器所有者占有，多数人则面临被夺走工作岗位的压力。资本的贪婪本性和自由流动使世界变成一个大赌场，金融投机成为一种超级赚钱产业，过度膨胀的"虚拟经济"孕育着巨大风险。资本主义制度不可避免地产生贪婪、腐败和不公正，给全世界带来大量难以解决的社会问题。资本唯利是图的本性、生产无限扩大的趋势以及整个社会生产的无政府状态，还造成日益严重的资源、环境问题。

资本主义不单是经济制度，也是政治制度。2008 年的金融危机，不仅造成大量美国家庭破产，而且危及全球。危机爆发后，美国政府拿纳税人的钱救助大银行、大公司，危机过后也没有任何责任追究，奥巴马政府提出的金融监管法案最后也无果而终，原因就在于这些金融资本掌握着美国经济的核心和命脉。在世界上，美国从来就是把西式民主制度和自由主义市场经济捆绑输出，给一些国家和地区带来的是政治纷争不断、国家软弱涣散，这种状况最符合资本的需要，其背后是"资本是政治的母乳，为资本服务是政府的天职"的资本主义逻辑。

一种存在着自身不可克服的对抗性矛盾的生产方式和社会制度，一种不断地制造着对抗、危机、冲突甚至战乱的生产方式和社会制度，一种以攫取财富为唯一目的的生产方式和社会制度，一种把少数人和少数国家的富裕建立在大多数人的大多数国家的贫困之上的生产方式和社会制度，一种在生产着财富的同时也生产着贪婪、腐败和不公正的生产方式和社会制度，是注定没有前途的。历史的辩证法告诉我们，资本主义的兴旺发达，不过是在为它被新事物取代铺平道路。

科学的结论应该是，当今世界包括发达资本主义国家一切具有进步意义的发展变化，都有利于社会主义和共产主义的成长。科学技术和生产力的革命性飞跃，使人类迎来"地球村"时代，历史转变为世界历史的物质技术基础日益充分。劳动生产率的提高和产业结构的变化使工人阶级正在经历深刻的改造，将成为更加觉悟、更具影响力的社会力量。社会生产组织方式的日益发展完善，将为扬弃资本主义私有制准备日益完备的条件。气候变化、人类整体安全等全球性挑战的日益增多，将迫使人们采取共同行动加以应对，进而实质性地构建"人类命运共同体"。所有这些，都有理由让我们积极乐观地看待世界历史发展的大趋势。

习近平总书记指出："我们不能因为实现共产主义理想是一个漫长的过程，就认为那是虚无缥缈的海市蜃楼，就不去做一个忠诚的共产党员。革命理想高于天。实现共产主义是我们共产党人的最高理想，而这个最高理想是需要一代又一代人接力奋斗的。"在理想信念问题上，不能含糊其词、语焉不详。"土能浊河，而不能浊海；风能拔木，而不能拔山。"为着共产主义理想而奋斗，我们就能真正做到"千磨万击还坚劲，任尔东西南北风"。

故事 讨论

1. 请结合国际共产主义运动史，谈谈你对实现共产主义目标的必然性与长期性的认识。

2. 党的二十大报告指出："青年强，则国家强。当代中国青年生逢其时，施展才干的舞台无比广阔，实现梦想的前景无比光明。"请结合故事与自身实际，谈谈自己应该如何坚定理想信念，成为新时代的好青年。

原理 分析

本文分析了共产主义理想的科学性。一方面，共产主义理想的提出是建立在马克思主义创始人对人类社会发展规律科学把握的基础之上，从人类社会发展规律来看，实现共产主义是必然的趋势。另一方面，现实中的资本主义社会存在着对抗性的矛盾，在这种矛盾下资产阶级和无产阶级的斗争不可调和，最终要通过共产主义革命消灭私有制，建立每个人的发展是一切人的自由发展的条件的联合体。

其一，展望共产主义社会要坚持科学的立场、观点和方法。要在揭示人类社会发展一般规律的基础上指明社会发展的新方向，在剖析资本主义旧世界的过程中阐发未来新世界的特点。马克思与空想社会主义者不同，他站在无产阶级的立场上研究人类社会，并运用最彻底、最完整、最周密、内容最丰富的发展论去考察现代资本主义，揭示了社会发展的一般规律和资本主义社会发展的特殊规律，从而对共产主义社会做出了科学的展望。在将社会化生产力作为理论与实践的出发点的同时，马克思、恩格斯剖析了资本主义旧社会的弊端，指出在资本主义社会存在着剥削和压迫，人们受到异己力量的支配。他们不是只看到资本主义社会的弊端，而且进一步揭示出弊端的根源，揭示出资本主义发展中自我否定的力量，发现资本主义的矛盾运动中孕育着的新社会因素，并由此做出对未来社会特点的预见。

其二，人类社会发展是不以人的意志为转移的客观过程，实现共产主义是历史发展的必然。马克思指出："社会不是坚实的结晶体，而是一个能够变化并且经常处于变化过程中的有机体。"人类社会从低级到高级的发展，是一个社会形态发展和更替的过程，进入共产主义社会是一个客观必然的过程。社会形态更替的根本动力在于社会基本矛盾的运动。人类社会之所以是发展的，根本原因就在于社会的基本矛盾即生产力与生产关系、经济基础与上层建筑的矛盾，这对基本矛盾推动着社会从低级到高级的发展。在阶级社会中，生产力与生产关系的矛盾直接地表现为推动先进生产力发展的阶级与维护旧的生产关系的阶级之间的阶级矛盾和阶级斗争。资产阶级创造了巨大的生产力，战胜了封建制度，确立了自己的统治地位。资本主义生产方式发展到机器大工业阶段以后，以生产资料使用社会化、劳动过程社会化和劳动产品社会化为主要内容的社会化生产程度日益提高，但资本主义社会仍然保存着生产资料和产品的私人占有形式，资本主义的私人占有者不是从事生产的劳动者，而是占有他人劳动和劳动产品的资本家。因此，社会化生产同资本主义私人占有之间便形成了对抗性的矛盾。随着生产力的普遍发展，资产阶级建立了世界市场，各个国家紧密地联系起来，世界范围内的资产阶级与无产阶级成为两大对立的阶级。科学技术和生产力的革命性飞跃使得历史转变为世界历史的物质技术基础日益充分，劳动生产率的提高和产业结构的变化改造了工人阶级，社会生产组织方式日益发展完善，全球挑战日益增多迫使人们采取共同行动，所有这些因素将共同推动共产主义革命。

其三，实现共产主义是一个长期的历史过程。社会形态的转变是一种根本的转变，它不仅是社会具体制度的更新，而且是整个社会的根本改造。一个社会形态在成熟后向新的更高社会形态的转变，通常要经历一个漫长的充满复杂矛盾的过程。无论是现有的社会主义国家将来发展到共产主义，还是现在的资本主义发达国家转向社会主义之后最终向共产主义迈进，都是一个漫长的发展过程。首先，资本主义作为一个社会形态走向衰亡是一个长期的、复杂的过程。马克思曾在《〈政治经济学批判〉序言》中指出："无论哪一个社会形态，在它所能容纳的全部生产力发挥出来以前，是决不会灭亡的；而新的更高的生产关系，在它的物质存在条件在旧社会的胎胞里成熟以前，是决不会出现的。"资本主义发展到垄断阶段，其经济、政治、文化和社会状况都呈现出新的特点，这些新变化延缓了其衰亡。其次，社会主义制度的巩固和发展及其优越性的充分展现是一个长期过程。与马克思主义创始人设想的不同，社会主义革命在经济文化比较落后的国家首先取得了胜利。这些国家的生产力水平与发达资本主义国家相比还有较大差距，需要大力发展生产力，吸收和借鉴一切人类文明成果。而且社会主义作为一种全新的社会形态，其巩固和发展需要长久的探索。在 20 世纪末期，苏联和东欧社会主义国家发生剧变，世界社会主义运动遭受了空前的挫折，但其中的经验教训将促使社会主义向着更健康的方向发展。

其四，要坚持共产主义远大理想和中国特色社会主义共同理想，积极投身新时代中国特色社会主义伟大事业。习近平总书记指出，实现共产主义是由一个一个阶段性目标逐步达成的历史过程，要把共产主义远大理想同中国特色社会主义共同理想统一起来，坚定中国特色社会主义道路自信、理论自信、制度自信、文化自信。从时间上看，远大理想与共同理想的关系是最终理想与阶段性理想的关系。中国特色社会主义共同理想，是我们在追求和实现共产主义远大理想过程中的一个阶段性理想。从层次上看，远大理想与共同理想的关系是最高纲领与最低纲领之间的关系。中国特色社会主义的基本纲领既是从我国正处于社会主义初级阶段的基本国情出发的，也没有脱离党的最高理想。我们既要坚定走中国特色社会主义道路的信念，也要胸怀共产主义的崇高理想。青年兴则国家兴，青年强则国家强。实现中华民族伟大复兴的中国梦，夺取新时代中国特色社会主义的伟大胜利，将全国各族人民的共同理想变为现实，需要一代又一代有志青年接续奋斗。当代青年要坚定理想信念，积极投身新时代中国特色社会主义伟大事业，勇做担当中华民族伟大复兴大任的时代新人。

教学建议

本案例适用于《马克思主义基本原理》第七章"共产主义崇高理想及其最终实现"的教学。

讲授重点：结合人类社会发展规律以及资本主义的特殊矛盾，深入阐释实现共产主义的必然性。同时，通过社会主义国家与资本主义国家现状的横向比较，以及社会主义国家发展阶段的纵向对比，让学生认识到实现共产主义的长期性，同时看到社会主义制度的优越性和生命力，坚定制度自信和理想信念。

实践探索：请学生思考自己的人生规划，寻找将个人理想与中国特色社会主义共同理想结合的方式。

学习思考

1. 请谈谈在展望未来社会的问题上，马克思主义经典作家与空想社会主义者有何本质区别。

2. 实现共产主义是历史的必然，同时共产主义的最终实现是一个漫长的过程，需要人们去努力追求。请用马克思主义的辩证观点分析"共产主义渺茫论"的错误。

[1] 中共中央马克思恩格斯列宁斯大林著作编译局. 马克思恩格斯选集：第 1 卷 [M]. 北京：人民出版社，2012.

［2］习近平. 习近平谈治国理政：第 1 卷 ［M］. 北京：外文出版社，2018.

延伸阅读：

1. 邓小平. 邓小平文选：第 3 卷 ［M］. 北京：人民出版社，1993.

2. 马克思. 哥达纲领批判 ［M］. 北京：人民出版社，1997.

社会主义没有辜负中国[*]

——社会主义在中国焕发出强大生机活力

田鑫妍

百年征程波澜壮阔，我们党带领中国人民从"开天辟地"争取民族独立和人民解放，到"摸着石头过河"创造经济发展伟大奇迹，再到"步履铿锵"书写中华民族伟大复兴华丽篇章，一步一个脚印将中国特色社会主义伟大事业推向前进，党的百年历史充分印证了"社会主义没有辜负中国"。

革命理想高于天

19 世纪 40 年代，古老的中国被列强的坚船利炮打开了国门，中国命运从此进入前所未有的悲惨境地。中国人在黑暗中苦苦摸索救亡图存之路，种种西方的理论和学说都被引进作为强国富民的药方。一个个方案都试过了，却又屡屡化为泡影。无数仁人志士一次次地用生命和灵魂发问：中国的出路在哪里？民族的希望在哪里？

十月革命一声炮响，给中国送来了马克思列宁主义。先进的、不屈的中国人选择了马克思主义作为救国救民的道路，作为始终不渝的志向。1921 年 7 月，一群怀揣坚定共产主义信仰的年轻人在上海召开会议，商讨中国共产党的成立。但他们的会议因法租界巡捕突然闯入而被打断，代表们为了保密与安

---

* 故事来源：宣言. 社会主义没有辜负中国[EB/OL]. (2021−06−06)[2022−11−30]. http://www. gov. cn/xinwen/2021−06/06/content＿5615797. htm.

全，决定乘火车前往嘉兴，在南湖的一条画舫上继续召开会议。正是在这条小船上，中国共产党第一次全国代表大会完成了最后的议程，通过了党的第一个纲领与第一个决议，宣告了中国共产党正式成立。大会闭幕时已是傍晚时分，船舱中的全体代表紧握右拳，庄严而轻声地呼喊："共产党万岁！第三国际万岁！共产主义——人类的解放者万岁！"夕阳下，船靠岸，代表们悄然离去。从此，革命的火种被带向了全国各地。

中共一大会址

正是在理想信念的火炬下，中国共产党广泛发动工农群众，敢于突击冲锋，成功推进了北伐战争；正是在理想信念的火炬下，幸存的共产党人掩埋了被反动派屠杀的同伴的尸首，拿起武器、走进山林，投入新的战斗；正是在理想信念的火炬下，红军将士闯天险、战强敌，爬雪山、过草地，完成了彪炳人类史册的二万五千里长征；正是在理想信念的火炬下，党和人民用坚忍不拔、血战到底，书写了抗击日本军国主义的民族壮歌，取得了抵御外侮的最终胜利；正是在理想信念的火炬下，英勇的人民解放军只用三年时间就打垮了国民党反动派 800 万军队，彰显了什么是"天若有情天亦老，人间正道是沧桑"。

28 年浴血奋战，28 年砥砺前行，我们的国家从任人欺辱的"东亚病夫"

变成令世界刮目相看的"东方醒狮"，我们的人民从做牛做马的奴隶变成扬眉吐气的主人。我们用革命的胜利告慰先烈：社会主义没有辜负中国！

筚路蓝缕，以启山林

1949 年，中华人民共和国成立，开启了社会主义在世界东方的伟大时代。我们依靠"人民创造历史"的伟力，依靠"集中力量办大事"的优势，创造了一个又一个可以载入中华民族和人类史册的奇迹。

面对重重困难考验，中国共产党带领人民迅速医治战争创伤、恢复国民经济，以中国独有的形式实现了对农业、手工业、资本主义工商业的社会主义改造，创造性地完成了由新民主主义革命向社会主义革命的转变，成功实现了中国历史上最深刻最伟大的社会变革。1954 年宪法，用根本大法的形式把人民民主和社会主义的原则固定下来，基本建立了社会主义的社会制度，为实现中华民族伟大复兴奠定了根本政治前提和制度基础。

"一万年太久，只争朝夕。"为了甩掉"贫油国"的帽子，以铁人王进喜为代表的大庆石油工人，在当时极其困难的条件下，以"宁肯少活 20 年，拼命也要拿下大油田"的冲天豪情，仅用 3 年多的时间就夺取了大会战的胜利，发现了大庆油田，翻开了中国石油开发史上具有历史转折意义的一页。为打牢国家自立自强的基石，一大批优秀的科技工作者义无反顾地投身到"两弹一星"的事业中来。在当时，他们的工作内容是绝密，连家人都不能透露，有的人甚至隐姓埋名 20 余载。他们扎根戈壁荒原，奋战深山峡谷，有的人甚至献出了宝贵的生命，用一生最好的时光，铸就了一座座无言的丰碑。以毛泽东同志为主要代表的中国共产党人领导人民自力更生、发愤图强，凝聚形成了伟大抗美援朝精神、雷锋精神、焦裕禄精神、铁人精神、北大荒精神……取得了伟大的独创性理论成果和巨大成就，为新的历史时期开创中国特色社会主义提供了宝贵经验、理论准备、物质基础。

王进喜跳入泥浆池，用身体搅拌水泥浆，制服井喷

党领导人民在社会主义革命和建设时期取得的伟大成就告诉我们：社会主义没有辜负中国！

"摸着石头过河"的伟大转折

为了建设社会主义，中国共产党领导人民矢志推进新的伟大革命，开启了改革开放的伟大航程。

党的十一届三中全会成为党的历史和新中国历史上具有深远意义的伟大转折。停止使用"以阶级斗争为纲"，把全党工作重点转移到社会主义现代化建设上来，重新确立解放思想、实事求是的思想路线。为了使生产关系适应生产力的发展，家庭联产承包责任制广泛施行，经济特区先行先试，乡镇企业异军突起，科技体制改革深入推进，对外开放格局加快形成，蕴藏在广大人民中的活力创造力充分迸发。坚持改革开放、坚持四项基本原则，这两个基本点紧密联系，不可偏废。我们坚持社会主义物质文明和精神文明"两手抓、两手都要硬"，坚定推进党的建设新的伟大工程，全面推进中国特色社会主义经济、政治、文化、社会、生态文明建设，让人民群众共享改革发展成果，为社会主义理想插上现实的翅膀。

改革开放40多年来，我国经济总量一路超过意大利、法国、英国、德国、日本，稳居世界第二；我国人民生活水平持续提升，已经进入中高收入国家行列；神州大地面貌日新月异，公路成网、铁路密布、西气东输、南水北调、高坝矗立、大桥巍峨，天堑变通途；中国还战胜了历史罕见的洪涝、雨雪冰冻、地震等重大自然灾害和非典等重大疫病，经受住了亚洲金融危机和国际金融危机严峻考验，风雨过后更见气度从容、身姿挺拔。中华大地汹涌澎湃的伟大实践表明：只有社会主义才能发展中国，只有改革开放才能让中国大踏步赶上时代、让人民过上幸福生活，社会主义没有辜负中国！

新时代，新征程

党的十九大向全党全国和全世界庄严宣告："经过长期努力，中国特色社会主义进入了新时代，这是我国发展新的历史方位。"

从十八届三中全会的全面深化改革，到全面依法治国、全面建成小康社会，再到全面从严治党、以党的自我革命推动社会革命，从坚持和完善中国特色社会主义制度，到立足新发展阶段，贯彻新发展理念，构建新发展格局，推动高质量发展。

"江山就是人民，人民就是江山"，为了实现中国人民摆脱贫困的千年夙愿，党领导人民打响了脱贫攻坚战，贫困地区广大干部群众顽强拼搏，第一书记和驻村干部全力投入，东西部协作精准对接，社会各界有钱出钱、有力出力，一户户贫困乡亲感受着社会主义大家庭的温暖，一座座寂静的深山涌动着生机和希望。

面对科技的高峰，我们从不退缩。嫦娥飞天、蛟龙入海、天眼观星、北斗组网，"祝融"号火星车经过 295 天的旅程，成功登陆火星。面对霸凌和打压，我们从未屈服，全党全国敢于斗争、勇于胜利，攒成一股劲、拧成一股绳。百年不遇的新冠肺炎疫情，把我们每个人的命运与国家的、集体的命运紧紧连在一起，14 亿中国人心手相连、守家护国，创造了人类抗疫斗争史上的伟大奇迹。

新时代的中国，理想的旗帜鲜艳高扬。面对世界百年未有之大变局，中国人民对马克思主义、共产主义的信仰更加坚定，对中国特色社会主义的信念更加牢固。习近平总书记带领全党全国人民揽全局、应变局、开新局，党和国家事业取得历史性成就、实现历史性变革，中华民族比历史上任何时候都更接近民族复兴的伟大目标，社会主义没有辜负中国！

故事讨论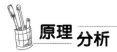

1. 如今，"中国智慧""中国方案""中国式现代化"等已经成为热门词语，在学习了社会主义在中国的百年发展历程之后，你对这些词语有什么新的认识？

2. 习近平总书记在纪念马克思诞辰 200 周年大会上的讲话中指出："当代中国的伟大社会变革，不是简单延续我国历史文化的母版，不是简单套用马克思主义经典作家设想的模板，不是其他国家社会主义实践的再版，也不是国外现代化发展的翻版。"你如何理解这句话？

原理分析

社会主义没有辜负中国，历史给出了肯定答案。在面临历史抉择的关键时期，为挽救空前深重的民族危机和社会危机，无数仁人志士苦苦追寻救国救民的真理。致力于"谋幸福、谋解放"的社会主义给中国革命指明了前途和方向，千千万万革命烈士怀着对共产主义的崇高理想，不惜用青春和鲜血浇灌"共产之花"。只有社会主义才能救中国，这是我们党几十年来探索救国救民之路得出的必然结论，也是中国近代史上无可争议的历史事实。中国共产党坚持把马克思主义作为领导中国革命、建设和改革的根本指导思想，始终用马克思主义的立场观点方法分析中国国情、解决中国问题，带领中国人民取得了中国革命、建设和改革的伟大胜利。在建设、巩固和发展社会主义的历史进程中，马克思主义的科学真理性得到了充分的实践证明。党的十八大以来，社会主义作为人类的正义事业、崇高的价值追求，赋予了新时代以最鲜明的底色、最厚重的底气。此时此刻，社会主义的阳光正映照在奋斗者的身影中、孩子们的笑脸上，中国特色社会主义旗帜正引领中华民族伟大复兴呈现出前所未有的光明前景。社会主义没有辜负中国的故事闪耀着马克思主义真理的光辉，引领着、启迪着中国青年澎湃向前。

一、中国共产党领导的社会主义事业经过了从新民主主义革命到社会主义革命、建设、改革的发展过程，在百年奋斗中不断发展壮大，在 21 世纪焕发出勃勃生机

鸦片战争之后，创造了灿烂文明的中华民族遭遇到文明难以赓续的深重危机，呈现在世界面前的是一派衰败凋零的景象。百年来，党领导人民不懈奋斗、不断进取，成功开辟了实现中华民族伟大复兴的正确道路。党领导人民浴血奋战、百折不挠，创造了新民主主义革命的伟大成就；自力更生、发愤图强，创造了社会主义革命和建设的伟大成就；解放思想、锐意进取，创造了改革开放和社会主义现代化建设的伟大成就；自信自强、守正创新，创造了新时代中国特色社会主义的伟大成就。中国从四分五裂、一盘散沙到高度统一、民族团结，从积贫积弱、一穷二白到全面小康、繁荣富强，从被动挨打、饱受欺凌到独立自主、坚定自信，仅用几十年时间就走完发达国家几百年走过的工业化历程，创造了经济快速发展和社会长期稳定两大奇迹。

中国特色社会主义进入新时代，意味着近代以来久经磨难的中华民族迎来了从站起来、富起来到强起来的伟大飞跃，迎来了实现中华民族伟大复兴的光明前景；意味着科学社会主义在 21 世纪的中国焕发出强大生机活力，在世界上高高举起了中国特色社会主义伟大旗帜。党和人民百年奋斗，书写了中华民族几千年历史上最恢宏的史诗。社会主义在世界上人口最多的国家成功创造了中国式现代化新道路，创造了人类文明新形态，鲜明地展现了社会主义的优越性，标志着世界社会主义正在开拓新的历史征程。今天，中华民族向世界展现的是一派欣欣向荣的气象，巍然屹立于世界东方。

二、中国特色社会主义是根植于中国大地、反映中国人民意愿、适应中国和时代发展进步要求的科学社会主义，集中体现了科学社会主义基本原则与当代中国实际、中华优秀传统文化的有机统一

中国特色社会主义始终坚持科学社会主义基本原则。回望战争年代，长征路上、湘江岸边，无数红军战士为了保存革命的火种鏖战拼杀，用鲜血染红了漫漫征程、滚滚江水。这些大多二十来岁甚至只有十五六岁的战士们，视死而如归、乐观而顽强，就是因为胸怀着对革命必胜的信念，对社会主义、共产主义美好社会的憧憬。这是一个党永生不灭的基因，是一个民族由衰而兴的密码。党的百年奋斗展示了马克思主义的强大生命力。马克思主义揭示了人类社

会发展规律，是认识世界、改造世界的科学真理。百年来，党坚持把马克思主义写在自己的旗帜上，用马克思主义中国化的科学理论引领伟大实践。马克思主义的科学性和真理性在中国得到充分检验，马克思主义的人民性和实践性在中国得到充分贯彻，马克思主义的开放性和时代性在中国得到充分彰显。党的二十大报告指出，马克思主义是我们立党立国、兴党兴国的根本指导思想。实践告诉我们，中国共产党为什么能，中国特色社会主义为什么好，归根到底是马克思主义行，是中国化时代化的马克思主义行。拥有马克思主义科学理论指导是我们党坚定信仰信念、把握历史主动的根本所在。

中国特色社会主义实现了科学社会主义基本原则与当代中国实际、中华优秀传统文化的有机结合。党的二十大报告指出，坚持和发展马克思主义，必须同中国具体实际相结合。我们坚持以马克思主义为指导，是要运用其科学的世界观和方法论解决中国的问题，而不是要背诵和重复其具体结论和词句，更不能把马克思主义当成一成不变的教条。我们必须坚持解放思想、实事求是、与时俱进、求真务实，一切从实际出发，着眼解决新时代改革开放和社会主义现代化建设的实际问题，不断回答中国之问、世界之问、人民之问、时代之问，做出符合中国实际和时代要求的正确回答，得出符合客观规律的科学认识，形成与时俱进的理论成果，更好指导中国实践。在新民主主义革命时期，以毛泽东同志为主要代表的中国共产党人，坚持把马克思主义基本原理同中国革命的实际相结合，准确认识和把握中国革命的规律，成功探索出中国的革命道路。在改革开放新时期，以邓小平同志为主要代表的中国共产党人，牢牢把握中国还处在社会主义初级阶段的基本国情，成功开辟出中国特色社会主义道路。中国特色社会主义进入新时代，我国社会主要矛盾已经转化为人民日益增长的美好生活需要和不平衡不充分的发展之间的矛盾，这就是运用马克思主义基本原理科学判断新时代中国实际得出的科学结论。我们党正是从这一实际出发，坚持马克思主义中国化时代化，推动党和国家事业取得历史性成就、发生历史性变革。"坚持马克思主义的科学原理和科学精神、创新精神，善于根据客观情况的变化，不断从人民群众实践中吸取营养"，是历史留给我们的基本结论。

总之，中国共产党的历史性贡献与马克思主义中国化的历史进程紧密相连。在马克思主义中国化进程中，中国共产党人坚持解放思想与实事求是相统一、培元固本与守正创新相统一，不断回答每一时代的重大课题，创立了毛泽东思想、邓小平理论，形成了"三个代表"重要思想、科学发展观。党的十八大以来，以习近平同志为主要代表的中国共产党人，顺应时代发展，从理论和实践结合上系统回答了新时代坚持和发展什么样的中国特色社会主义、怎样坚持和发展中国特色社会主义这个重大时代课题，创立了习近平新时代中国特色社会主义思想。这一思想，坚持运用辩证唯物主义和历史唯物主义世界观方法论观察世界、引领时代、指导实践，以全新的视野深化了对共产党执政规律、社会主义建设规律、人类社会发展规律的认识，实现了马克思主义中国化的创造性升华，开辟了马克思主义的崭新境界。

 **教学建议**

本案例适用于《马克思主义基本原理》第六章"社会主义的发展及其规律"第一节"社会主义五百年的历史进程"、第二节"科学社会主义基本原则"的教学。

讲授重点：通过讲授"社会主义没有辜负中国"的故事，让学生理解中国特色社会主义的成功在中华人民共和国发展史和中华民族发展史上的重大意义，以及在世界社会主义发展史和人类社会发展史上的重大意义；掌握中国特色社会主义既坚持了科学社会主义基本原则，又具有鲜明的民族特色和时代特色的基本原理，自觉用马克思主义观察时代、把握时代、引领时代，继续发展当代中国马克思主义、21世纪马克思主义。

实践探索：在党的百年奋斗历程中，中国共产党人培育形成了一系列伟大精神，如红船精神、井冈山精神、伟大抗战精神、伟大抗美援朝精神、载人航天精神、脱贫攻坚精神等。请学生查阅中国共产党人精神谱系的形成与内涵，并谈谈这些精神对你的学习生活有什么启发。

学习思考

1. 2021年6月8日，人民日报刊发文章《中国没有辜负社会主义》，联系"社会主义没有辜负中国"，你如何理解"中国没有辜负社会主义"？

2. 习近平总书记在二十大报告中指出："只有把马克思主义基本原理同中

国具体实际相结合、同中华优秀传统文化相结合，坚持运用辩证唯物主义和历史唯物主义，才能正确回答时代和实践提出的重大问题，才能始终保持马克思主义的蓬勃生机和旺盛活力。"你认为新时代开辟马克思主义中国化时代化新境界需要坚持什么原则？

[1] 宣言. 社会主义没有辜负中国 [N]. 人民日报，2021-06-07 (1).

[2] 王中汝. 把马克思主义基本原理同中国具体实际相结合 [J]. 红旗文稿，2022 (12): 18-21.

延伸阅读:

1. 房广顺. 科学社会主义理论的形成发展及其当代价值 [M]. 北京：人民出版社，2021.

2. 杨玉玲，刘志兵. 百年剪影：党史中的一百年重要抉择 [M]. 北京：人民出版社，2021.

后　记

　　本书是四川大学马克思主义学院思想政治理论课教学改革项目"四个故事"（中国故事、红色故事、川大故事、专业故事）成果之一。在书稿编写过程中，为发挥综合性高校优势，汇集全校师生智慧，2021年11月17日马克思主义学院面向全校开展了专业思政故事征集活动，共收到70余篇征文。后经过组织专家评审，筛选出42篇结集出版。在本书编写过程中，选取了各个专业的代表性事件、人物，并阐释了故事中的马克思主义基本原理。

　　本书的编写组成员为四川大学马克思主义学院马克思主义基本原理教研室的教师，他们是：王彬彬、薛立波、陈文泽、祝俊初、周德全、门世海、陈智、陈伟、魏泳安、宋莉、陈梅芳、李亚、赵苏丹、陈黎梅、张心语、付华、刘小川、刘安凤、刘灿、朱凯歌等。在编写过程中，我们得到四川大学马克思主义学院领导的悉心指导和帮助，也得到四川大学党委宣传部、教务处等部门的大力支持。

　　本书从选题到定稿历时一年多，经历了多轮讨论和修改，在此谨对所有参与专业思政故事征集活动的师生表示感谢。虽然经过了多次修改和订正，但由于涉及跨学科的理论、故事和人物，本书可能存在不准确、不全面等问题，恳请各位读者提出宝贵的意见，帮助我们不断完善。

编　者

2023年10月